新编经济学理论与实务

袁 婷 刘艳芳 王 珂◎主编

中国华侨出版社
·北京·

图书在版编目（CIP）数据

新编经济学理论与实务 / 袁婷，刘艳芳，王珂主编．
北京：中国华侨出版社，2024.10．-- ISBN 978-7
-5113-9322-7

Ⅰ．F0

中国国家版本馆 CIP 数据核字第 2024EE6071 号

新编经济学理论与实务

主　　编：袁　婷　刘艳芳　王　珂
责任编辑：陈佳懿
封面设计：徐晓薇
开　　本：710mm×1000mm　1/16 开　印张：15.5　字数：226 千字
印　　刷：北京四海锦诚印刷技术有限公司
版　　次：2025 年 3 月第 1 版
印　　次：2025 年 3 月第 1 次印刷
书　　号：ISBN 978-7-5113-9322-7
定　　价：68.00 元

中国华侨出版社　北京市朝阳区西坝河东里 77 号楼底商 5 号　邮编：100028
发行部：（010）88893001　　　传　真：（010）62707370

如果发现印装质量问题，影响阅读，请与印刷厂联系调换。

前　言

在全球化和信息化的大背景下，经济学作为一门研究人类经济行为的学科，其理论与实践正不断进化。为了适应社会经济快速发展变化的需求，紧跟教育教学领域的创新与改革步伐，本教材旨在紧密结合我国经济发展实际，对传统经济学理论进行梳理与整合，并融入最新的经济学研究成果，如开放经济、共享经济以及"互联网+"经济等新兴领域的发展，这些都对传统经济学理论提出了新的要求。同时，宏观经济政策的制定与实施也日益复杂化，需要更多的理论支持与实践指导。

本教材内容涵盖经济学的基本概念、理论和方法，包括微观经济学与宏观经济学的核心部分。依次介绍经济学导论、价格理论：需求、供给与均衡价格、消费者行为理论、生产与成本理论、市场与分配理论、国民收入核算与决定、宏观经济政策分析、经济增长与经济周期，以及经济学的新发展等核心内容。每一章都结合理论分析与实际案例，旨在帮助读者深入理解经济学的基本原理与应用方法。

本教材的特点在于其系统性与实用性。全书结构清晰，逻辑严密，每一章都围绕一个核心主题展开，详细阐述相关理论与方法。同时书中大量运用实际案例和数据，实现理论与实践的有机结合，增强读者的理解与应用能力。

在本教材的编写过程中，编者得到众多专家和学者的帮助与指导，在此表示衷心的感谢。由于编者能力所限，加之时间紧迫，教材中可能存在不足之处，恳请读者们提供宝贵的意见和建议，以便编者进行进一步的修订与完善。

目 录

第一章　经济学导论 ... 1

第一节　什么是经济学 ... 1
第二节　经济学的研究内容 ... 5
第三节　经济学的研究方法 ... 13
第四节　经济学的发展简史 ... 16
思考与练习 ... 19

第二章　价格理论：需求、供给与均衡价格 ... 20

第一节　需求分析 ... 20
第二节　供给分析 ... 24
第三节　均衡价格分析 ... 30
第四节　弹性理论及应用 ... 33
思考与练习 ... 42

第三章　消费者行为理论 ... 43

第一节　欲望与效用概述 ... 43
第二节　边际效用分析 ... 48
第三节　基数效用论 ... 52
第四节　序数效用论 ... 53
思考与练习 ... 62

第四章　生产与成本理论 ... 63

第一节　生产与生产函数 ... 63
第二节　短期生产理论与生产决策 ... 68
第三节　长期生产理论与生产决策 ... 73
第四节　规模报酬与生产的适度规模 ... 77
第五节　厂商的成本分析 ... 83

思考与练习 92

第五章 市场与分配理论 93

第一节 市场结构及其运用 93
第二节 收入分配及其运用 123
思考与练习 132

第六章 国民收入核算与决定 134

第一节 国内生产总值概述 134
第二节 国内生产总值的核算 137
第三节 简单的国民收入决定理论 147
思考与练习 149

第七章 宏观经济政策分析 150

第一节 宏观经济政策目标 150
第二节 财政政策工具 156
第三节 货币政策工具 165
思考与练习 197

第八章 经济增长与经济周期 199

第一节 经济增长 199
第二节 经济周期 205
思考与练习 212

第九章 经济学的新发展 213

第一节 开放经济 213
第二节 共享经济 219
第三节 "互联网+"经济 228
思考与练习 233

参考文献 234

第一章 经济学导论

第一节 什么是经济学

一、经济与经济学的内涵

（一）经济的内涵

经济是指人们为了满足需求而进行的生产、分配、交换和消费的活动。经济活动涉及资源的配置和利用，以及产出物的生产和分配。经济的核心是资源的合理配置和有效利用。

在资源有限的情况下，经济活动需要通过生产、分配、交换和消费来满足人们多样化的需求。经济活动的目标是提供足够的物质财富，使人们的生活水平得到提高，并促进社会的发展和进步。经济活动需要按照一定的经济规律进行，比如供求关系、价值规律和效用最大化等。这些规律影响着资源的配置和分配，决定经济活动的效率和效果。经济活动应当遵循法律法规和道德规范，尊重劳动者权益，保护环境资源，促进创新和科技进步，推动实现共同富裕和可持续发展的目标。

（二）经济学的内涵

经济学是研究资源分配问题和人类经济活动的社会科学。作为一门研究人类社会经济现象、经济行为和经济规律的学科，其内涵界定涉及多个层面和维度。

第一，从学科性质来看，经济学既是一门理论学科，也是一门应用学科。作为理论学科，它致力于构建和完善经济理论体系，探究经济现象背后的本质和规律；而作为应用学科，它则关注如何将经济理论应用于实际经济问题的分析和解决中。

第二，在研究对象上，经济学具有广泛性和复杂性。它研究的内容涵盖了生产、分配、交换和消费等各个环节，涉及个体、企业、政府等多个经济主体。同时，经济学还关注国际经济关系、全球经济一体化等宏观经济问题，以及市场失灵、信息不对称等微观经济现象。经济学的内涵界定还体现在其研究方法和工具上。经济学研究注重实证分析和规范分析相结合，既通过收集和分析实际经济数据来验证经济理论的正确性，又通过逻辑推理和假设演绎来构建经济模型。经济学广泛运用数学、统计学等定量分析工具，以及历史分析、比较分析等定性研究方法，来深入剖析经济现象和经济行为。

第三，在学科发展上，经济学不断与其他学科进行交叉和融合。例如，与心理学交叉形成行为经济学，与生物学交叉形成演化经济学，与环境科学交叉形成环境经济学等。这些新兴的经济学分支学科进一步丰富了经济学的内涵，拓展了经济学的外延，推动经济学理论的不断创新和发展。

第四，经济学的界定还与其社会价值和功能紧密相连。经济学不仅是一门学术学科，更是一门具有广泛社会应用价值的学科。它能够为政府制定经济政策提供理论依据，为企业经营决策提供市场分析，为消费者行为提供理性指导。同时，经济学还关注社会公平与效率、经济发展与环境保护等重大问题，致力于实现经济的可持续发展和社会的全面进步。

(三) 经济与经济学的关联

第一，研究对象。经济学是研究经济的学科，它关注经济现象和经济活动的规律。经济学提供分析经济问题和现象的工具和理论框架，帮助人们理解经济活动的本质和机制。经济学通过对经济的系统研究，为经济的发展和问题解决提供了理论和实践准备。

第二，研究方法。经济学通过定量和定性研究方法来分析经济现象。经济学家运用数学模型、统计分析、实证研究等方法，以及理论推演和实证验证相结合的手段，来研究和解释经济活动的规律。经济学的研究方法和工具为经济的理论和实践提供理论基础和实证依据。

第三，相互影响。经济学研究的理论和成果对经济活动具有指导作用。经济学通过分析经济行为的规律和效应，为经济的决策和管理提供理论支持和实践指导。同时，经济活动的发展和实践也为经济学的发展提供实证数据和现实案例，推动经济学理论的创新和完善。

第四，政策制定。经济学为政府制定经济政策提供理论依据和实践指导。经济学的研究成果帮助政策制定者更好地理解经济问题，预测经济走势，制定合理的政策措施，促进经济增长、提高社会福利和实现可持续发展。

二、经济学的重要性

第一，经济学在理解历史发展方面发挥着关键作用。通过对历史经济数据的分析，经济学家能够揭示不同历史时期的经济规律和发展趋势。例如，古典经济学对劳动价值论的研究，为理解封建社会向资本主义社会的转变提供重要的理论支撑。现代宏观经济学对经济周期的研究，则有助于理解不同国家在不同时期的经济波动和危机。

第二，经济学在指导现实经济生活方面具有直接作用。政府可以依据经济学的理论和分析，制定更为科学合理的经济政策。例如，在面临经济衰退时，政府可以采取扩张性的财政政策或货币政策，以刺激总需求，促进经济增长。同时，企业也可以利用经济学的原理，优化生产结构，提高生产效率，实现利润最大化。

第三，经济学在预测未来经济发展趋势方面具有重要的参考价值。通过对经济数据的分析，经济学家能够预测未来的经济走势，从而为投资者提供决策依据。例如，通过对国内生产总值、消费者物价指数等关键经济指标的分析，人们可以预测通货膨胀率，从而决定是否调整投资策略。

第四，经济学在解决全球性问题上发挥着不可替代的作用。随着全球化的深入发展，各国之间的经济联系日益紧密，经济问题往往不再是一个国家内部的问题，而是涉及多个国家甚至全球的经济利益。例如，气候变化、贫富差距、贸易保护等问题，都需要全球范围内的合作与协调。而经济学正是提供这种合作与协调的理论基础和分析工具。

三、经济学的一般特性

"中国经济学的任务是揭示处于社会主义初级阶段的经济规律,提供按经济规律推动中国式现代化的理论。"① 经济学的一般特性如下:

第一,学科性。经济学作为一门独立的学科,其学科性体现在遵循严格的学术规范,包括假设设定、模型构建、数据收集和分析方法等。这些规范确保了经济学研究的客观性、可靠性和可重复性。经济学的学科性还表现在知识的传承与发展,以及与其他学科的交叉融合上。例如,经济学与政治学、社会学、心理学等学科的交叉,形成新的研究领域,如政治经济学、社会经济学和行为经济学等。

第二,系统性。经济学研究的系统性体现在对经济系统可持续性、复杂性和演化性的关注。经济学探讨如何在资源有限、环境脆弱的条件下实现经济的长期稳定增长,考虑经济系统中各种因素的相互作用和影响,如技术进步、制度变迁和文化传统等。

第三,功能。经济学的功能包括解释和预测经济现象、识别潜在问题和面临的挑战、促进经济研究。经济学通过提供框架、模型和概念,帮助人们更好地理解和解释经济现象,并预测未来的经济趋势。同时,经济学理论有助于识别和理解经济中的潜在问题和面临的挑战,为社会经济问题的解决提供理论支持和实践指导。

第四,稀缺性。稀缺性是经济学理论的基石,它指的是相对于人类无限多样、不断上升的需求而言,满足这些需求的资源在数量上总是有限的。稀缺性决定了经济活动的核心问题——资源如何有效配置,涉及资源配置、经济增长、社会公平和效率等多个方面。

第五,学科教育的普及与研究的社会责任。经济学的学科性还体现在其学科教育的普及和研究的社会责任上。随着经济全球化和市场经济的发展,经济学教育在世界范围内得到普及,培养了大量的经济学人才。同时,经济学作为一门社会科学,其不仅要追求学术的真理,还要关注社会的实际问题,如贫困、失业、收入分配和环境污染等,为社会问题的解决提供理论支持和政策建议。

---

① 洪银兴.中国经济学的学科特点和理论创新[J].南京大学学报(哲学·人文科学·社会科学),2023,60(2):75.

第二节 经济学的研究内容

一、微观经济学

微观经济学,又称个体经济学或小经济学,是现代经济学的一个重要分支。它主要以单个经济单位(如单个生产者、单个消费者、单个市场经济活动)为研究对象,分析这些个体经济单位的经济行为,以及相应的经济变量的单项数值是如何决定的。微观经济学关注的核心问题在于分析个体经济单位的经济行为,并在此基础上研究市场机制运行及其在经济资源配置中的作用,同时提出微观经济政策以纠正市场失灵。

(一)中国微观经济学的发展历程

第一,早期萌芽阶段(17世纪中期—19世纪中期)。尽管这一时期主要属于世界范围内微观经济学的早期发展,但中国作为全球经济的一部分,也受到古典经济学思想的影响。古典经济学家如亚当·斯密和大卫·李嘉图等人提出的供需定理、比较优势理论等经典概念,为微观经济学奠定了基础。尽管这一时期中国并没有形成独立的微观经济学体系,但这些理论为后来中国微观经济学的发展提供了重要的思想源泉。

第二,新古典经济学阶段(19世纪晚期—20世纪初期)。进入20世纪,随着新古典经济学的兴起,中国也开始逐渐接触和引入这一经济学理论。新古典经济学强调市场的均衡状态,认为个人在追求效用最大化和企业在追求利润最大化的过程中,会通过市场竞争自动实现资源的最优配置。这一时期,中国的一些学者开始尝试将新古典经济学的理论应用于中国的经济问题分析,为中国微观经济学的发展奠定了基础。

第三,引入与发展阶段(20世纪初期—改革开放前)。在改革开放前,中国的微观经济学发展得相对缓慢,主要是由于当时的经济体制和政策环境限制。然而，随着国际交流的增多和经济学教育的普及，一些西方经济学的经典著作和理论被引入中国，为中国微观经济学的发展提供了重要的学术资源支持。

第四，快速发展阶段（改革开放后至今）。改革开放后，中国经济体制发生了深刻变革，社会主义市场经济体制逐步建立和完善。这一过程中，"中国经济学需要一个扎实的微观经济分析基础，中国微观经济学的核心命题是揭示在社会主义基本经济制度下市场机制的运行规律及微观主体的行为方式"。[①]

中国学者在引进和吸收西方微观经济学理论的同时，也结合中国经济的实际情况进行了大量的研究和探索，形成了具有中国特色的微观经济学体系。具体来说，改革开放以来，中国微观经济学发展显著，主要表现在理论研究深化、实证研究兴起和政策应用拓展方面。学者们在消费者行为、生产者理论和市场结构等领域取得成果，为政策制定提供理论支持。同时，利用计量经济学方法分析微观经济行为，为政策制定提供数据支持。政府在经济政策制定中融入微观经济学理论，如反垄断和税收调节，并且使学者们参与政策咨询，提供科学建议。

（二）微观经济学的作用

微观经济学在现实经济生活中发挥着以下举足轻重的作用。

第一，它通过供求关系、消费者行为、生产与成本等理论，为人们解释了市场上商品和服务的价格形成、产量决定等经济现象。这使得人们能够更加深入地理解市场经济的运行机制。

第二，微观经济学为个人、企业和政府等经济主体提供决策依据。它帮助这些经济主体优化资源配置，实现效用或利润的最大化。无论是在家庭消费决策制定、企业生产计划制订，还是政府政策制定中，微观经济学都发挥着重要的指导作用。

第三，微观经济学还为政策制定者提供理论支持。它帮助政策制定者设计税收政策、贸易政策等，以纠正市场失灵，促进经济健康发展。这使得微观经济学在推动经济政策改革和完善中发挥着举足轻重的作用。

[①] 杨瑞龙.中国微观经济学理论逻辑体系的构建[J].经济学动态,2023(4):3.

第四，微观经济学与宏观经济学相辅相成，共同构成经济学的完整框架。它推动经济学理论的不断完善和发展，提供更加全面和深入的经济分析视角。

（三）微观经济学理论

微观经济学的核心理论为人们提供了深入理解个体经济行为和市场机制的工具。

第一，均衡价格理论是微观经济学的基础。它研究了市场经济条件下，商品和服务的价格如何通过供求关系达到均衡状态。这一理论揭示了价格形成和变动的内在机制，为人们理解市场价格提供了重要的理论支持。

第二，消费者行为理论关注消费者如何在预算约束下做出选择，以实现个人效用的最大化。它通过效用函数和预算约束来分析消费者的消费决策过程，为人们理解消费者行为提供了重要的理论框架。

第三，生产与成本理论探讨生产者在成本和生产技术条件下的最优决策，以及生产成本与收益的关系。它为人们理解企业生产计划制订和市场供给提供了重要的理论支持。同时，市场与厂商理论研究不同市场结构下厂商的行为和市场均衡。它揭示了市场结构对厂商行为和市场效率的影响，为人们理解不同市场类型下的经济行为提供了重要的分析工具。另外，生产要素理论分析了生产要素的供给和需求，以及其价格的决定。它为人们理解生产要素市场及其对经济的影响提供了重要的理论视角。一般均衡理论则研究了所有单个市场均衡价格的同时决定问题，为人们理解整个经济系统的运行提供重要的理论框架。福利经济学探讨了经济政策如何影响社会总福利，以及如何实现资源的最优配置。它为人们评估经济政策的社会影响提供了重要的理论支持。

第四，微观经济政策研究了如何通过政策来纠正市场失灵，如垄断、外部性、公共物品等问题。它为人们制定有效的微观经济政策提供了重要的理论指导。

（四）微观经济学的研究价值

第一，微观经济学具有深厚的理论价值。微观经济学为人们理解个体经济行为和市场机制提供了重要的理论框架，丰富了经济学理论体系。

第二，微观经济学具有重要的实践价值。它的研究成果广泛应用于企业经营管理、政府政策制定等领域，对现实经济生活具有重要的指导意义。

第三，微观经济学还具有重要的社会价值。通过纠正市场失灵、优化资源配置等方式，微观经济学有助于促进社会公平和效率的提升，推动经济社会的可持续发展。它的研究成果对于推动经济政策改革和完善、促进经济健康发展具有重要的社会价值。

二、宏观经济学

宏观经济学是经济学的一个重要分支，主要研究整体经济活动的规律和政府如何通过政策影响经济的表现。宏观经济学的核心概念包括经济增长、通货膨胀、失业、货币供应、政府支出、国际贸易等。它关注整体经济的运行和稳定性，以及政府如何通过政策来影响经济。

宏观经济学的方法通常是以整体经济指标和关系为基础进行分析，强调全局和宏观水平的经济变化，这有助于理解整个经济体系的运行和政策制定的影响。

（一）中国宏观经济学的发展历程

第一，早期阶段。在改革开放前，中国尚未形成独立的宏观经济学体系。然而，随着改革开放进程的推进，中国开始逐步引入西方的经济学理论，包括古典宏观经济学。这一阶段的宏观经济学尚未与微观经济学完全划分开来，但已经确立了以整体为研究对象来分析国民经济的总体情况的研究方法。

第二，转型与探索阶段。从1978年党的十一届三中全会开始到1992年党的十四大结束，这是中国宏观经济学的转型与探索阶段。这一时期，中国踏上了市场化改革的新道路，宏观经济理论雏形逐渐形成。传统的计划经济体制在这一阶段仍然具有强大的影响力，在这一阶段，宏观经济学的研究对象和分析角度逐渐明确，为后来的发展奠定了基础。

第三，范式转换与体系构建阶段。从20世纪80年代中期开始，中国宏观经济学经历范式转换与体系构建的重要时期。随着改革开放推进，传统经济理论难以满足需求。学者们积极吸收国际先进理论，引入凯恩斯主义、货币主义等，实现范式转换。他们关注宏观经济变量关系，构建适合国情的分析框架和体系。体系构建涵盖理论创新、政策制定等多方面。学术交流合作也很重要，促进中国宏观经济学与国际接轨。这一阶段为中国经济发展奠定了理论基础。

第四，全球化融入与高质量发展阶段。2001年中国加入世界贸易组织（WTO），标志着中国全面融入全球化进程。在这一阶段，中国的宏观经济叙事与全球叙事融为一体，中国的高速发展与物价稳定成为新的发展组合。随着全球化的深入，中国宏观经济学也在不断吸收和借鉴国际先进理论和方法，同时结合中国实际进行创新和发展。近年来，随着中国经济进入高质量发展阶段，宏观经济学的研究也更加注重经济增长的质量、效益和可持续性。

（二）宏观经济学的作用

第一，经济预测。经济预测是宏观经济学在经济管理中的重要应用之一。宏观经济学通过深入分析历史数据和当前经济指标，如国内生产总值（GDP）、通货膨胀率、失业率等，运用各种经济模型和统计方法，能够预测未来的经济走势。这种预测不仅包括对经济增长速度的预测，还包括对物价水平、就业状况、国际收支等宏观经济变量的预测。这些预测结果为政策制定者和经济主体提供重要的参考，有助于他们做出更加明智的决策，以应对未来可能出现的经济挑战和机遇。

第二，政策制定。宏观经济学为政府制定财政政策和货币政策提供坚实的理论依据。在宏观经济学的指导下，政府可以根据当前的经济状况和未来的发展趋势，制定出符合国情的财政政策和货币政策，以实现经济增长、物价稳定、充分就业等宏观经济目标。例如，当经济处于衰退期时，政府可以采取扩张性的财政政策和货币政策，增加公共支出、降低利率，以刺激经济增长；而当经济过热、通货膨胀压力上升时，政府则可以采取紧缩性的财政政策和货币政策，减少公共支出、提高利率，以抑制通货膨胀。

第三，经济稳定。宏观经济学还有助于政府应对各种经济波动，如通货膨胀、经济衰退等。通过运用宏观经济学的理论和方法，政府可以更加准确地分析经济波动的成因和传导机制，从而制定出更加有效的政策来调节和稳定经济。例如，当经济出现通货膨胀时，政府可以采取一系列措施来抑制物价上涨，包括提高利率、减少货币供应、加强价格监管等；而当经济陷入衰退时，政府则可以通过增加公共投资、减少税收、提供就业援助等措施来刺激经济增长，减少失业和社会不稳定因素。

(三) 宏观经济学的主要理论

宏观经济学作为经济学的一个重要分支，主要研究整体经济现象，包括总需求、总供给、产出、就业、物价水平等。它不仅关注经济的短期波动，还致力于探讨长期的经济增长和社会福利问题。宏观经济学的主要理论包括凯恩斯理论、货币主义和新古典综合派，这些理论为理解经济现象、制定经济政策提供了重要的分析工具。

1. 凯恩斯理论

凯恩斯理论是宏观经济学的重要基石，由英国经济学家约翰·梅纳德·凯恩斯提出。凯恩斯理论强调总需求在短期内的波动对产出和就业的影响。根据凯恩斯的观点，经济的短期波动主要由总需求的波动引起，而总需求包括消费需求、投资需求、政府支出和净出口。当总需求不足时，经济会出现衰退并造成失业，而当总需求过剩时，则可能导致通货膨胀。

为了调节总需求，凯恩斯主张政府通过财政政策和货币政策进行干预。财政政策主要包括增加政府支出、减税等措施，以增加总需求，刺激经济增长和就业。货币政策则主要通过调整利率和货币供应量来影响总需求。凯恩斯认为，通过适当的财政政策和货币政策，可以实现经济的稳定并促进充分就业。

2. 货币主义

货币主义认为货币供应量的变化是影响经济波动的主要因素。与凯恩斯主义不同，货币主义强调货币政策的长期效应，主张通过控制货币供应量来稳定物价和调控经济活动。

货币主义认为，货币政策的短期效应可能不明显，但从长期来看，货币供应量的稳定对于经济稳定至关重要。因此，货币主义主张政府应实行一种"单一规则"的货币政策，即按照固定的比率增加货币供应量，以保持物价的稳定。

3. 新古典综合派

新古典综合派是宏观经济学中的一个折中学派，结合了凯恩斯主义和新古典经济学的观点。新古典综合派强调总供给和总需求的共同作用，认为经济的波动不仅由总需求决定，还受到总供给的影响。总供给的变化，如技术进步、生产成本的变化等，也会对经济产生影响。

新古典综合派主张通过市场机制和政府政策的结合来实现经济的稳定增长。一方面，市场机制在资源配置和经济活动中起基础性作用；另一方面，政府需要通过财政政策和货币政策对经济进行适度调节，以实现总供给和总需求的平衡。

（四）宏观经济学的研究价值

宏观经济学的研究具有重要的理论价值和实践价值，主要体现在以下三个方面。

1. 理解经济周期

宏观经济学研究经济波动的成因和周期性变化，有助于理解经济周期的形成机制。经济周期是指经济活动在一段时间内反复出现的扩张和收缩过程。通过宏观经济学的研究，可以揭示经济周期的内在规律和驱动因素，为政策制定提供科学依据。

例如，在经济衰退期，政府可以通过增加公共支出和减少税收等措施来刺激总需求，促进经济复苏。而在经济过热期，政府可以通过提高利率和减少货币供应量来控制通货膨胀，保持经济的稳定增长。

2. 促进经济增长

宏观经济学分析影响经济增长的因素，如技术进步、资本积累、人口增长等，为政策制定提供参考，促进经济的长期稳定增长。经济增长是指一个国家或地区在一定时期内产出和就业的增加。宏观经济学通过研究经济增长的驱动因素，为政府制定经济增长政策提供理论依据。

例如，政府可以通过鼓励技术创新、提高教育水平、优化资源配置等措施来促进经济增长。同时，宏观经济学还可以通过分析不同政策对经济增长的影响，帮助政府选择最有效的政策组合。

3. 社会福利

宏观经济学探讨如何通过宏观经济政策提高社会整体福利，包括减少贫困、提高就业机会、改善收入分配等方面，为政府制定社会福利政策提供理论支持。社会福利是指社会成员在经济、社会和文化生活中的整体福祉。

宏观经济学研究如何通过财政政策和货币政策来调节收入分配，减少贫困和不平等现象。例如，政府可以通过累进税制和社会保障制度来重新分配收入，提高低收入群体的生活水平。宏观经济学还可以通过分析不同政策对就业机会的影响，帮助政府制定有效的就业政策。

三、经济学与其他学科的关系

经济学作为一门重要的社会科学，与其他学科有着紧密的联系。

第一，经济学与哲学关系密切。哲学为经济学提供方法论基础，如逻辑思维有助于经济学进行严谨的推理。在伦理方面，两者都关注公平、正义等价值观念。经济学中的资源分配问题涉及哲学中的道德考量，而哲学的思辨也能为经济学的发展方向提供深度思考。

第二，与政治学的联系在于政治经济学领域。政府的政策对经济有着重大影响，同时经济状况也会影响政治决策。经济学关注市场和资源分配，政治学聚焦权力和政策制定，二者相互作用，共同影响着社会的发展。

第三，社会学与经济学相互关联。它们都研究社会现象，经济学着重资源分配和市场机制，社会学则关注社会关系和社会结构。在社会问题上，如贫困、不平等，两门学科从不同角度进行分析，为解决这些问题提供了更全面的视角。

第四，经济学与自然科学也有一定联系。与数学的结合尤为紧密，数学工具为经济学建立模型、分析经济现象提供了有力支持，如优化问题的求解。物理学的建模方法和定量分析在经济学中也有应用。但经济学研究人类行为和社会机制，与自然科学研究的物质世界规律有本质区别。

总之，经济学不是孤立的学科，它与哲学、政治学、社会学、自然科学等相互交融、相互促进。这种跨学科的联系有助于人们更全面、更深入地理解经济现象和社会发展，为解决复杂的社会问题提供更有效的方案。

第三节　经济学的研究方法

一、实证分析

实证分析是指摆脱价值判断，对经济本身的内在运行规律进行研究，并根据这些规律，分析和预测经济主体经济行为后果的研究方法。通常也将运用实证分析方法对经济行为进行描述、解释、预测的经济学理论称为实证经济学。实证分析方法独立于任何特殊的伦理观念，不涉及价值判断，旨在回答"是什么""能不能做到""有哪些可供选择的方案，后果如何"之类的实证问题。如今年的通货膨胀率有多高？失业率是多少？在探讨这些问题时，只是就事论事，不做价值判断，不研究"好不好""应不应该"的问题。实证分析具有客观性，可以检验。

实证分析是对客观现象的分析，它可能是真实的，也可能是虚假的。这种分析是真是假，客观事实可以检验出来。规范分析是个人从自己的价值观出发，对事物做出评价，因此，不同的人有不同的看法。由于没有统一的标准，规范分析所得出的结论无法进行检验。

二、规范分析

规范分析是在分析经济现象时以一定的伦理和价值判断为基础，对经济问题提出评判意见的研究方法。通常也将运用规范分析方法进行经济研究的经济学理论称为规范经济学。规范分析方法是建立在实证分析方法基础上的，在运用实证分析方法剖析事物的本质规律之后，再回答"应该怎样""好不好""该不该"的问题。比如通货膨胀率是不是太高了？失业者应不应该给予救济？

规范分析离不开实证分析，人们赞同或反对某一经济政策，其论据是对该政策的实证分析。每个人生活在一定的社会环境中，不同的经济地位和价值观念影响其价值判断，从而对实证分析产生影响。因此，规范分析和实证分析是分不开的。

三、经济模型

建立经济模型是进行实证分析所必需的具体方法。在进行实证分析时要提出用于解释经济现象的理论与假设，建立相应的经济模型以检验假设的准确性，并根据模型结论做出预测。经济模型建立的过程也是经济理论形成的过程。

第一，明确研究问题和变量定义。理论研究需界定问题和分析变量，区分内生变量、外生变量、存量和流量。内生变量是理论解释对象，外生变量由外部因素决定，存量和流量分别在特定时点和时期内测定。

第二，建立模型需提出假设。理论模型基于假设条件，虽可能不现实，但有助于得出结论。假设是理论形成的基础，理解假设是理解理论的关键。

第三，提出并证明假说以形成理论。假说基于变量间关系的判断或经验总结，需证明后才能成为理论。

第四，利用理论进行预测。模型结论的最终目的是做出预测，检验假说或模型的正确性。例如，通货膨胀率与失业率成反比，通过模型参数预测未来数据，并用实际数据验证。

四、边际分析

边际分析是经济学中的一种重要方法，主要用于评估和决策过程中对增量变化的影响。这种方法关注的是在特定决策情境下，增加或减少一单位数量（如一单位产品、劳动力或消费）对决策的影响。边际分析的核心是边际效应的概念，即指出在某一时刻增加或减少的额外单位对决策的重要性。

在经济学中，边际分析的应用非常广泛。例如，在消费者行为理论中，边际分析被用来确定最佳消费组合；在生产者决策中，用于确定最佳产出水平；在市场竞争分析中，用于确定均衡价格和数量。边际分析还涉及边际成本、边际效益、边际收益递减等概念。例如，边际成本是指增加一单位数量对成本的额外增加，而边际效益是指增加一单位数量对利益或满足程度的额外增加。在决策中，通常希望边际效益大于等于边际成本，以实现最优决策。

边际分析的方法论意义在于，它通过考察增量变化，帮助确定资源配置的合理边界或当事人行为的合理边界。例如，在生产者行为中，合理搭配各种生产要素，形成合理的要素组合比例，需要确定每一种生产要素的合理投入量，这就需要进行边际分析。边际分析在数学上通常使用微积分中的导数来计算边际成本和边际效益，导数表示一个函数在某一点的变化率，因此可以用来描述边际效应。

五、静态分析与动态分析

第一，静态分析。静态分析是分析经济现象的均衡状态以及有关经济变量达到均衡状态所必须具备的条件，完全抛开时间因素和具体变化的过程。在静态分析中，通常忽略时间因素和具体的变化过程，而是专注于考察某一时点的经济情况。静态分析采用简化的模型，假设在分析过程中，影响均衡的各种因素保持不变，例如消费者偏好、收入、相关商品价格、生产技术水平和要素价格等。这种方法在微观经济学中经常被使用，例如在均衡价格理论、消费者行为理论和企业均衡理论中，以研究均衡条件和状态。

第二，动态分析。动态分析是以客观现象所显示出来的数量特征为标准，判断被研究现象是否符合正常发展趋势的要求，探求其偏离正常发展趋势的原因并对未来的发展趋势进行预测的一种统计分析方法。动态分析关注的是经济变量的变动过程，特别是在引入时间序列因素的基础上，研究不同时点上的变量的相互作用和经济活动的实际发展变化过程。动态分析考虑时间因素的影响，将经济变化视为一个连续的过程。这种方法在宏观经济学中，特别是在研究经济周期和经济增长时尤为重要。

第三，比较静态分析。比较静态分析是研究在已知条件发生变化后，经济现象的均衡状态以及相关经济变量的变化。比较静态分析关注的是在外生变量一次性变动后，新的均衡点与原均衡点之间的差异。这种方法允许经济学家探讨在不同条件下的经济行为和均衡情况。从数学模型的角度来看，静态分析和比较静态分析都是基于外生变量来分析内生变量，但前者是在已知条件下进行分析，而后者是比较条件发生变化前后的影响。从均衡分析的角度看，静态分析和比较静态分析都用于研究均衡状态的特征。静态分析关注在既定条件下的均衡特征，而比较静态分析则关注新旧均衡点之间的差异，以便理解外生变量变化对内生变量和市场均衡的影响。这两种方法都在经济学研究中发挥着重要作用，帮助人们理解经济现象和市场行为。

第四节　经济学的发展简史

经济学作为一门社会科学，其发展历程源远流长，既见证人类对社会经济活动认知的不断深化，也反映不同历史时期社会经济结构的变迁。

一、中国古代经济学的思想启示

中国古代虽未形成现代意义上的经济学体系，但其丰富的经济思想与实践却为后世经济学的发展提供了宝贵的启示。在中国古代，经济学思想并非孤立存在的，而是与政治学、哲学、历史学等紧密相连，共同构成古代中国的智慧宝库。诸如《管子》《周礼》等古代典籍，蕴含丰富的财政、货币、市场管理思想，这些思想在当时的社会经济实践中得到了广泛的应用。以《管子·轻重》篇为例，其中详细记载了如何通过调节粮食价格、控制货币流通等手段来影响经济活动，这体现了古代朴素的市场干预思想。这种思想在后来的历史发展中，逐渐演化为更为精细和系统的经济政策，对后世的经济发展产生了深远的影响。

中国古代的"均田制""常平仓"等制度，更体现了政府对经济进行宏观调控的智慧。这些制度旨在实现社会经济的稳定与公平，通过政府的干预来平衡市场的供需关系，防止经济的过度波动。这种宏观调控的思想，与现代经济学中的政府干预理论有着异曲同工之妙，显示出古代中国经济思想的先进性和前瞻性。

值得注意的是，中国古代的经济思想并非一成不变的，而是随着社会经济的发展而不断演变。在不同的历史时期，经济学家和政治学家们根据当时的社会经济状况，提出不同的经济理论和政策主张。这些思想和实践的多样性，为后世经济学的发展提供了更为广阔的思考空间。

二、资产阶级经济学的发展和演变

资产阶级经济学自诞生以来，经历了漫长的发展和演变过程，对世界经济的发展产生了深远影响。

古典经济学，是资产阶级经济学发展的早期阶段。代表人物有亚当·斯密和大卫·李嘉图等。亚当·斯密的《国富论》提出"看不见的手"的理论，强调市场机制在资源配置中的基础性作用。他主张自由放任的经济政策，认为通过市场的自由竞争，能够实现资源的最优配置和社会福利的最大化。大卫·李嘉图则进一步发展劳动价值论，强调比较优势原理，为国际贸易理论奠定了基础。古典经济学在当时的历史条件下，对资本主义经济的发展起到了积极的推动作用。

随着资本主义经济的发展，新古典经济学逐渐兴起。新古典经济学以边际效用价值论为基础，运用数学方法进行分析，强调市场的均衡和效率。它在微观经济学领域取得了重大突破，对消费者行为、生产者行为以及市场均衡等问题进行了深入研究。新古典经济学的代表人物有阿尔弗雷德·马歇尔等。马歇尔的《经济学原理》综合了古典经济学和边际学派的理论，构建了一个较为完整的微观经济学体系。新古典经济学在一定程度上适应了资本主义经济从自由竞争向垄断过渡的需要。

然而，20世纪30年代的世界经济大危机使得新古典经济学的理论遭遇了严峻挑战。在这种背景下，凯恩斯主义应运而生。凯恩斯主张国家干预经济，通过财政政策和货币政策来调节总需求，以实现充分就业和经济稳定增长。凯恩斯主义在"二战"后成为西方经济学的主流，对西方国家的经济政策产生了重大影响。

20世纪70年代，西方国家出现了"滞胀"现象，凯恩斯主义的政策主张陷入了困境。于是，新自由主义经济学开始崛起。新自由主义强调自由市场、私有化和减少政府干预。它主张放松对金融市场的监管，推动经济全球化。新自由主义在一定程度上促进了经济的活力和效率，但也带来了一些问题，如贫富差距扩大、金融风险增加等。

三、当代资本主义经济学

进入 21 世纪，资本主义经济学面临着全球化、信息化、金融化等新挑战，其研究内容和方法也在不断演进。新自由主义经济学强调市场自由化、私有化和全球化，主张减少政府干预，以促进经济增长和效率提升。然而，2008 年全球金融危机的爆发，暴露了新自由主义理论的局限性，促使经济学家重新审视政府与市场的角色定位，重视金融稳定、收入分配和社会福利等问题。

行为经济学和实验经济学的兴起，是当代经济学发展的另一重要趋势。它们通过引入心理学实验方法，研究个体决策过程中的认知偏差、风险偏好等因素，对传统经济学的"理性人"假设提出挑战，为理解现实经济行为提供新的视角。同时，环境经济学和可持续发展经济学日益受到重视，它们关注经济活动对环境的影响，探索实现经济增长与环境保护双赢的路径。

四、经济学的引入与本土化发展

（一）经济学的引入

第一，西方经济学的传播。近代以来西方国家在经济和科技方面的崛起，西方经济学理论逐渐传播到世界各地。早期的传播主要通过贸易往来、学术交流和殖民扩张等途径。西方经济学的一些经典理论，如亚当·斯密的《国富论》、大卫·李嘉图的比较优势理论等，为其他国家了解和学习现代经济思想提供了重要的基础。

第二，引入的动机和需求。一些国家引入经济学的动机往往是为了推动自身经济的现代化和工业化进程。通过借鉴西方的经济理论和经验，希望能够找到适合本国国情的发展道路。例如，一些发展中国家在追求经济增长和改善人民生活水平的过程中，积极引入西方经济学的相关理论和方法，以指导政策制定和经济改革。

第三，引入过程中的挑战。在引入经济学的过程中，也面临着诸多挑战。语言和文化的差异可能导致对理论的理解偏差；不同国家的经济体制和社会背景的差异，使得某些西方经济学理论在应用时出现"水土不服"的情况。此外，还有人才短缺和教育体系不完善等问题，限制了对经济学的深入研究和应用。

（二）经济学的本土化发展

第一，结合本土经济特点。不同国家和地区有着独特的经济结构、资源禀赋和文化传统。在本土化发展过程中，经济学需要充分考虑这些因素。例如，中国作为一个农业大国，在发展过程中就需要关注农业经济、农村发展等具有本土特色的问题，并形成相应的理论和政策。

第二，政策实践与理论创新。许多国家在经济发展的实践中，根据自身的情况对经济学理论进行创新和发展。例如，一些新兴经济体在应对经济波动、产业升级等问题时，提出具有创新性的政策措施和理论观点，为经济学的发展做出了贡献。

第三，培养本土经济学人才。为了推动经济学的本土化发展，培养本土的经济学人才至关重要。各国纷纷建立自己的经济学教育体系，开设符合本国需求的课程，注重培养学生对本土经济问题的分析能力。同时，鼓励学术研究与实际经济相结合，为培养既有理论基础又有实践经验的人才创造条件。

思考与练习

1. 经济学的研究对象是什么？它如何区别于其他学科？
2. 如何理解经济学中的稀缺性原理？它在现实生活中有哪些应用？
3. 经济学的研究方法有哪些？每种方法在实际分析中的作用是什么？
4. 简述经济学的发展历程，并讨论其对现代经济学研究的影响。
5. 经济学在理解历史发展和指导现实经济生活方面有哪些具体作用？

第二章 价格理论：需求、供给与均衡价格

第一节 需求分析

需求是指在一定时期内，消费者在各种可能的价格下愿意而且能够购买的某种商品的数量。在理解这一概念时应当注意，需求是购买愿望和支付能力的统一，两者缺一都不能称为需求。需求涉及两个变量，一是该商品的价格，二是在该价格下消费者愿意而且能够买进的商品数量即需求量。因此，需求和需求量是两个不同的概念。需求表示在各种不同的价格下，消费者能够而且愿意购买的商品数量，它体现价格和需求量之间的一种关系；而需求量是表示在某种特定价格下消费者愿意而且能够购买的商品数量。

一、需求定理

需求的概念反映价格和需求量之间的一种关系，这种关系体现价格和需求量之间的一种变动规律。即随着商品价格的上升，商品的需求量会下降；反之，商品价格下降，则需求量会上升。这一规律就是需求定理。

（一）需求定理的形成原因

一般而言，可以用替代效应和收入效应来解释需求定理的形成原因。

第一，替代效应。替代效应是指当一种商品的价格发生变化时，消费者倾向于用其他商品来替代该商品，以满足自身的需求。这一效应的产生，源于消费者对不同商品之间功能或用途的替代性认识。当某种商品价格上升时，消费者会认为该商品的相对价值降低，从而寻找其他具有相似功能但价格更为合理的商品作为替代。这种替代行为导致对原商品价格上升商品的需求量减少，而对替代商品的需求量增加。

第二，收入效应。收入效应是指商品价格变化对消费者实际购买力的影响，进而引起的需求量变动。当商品价格上升时，消费者的实际购买力会相对下降，因为他们需要用更多的收入来购买同样数量的商品。这种购买力的下降，会导致消费者对商品的需求量减少。相反，当商品价格下降时，消费者的实际购买力会相对增加，从而刺激他们对商品的需求。

（二）需求定理的表示方法

需求定理除了直接用文字表述外，通常有三种表述方法，即需求表、需求曲线和需求函数。

第一，需求表。需求表是一种用来描述某种商品的价格与需求量之间相互对应关系的表格。它描述了某一市场某种商品在各种不同价格下的个人需求量或市场需求量。通过需求表，人们可以清晰地看到不同价格水平下的需求量，从而更直观地理解需求定理。

第二，需求曲线。需求曲线是另一种表示商品需求量与价格之间关系的图形工具。通常以价格为纵轴，需求量为横轴。在需求曲线上，每一个点都代表一个特定的价格水平下的需求量。需求曲线通常是一条向右下方倾斜的曲线，这表示随着价格的上升，需求量逐渐减少，符合需求定理的基本原理。

第三，需求函数。需求函数是一种用数学公式来表示商品需求量与价格之间关系的模型。通过需求函数，人们可以更精确地计算出不同价格水平下的需求量，从而更深入地理解需求定理。

（三）需求定理的例外

需求定理描述大多数商品即正常商品的需求量和价格之间的变动规律，但并不是所有的商品都符合需求定理。需求定理的例外有以下三种。

第一，炫耀性商品。炫耀性商品是用来显示和炫耀人的社会身份的商品。这种商品只有在价格比较高时才能起到显示人的身份和社会地位的作用，因此，价格下降时需求量反而减少。珠宝首饰、豪华轿车就是这类商品。这些商品的特点是：价格上升，需求量增加；价格下降，需求量减少。

第二，吉芬商品。吉芬商品是低档的生活必需品，其价格上升，需求量反而增加。①

第三，投机性商品。在投机性市场上，例如在证券市场和期货市场上，人们有一种"买涨不买跌"的投机心理，即在价格上涨时抢购，价格下跌时抛出。这与人们对未来价格的预期和投机的需要有关，也可以作为需求定理的一种例外。

二、需求的影响因素

需求是指在一定时期内和一定条件下，消费者对特定商品或服务的价格和数量的欲望、要求以及支付能力的表现。需求不仅受消费者的自然欲望和主观意愿影响，还取决于他们在现实环境中的支付能力。自然的需求反映人们对生活必需品或愿望商品的基本欲望，而现实的需求是在考虑消费者的经济能力后实际表现出来的需求。因此，需求是市场经济中的关键因素，对于理解商品和服务的市场行为以及价格形成过程至关重要。在一定时期内，在这种商品的各种可能的价格下，消费者对某种商品的需求状况受许多因素的影响，主要包括以下四种影响因素。

（一）消费者偏好

消费者偏好是市场经济中至关重要的因素，它涵盖消费者对商品的喜好和愿意程度。当消费者对某种商品有较高的偏好时，通常会导致需求的增加，因为他们愿意购买更多这种商品。相反，如果消费者的偏好降低或转向其他商品，可能会导致需求减少。因此，了解消费者的商品喜好对市场成功至关重要。

为了更好地理解消费者偏好，市场调研和产品设计变得至关重要。了解消费者对面料、质量、服装款式等因素的偏好可以帮助制定更有吸引力的产品设计和价格策略。通过推广活动和销售策略，可以促使消费者更多地购买喜好的商品，从而增加市场份额。然而，管理库存也是一项关键任务，因为过度生产可能导致库存积压和损失。因此，消费者偏好的深入了解对于制定合理的库存管理策略至

---

① 1845年，英国经济学家吉芬发现在爱尔兰发生大灾荒时，土豆的价格上升，需求量反而增加。这种违背需求定理的现象被称为"吉芬之谜"。

关重要，以避免不必要的损失。

（二）消费者预期

消费者需求受价格、未来预期、收入等因素影响。价格上涨时，消费者可能提前购买以避免付出更高成本，增加需求；反之，预期价格下降时，需求减少。预期收入增加会刺激消费。消费者购买决策受当前价格、个人收入及对未来价格走势预期的影响，导致需求波动。需求波动对市场和经济有重要影响，了解这些有助于企业制定价格和库存策略，政府和中央银行制定政策以稳定经济。需求量受多种因素影响，包括商品价格、消费者收入、商品品质、替代品可用性和消费者偏好等。分析市场时需考虑这些因素，以全面理解需求动态，这有助于企业、政府和消费者做出更明智的决策。

（三）替代品和互补品的价格

商品之间的关系对消费者需求和商品价格产生重要影响。相关商品可以分为替代品和互补品两种类型。

替代品是在满足相似需求方面可以替代彼此的商品。例如，当猪肉的价格上涨时，消费者可能会转而购买牛肉，因为它们在肉类中属于替代品。价格上涨时，替代品的需求通常同方向变动，即一种商品价格上涨，另一种商品的需求也会上升，因为消费者更倾向于选择价格较低的替代品。

互补品是需要一同使用的商品，它们的价格变动通常是反方向变动。例如，胶片相机和胶卷是互补品，因为人们需要同时购买它们来拍摄照片。如果胶片相机的价格上涨，消费者可能会购买更少的胶片相机，并减少胶卷的需求，因为它们通常是一起使用的。因此，互补品的需求通常是共同变动的。

理解商品之间的这些关系对于企业和消费者都非常重要，因为它们可以影响购买决策和价格敏感度。同时，政府和市场分析师也需要考虑这些关系，以更好地预测市场行为和调整政策。商品关系的深入了解有助于更好地理解市场运作，为市场参与者提供更明智的决策基础。

(四) 消费者实际收入水平

消费者的收入水平在很大程度上决定了他们对商品的需求。可支配收入，即扣除生活必需支出后的剩余收入，直接影响消费者的购买能力。随着可支配收入的增加，消费者通常更有能力购买更多商品来提高其生活水平。因此，消费者的收入水平在市场经济中是一个重要的因素，它对市场的经济运行和商品需求产生深远的影响。消费者的需求是市场经济中的一个核心驱动因素，它直接受到消费者的收入水平和其他经济因素的影响。

第二节 供给分析

一、供给的含义

供给是指在一定的时期内，生产者在各种可能的价格下愿意而且能够提供的某种商品的数量。和需求一样，理解供给的概念时同样需要注意，供给是供给愿望和供给能力的统一，两者缺一都不能形成供给。比如，如果市场对某种商品的需求增加，生产者愿意增加供给，但由于受生产能力的限制一时无法生产出来，这形成不了供给；同样地，尽管市场需求增加，生产者也有生产能力，但生产者为了抬高价格而不愿意提供足够的产量，这也无法形成供给。

在理解供给概念时还应当注意，供给反映生产者愿意而且能够提供的产量，即供给量与商品价格之间的关系。和需求一样，供给这一概念也涉及两个变量，一是商品本身的价格，二是供给量。

供给和供给量是两个不同的概念。供给表示在各种可能的价格条件下，生产者愿意而且能够提供的产品数量即供给量，它体现了供给量和价格之间的一一对应的关系；而供给量则指在某一特定价格下，生产者愿意而且能够提供的产品数量。

和需求类似，供给也分为个人供给和市场供给。个人供给是指单个生产者的供给，而市场供给是所有单个生产者供给的总和。

供给的概念反映供给量和价格之间的一种关系，这种关系体现了供给量和价格之间的一种变动规律。即随着商品价格的上升，供给量增加；反之，价格下降，供给量减少。即供给量和价格之间呈同方向变动关系。这一规律通常称为供给定理。

二、供给的决定因素

第一，生产成本。①原材料成本。原材料是生产过程中的重要投入，其价格波动直接影响生产成本。例如，石油价格的上涨会增加化工产品的生产成本，从而减少化工企业的供给。②劳动力成本。工资水平的上升会增加企业的生产成本，可能导致企业减少供给。此外，劳动力的技能水平和素质也会影响生产效率，进而影响供给。③资本成本。企业的资本投入包括设备、厂房等固定资产的购置和维护。贷款利率的变化会影响企业的资本成本，从而影响企业的生产决策和供给。

第二，技术水平。技术进步可以提高生产效率，降低生产成本，从而增加供给。例如，自动化生产技术的应用可以减少劳动力需求，提高生产速度和质量，增加企业的供给能力。

第三，生产者预期。生产者对未来市场价格、需求和成本的预期会影响其当前的生产决策。如果生产者预期未来价格上涨，他们可能会增加当前的生产，以在未来获得更高的利润；反之，如果预期价格下跌，他们可能会减少生产。

第四，相关商品价格。①替代品价格。如果一种商品的替代品价格上涨，消费者可能会转向该商品，从而增加对该商品的需求。生产者为了满足增加的需求，可能会增加该商品的供给。②互补品价格。互补品价格的变化也会影响供给。例如，燃油汽车和汽油（或柴油）是互补品，如果汽油（或柴油）价格上涨，燃油汽车的需求可能会减少，从而导致燃油汽车生产商减少燃油汽车的供给。

三、供给曲线的变化

第一，价格变化引起的供给量变化。在其他条件不变的情况下，商品价格的上涨会导致生产者增加供给量，供给曲线向右上方移动；价格的下跌会导致生产者减少供给量，供给曲线向左下方移动。这种变化是沿着供给曲线的移动，称为供给量的变动。

第二，非价格因素变化引起的供给曲线移动。①生产成本降低。如果生产成本降低，生产者在相同价格下愿意提供更多的商品，供给曲线向右移动。例如，新技术的应用或原材料价格的下降都可能导致生产成本降低。②技术进步。技术进步可以提高生产效率，增加供给。供给曲线会向右移动，表明在相同价格下，生产者能够提供更多的商品。③生产者预期改变。如果生产者预期未来价格上涨，他们可能会增加当前的生产，供给曲线向右移动；反之，如果预期价格下跌，供给曲线向左移动。④相关商品价格变化。替代品价格上涨或互补品价格下跌会导致供给曲线向右移动，因为生产者可能会转向生产该商品以获取更高的利润。

四、供给定理的形成与例外

（一）供给定理的形成

供给定理的形成基于生产者的行为决策，特别是在市场经济环境下，生产者追求利润最大化的原则。当商品价格上涨时，生产者的利润空间扩大，从而有更强的动力增加生产，提高供给量；相反，当商品价格下降时，生产者的利润空间被压缩，甚至可能面临亏损，因此会减少生产，降低供给量。这种价格与供给量之间的同方向变动关系，就形成供给定理。

（二）供给定理的例外

第一，奢侈品和稀缺物品。对于奢侈品和稀缺物品来说，它们的供给量并不总是随着价格的上升而增加。这是因为这些物品的生产受到多种因素的限制，如原材料稀缺、生产工艺复杂等。当供给量达到一定程度后，即使价格继续上升，供给量也可能无法再增加。

第二，劳动供给。在某些情况下，劳动供给并不总是随着工资的增加而增加。当工资增加到一定程度后，劳动者可能会更看重休闲与娱乐，从而减少劳动供给。这种现象被称为"工资效应"的逆转。

第三，预期因素。生产者的供给决策还受到对未来市场价格的预期影响。如果生产者预期未来市场价格会下降，他们可能会减少当前的生产和供给；反之，如果预期未来市场价格会上升，他们可能会增加当前的生产和供给。

第四，政府政策。政府政策也会对供给产生影响。如产业政策和税收政策的变化可能会改变生产者的成本和利润预期，从而影响他们的供给决策。

（三）供给量的影响因素与供给量的变动

供给量指的是在一定时期内，生产者愿意提供的商品数量。这个现实的供给量通常受商品自身价格以及供给相关因素的影响。当商品价格上涨时，生产者倾向于增加供给量，因为他们可以获得更高的利润。相反，当价格下降时，生产者可能会减少供给量，以避免亏损。供给量的变化不仅受价格因素影响，还受到生产成本、技术进步、税收政策和市场预期等供给相关因素的影响。因此，供给量是市场上的一个重要变量，它与价格之间的关系对于理解市场运作和商品供需平衡至关重要。

1. 供给量的影响因素

供给是一个复杂而多维的概念，对经济体系的理解至关重要，它与需求相互作用，共同影响市场的运行和商品价格。影响供给量的因素主要有以下四点。

（1）生产要素的价格。"价格改革以来商品价格已经实现市场化，虽然基本生产要素价格双轨制的痕迹依旧存在，但生产要素价格形成机制的经济背景已经由计划主导转向了市场主导；计划的目的也由保障供给转向促进公平。"[①] 生产要素的价格对生产者的单位成本有直接影响。当生产要素的价格上升时，生产者的单位成本也会上升。这会导致生产者面临更高的生产成本，从而降低他们的利润。在这种情况下，生产者可能会被迫减少生产和供应的数量，以降低损失并维持可持续的经营。

---

① 韩晓宏.关于我国生产要素价格形成机制的思考[J].经济视角,2018(4):9.

相反，如果生产要素的价格下降，生产者的单位成本也会下降。这会增加生产者的利润潜力，激励他们增加生产和供应的数量。因为单位成本降低，生产者能够在维持相同利润的情况下生产更多商品，满足市场需求。

然而，当商品价格保持不变时，生产者的决策主要受成本变化的影响。如果生产要素价格上升，生产者可能会面临较高的单位成本，从而可能会考虑减少生产数量，以维持利润。如果生产要素价格下降，生产者的单位成本降低，他们可能会考虑增加生产数量，以追求更高的利润。

生产要素的价格直接影响生产者的单位成本，这对他们的生产和供应决策产生重要影响。成本的波动影响生产者的利润水平，从而影响他们是否增加或减少产品的供应量。在商品价格不变的情况下，成本变化通常是生产者决策的关键因素。

（2）生产的技术水平。随着生产技术水平的提高，生产成本降低，这导致生产者的利润增加。此时，生产者倾向于生产更多该商品以满足市场需求。然而，当生产技术水平下降时，生产成本上升，这对生产者构成挑战。在这种情况下，生产者通常会减少该商品的生产，以应对成本上升的压力。

（3）相关商品的价格。生产者生产的商品之间存在替代关系或互补关系。在替代品关系下，当替代品的价格上升时，生产者通常会减少原商品的供给。这是因为消费者更有可能转向价格相对较低的替代品，从而减少了对原商品的需求。这种行为基于生产资源可以相对容易地用于替代品的技术条件，因此生产者会调整供给以适应市场需求。

相反，在互补品关系下，当互补品的价格上升时，生产者通常会增加原商品的供给。这是因为消费者更倾向于购买原商品和其互补品一起使用，而不愿意因互补品的价格上升而减少原商品的购买。因此，生产者会增加原商品的供给以满足这种增加的需求。

（4）生产者对商品的预期。生产者的供给是一个复杂的过程，受多种因素的影响。生产者在考虑供给时需要密切关注商品价格和市场预期。当商品价格上涨时，生产者通常会寻求增加供给，以追求更高的利润。相反，如果价格下降，他们可能会减少供给以避免亏损。这种反应也受销售情况的影响，因为销售不仅影响利润，还可能影响生产者对市场走势的预期。因此，生产者的供给决策是一个动态的过程，不断调整以适应市场需求和变化的经济环境。

然而，仅依靠价格预期并不足以解释生产者的供给行为。除了价格预期外，其他因素也会对生产者的供给产生影响。政府政策是一个重要因素，例如，税收政策和监管法规可能会影响生产者的决策。意外情况如自然灾害、政治动荡或市场波动也可能导致生产者改变供给策略。新资源和新材料的发现也可以改变生产者的供给行为。如果出现新的资源或材料，生产者可能会重新评估他们的供给策略以利用这些新的机会。资源枯竭等长期趋势也可能迫使生产者调整他们的供给，因为资源的稀缺性可能导致供给减少。

2. 供给量的变动与供给的变动

供给分析是经济学中的关键概念，它研究在特定价格水平下，商品数量的供给与供给量之间的关系。这种关系通常以供给曲线表示，其中供给函数描述了价格上涨和价格下降时供给量的变动。供给分析对于理解市场行为至关重要，因为它可以帮助人们预测供给的变动以及影响这些变动的因素。

当商品价格上涨时，通常会激发供给量的增加，因为生产者看到了更高的利润机会。这种现象在供给曲线上表现为曲线向右移动。相反，价格下降可能导致供给量的减少，因为生产者可能不再愿意提供同样数量的商品。这些反应是供给分析的核心内容之一，它们帮助人们理解价格水平对供给的影响。

供给量的变动受多种因素的影响，包括生产成本、技术进步、政策变化和市场预期。这些因素可以引起供给曲线的移动，进而影响市场上的价格水平和商品数量。供给分析有助于识别和解释这些因素如何影响供给，从而清晰地表现出市场中供给的变动。

总之，供给分析是经济学中不可或缺的工具，它有助于人们理解市场机制中的供给与价格之间的复杂关系。通过供给曲线和供给函数的使用，人们能够更好地预测和解释价格水平如何受到供给的影响，以及供给量如何受到价格变化和其他因素的调节。这种分析为经济学家、政策制定者和市场参与者提供重要的信息，帮助他们做出明智的决策。

(四) 供给函数的表现方式

供给函数还可用供给表和供给曲线来表示：

第一，供给表。供给表是一种用表格形式表示的经济数据表，其中记录了不同商品价格下对应的供给量。这种表格有助于揭示商品价格和供给量之间的关系，通常用于经济研究和市场分析。供给表可以用来分析供给函数，即描述商品价格与供给量之间关系的数学模型。供给函数通过数学公式表达了商品价格对供给量的影响，帮助经济学家和决策者理解市场中的供给行为。供给表和供给函数是经济分析中重要的工具，用于探究市场中供给与价格之间的关联。

第二，供给曲线。供给曲线在经济学中扮演着关键的角色，它可以是直线形或曲线形，取决于供给函数的性质。当供给函数是线性函数时，相应的供给曲线是一条直线。这意味着供给曲线上的各点都具有相等的斜率。这种情况下，供给量随价格的变化呈线性关系。当价格上涨时，供给量也相应增加；反之亦然。

供给函数是描述供给曲线的数学模型，可以是线性函数或非线性函数。供给曲线代表不同价格下的供给量，其中斜率反映价格对供给量的变化关系。当价格上涨时，递增供给曲线显示供给量增加，而递减供给曲线显示供给量减少。曲线形状有直线形和曲线形两种，直线形表示供给与价格呈线性关系，而曲线形则表示供给对价格的反应不是线性的。在市场中，供给函数帮助生产者理解商品数量与不同价格之间的关系。通过图形表示供给曲线，可以更清楚地看到这种关系，进而制定价格策略和生产决策。不同的供给曲线形状和斜率可以帮助理解市场中生产者对价格变化的敏感度以及市场供需状况的变化。因此，供给函数和供给曲线在市场经济分析中起着关键作用，可以帮助解释和预测市场行为。

第三节 均衡价格分析

均衡在经济学中是一个广泛应用的重要概念，它最初源自物理学，指的是在没有外力作用下物体达到的相对静止状态。在经济学中，均衡指的是在一定条件下，某些经济变量在其他变量的相互作用下达到的相对静止状态。

经济均衡的实现可以归因于多种因素的相互制约和相互抵消。这意味着在经济体系中，各种经济要素和变量之间存在着复杂的相互依赖关系，他们相互作用并且相互制约，最终导致了一种相对静止的状态，即均衡。这种均衡可能是市场中供需之间的平衡，也可能是因为满足了各经济主体的愿望，达到了他们的最优化目标。均衡价格是指一种商品需求量与供给量相等时的价格。当实现了市场供求均衡时，该商品的需求价格与供给价格相等，称为均衡价格；此时该商品的成交量（需求量与供给量）相等，称为均衡数量。市场上需求量和供给量相等的状态，被称为市场出清的状态。

一、均衡价格的形成机制

均衡价格是在完全自由竞争条件下，通过市场供求的自发调节形成的。具体过程如下：

第一，价格高于均衡价格时，会出现供给大于需求的情况，于是供给方迫于需求不足的竞争压力，便自动降低价格。

第二，价格低于均衡价格时，会出现需求大于供给的情况，于是需求方迫于需求过度的竞争压力，只好接受供给方提价的要求，从而使价格自动上升。

经过这样的上下波动，价格最终会趋向使商品供给量与需求量相一致，从而形成均衡价格。但需要注意的是，市场均衡状态的出现只是一种暂时状态，随着需求函数或供给函数的变化，需求曲线或供给曲线便会发生位移，从而使旧的均衡状态遭到破坏，并形成新的市场均衡数量和均衡价格。

二、均衡价格的影响因素

（一）需求因素

第一，消费者收入水平。一般来说，当消费者收入水平提高时，对商品的需求也会增加，从而推动均衡价格上升；当消费者收入水平下降时，对商品的需求也会减少，从而促使均衡价格下降。例如，随着人们收入水平的提高，对高档消费品的需求不断增加，这些商品的均衡价格也会相应上升。

第二，消费者偏好。如果消费者对某种商品的偏好增强，那么对该商品的需求也会增加，从而推动均衡价格上升；反之，如果消费者对某种商品的偏好减弱，那么对该商品的需求也会减少，从而促使均衡价格下降。例如，近年来人们对环保产品的偏好不断增强，环保产品的均衡价格也呈现出上升趋势。

第三，相关商品价格。替代品是指可以互相替代使用的商品，如牛肉和猪肉。当一种商品的替代品价格涨升时，消费者会减少对该替代品的需求，转而增加对原商品的需求，从而推动原商品的均衡价格上涨；反之，当一种商品的替代品价格下降时，消费者会增加对该替代品的需求，从而减少对原商品的需求，促使原商品的均衡价格下降。互补品是指必须同时使用的商品，如燃油汽车和汽油（或柴油）。当一种商品的互补品价格上涨时，消费者会减少对该商品的需求，因为购买该商品的成本增加了，从而促使该商品的均衡价格下降；反之，当一种商品的互补品价格下降时，消费者会增加对该商品的需求，从而推动该商品的均衡价格上涨。

第四，预期因素。如果消费者预期某种商品的价格未来会上涨，那么他们会在当前增加对该商品的购买，从而推动该商品的均衡价格上涨；反之，如果消费者预期某种商品的价格未来会下降，那么他们会在当前减少对该商品的购买，促使该商品的均衡价格下降。生产者的预期也会影响供给决策，如果生产者预期某种商品的价格未来会上涨，那么他们会在当前增加生产，从而增加市场供给，促使该商品的均衡价格下降；反之，如果生产者预期某种商品的价格未来会下降，那么他们会在当前减少生产，从而减少市场供给，推动该商品的均衡价格上涨。

（二）供给因素

第一，生产成本。当生产成本上涨时，生产者的利润空间会缩小，他们会减少供给，从而推动均衡价格上涨；当生产成本下降时，生产者的利润空间会扩大，他们会增加供给，促使均衡价格下降。生产成本的变化主要受原材料价格、劳动力成本、技术进步等因素的影响。例如，当原材料价格上涨时，生产者的生产成本会增加，他们会减少供给，从而推动相关商品的均衡价格上涨。

第二，生产技术水平。生产技术水平的提高可以降低生产成本，增加生产者的利润空间，从而促使他们增加供给，推动均衡价格下降。例如，随着科技的不断进步，汽车生产技术不断提高，生产成本不断降低，汽车的供给量不断增加，均衡价格也逐渐下降。

第三，相关商品价格。与需求因素类似，供给方面的相关商品价格也会对均衡价格产生影响。如果一种商品的生产要素价格上涨，那么该商品的生产成本也会上升，生产者会减少供给，从而推动该商品的均衡价格上涨；反之，如果一种商品的生产要素价格下降，那么该商品的生产成本也会下降，生产者会增加供给，促使该商品的均衡价格下降。

第四，生产者预期。如果生产者预期某种商品的价格未来会上涨，那么他们会在当前减少供给，等待价格上涨后再出售，从而推动该商品的均衡价格上涨；反之，如果生产者预期某种商品的价格未来会下降，那么他们会在当前增加供给，以避免价格下降带来的损失，促使该商品的均衡价格下降。

三、均衡价格的应用

第一，政府干预。①支持价格（保护价格）。政府为了扶持某一行业的生产，会规定一个高于市场均衡价格的最低价格。这会导致供给量增加，需求量减少，形成过剩。政府可能需要收购过剩商品或限制生产。②限制价格（最高限价）。政府为了限制某些物品的价格，会规定一个低于市场均衡价格的最高价格。这会导致需求量增加，供给量减少，形成短缺。政府可能需要采取配给制等措施。

第二，市场波动。如节假日前后的商品价格波动，节假日前，由于需求增加，商品价格上升；节假日后，需求减少，商品价格下降。这种波动体现了市场供求关系对价格的调节作用。

第四节　弹性理论及应用

弹性理论是经济学中用于分析需求量或供给量对价格变化的反应程度的重要工具。

一、弹性理论的发展历程

弹性理论，作为经济学与管理学领域中的一颗璀璨明珠，其发展历程充满了学者们的智慧与探索。这一理论的起源，可以追溯到经济学对传统价格理论的深化研究之中。在早期，经济学家们主要关注的是供需曲线的形状和位置变化如何影响市场的均衡状态。然而，随着对市场机制理解的逐步加深，研究者们开始将目光投向变量之间的相对变动率，即弹性的概念，这标志着弹性理论的萌芽。

弹性概念的提出，最初是由阿尔弗雷德·马歇尔在其具有里程碑意义的著作《经济学原理》中完成的。马歇尔敏锐地洞察到，价格变动时，需求量或供给量的反应程度是一个值得深入研究的问题。他首次系统地阐述了弹性的概念，并探讨了其在经济分析中的应用。这一创举为后来的弹性理论发展奠定了坚实的基础。

随着时间的推移，弹性理论逐渐受到了更多学者的关注和推崇。特别是在计量经济学蓬勃发展的背景下，弹性的计算方法和应用范围得到极大的拓展和深化。学者们开始运用更加先进的统计方法和实证研究来估计各种经济变量之间的弹性系数，使得弹性理论的应用更加广泛和精准。

在弹性理论的发展过程中，还涌现出了许多重要的分支。例如，除了传统的需求价格弹性和供给价格弹性外，学者们还提出了收入弹性、交叉弹性等更多类型的弹性概念，以更全面地描述经济变量之间的动态关系。同时，弹性理论也逐渐超越了纯粹的经济学范畴，被广泛应用于管理学、公共政策等多个领域。

值得一提的是，弹性理论的发展并非一帆风顺。在实践中，学者们发现弹性的预估受到多种因素的影响，如市场结构、消费者行为、生产成本等。这些因素的存在使得弹性的准确预估变得复杂而具有挑战性。然而，正是这些挑战推动了弹性理论的不断发展和完善。

二、弹性理论的内容

弹性理论是经济学中一个重要的分析工具，它帮助人们更加深入地理解经济变量之间的反应关系和敏感程度。这一理论主要包括需求弹性、供给弹性两个方面。

（一）需求弹性

1. 需求弹性的影响特性

（1）可替代性。需求弹性受商品可替代性的影响。如果市场上有许多替代品可供选择，需求通常更为弹性。消费者可以更容易地切换到价格更低或性能更好的替代品，因此他们对价格变化更为敏感。例如，如果一种品牌的咖啡价格上涨，消费者可能会选择购买另一种品牌的咖啡。

（2）生活必需品。需求弹性还受商品是否属于生活必需品或奢侈品的影响。通常来说，生活必需品的需求弹性较低，因为消费者不容易削减对这些商品的消费，即使价格上涨。相反，奢侈品的需求通常更为弹性，因为人们可以更容易地调整对奢侈品的消费，当价格变动较大时。

（3）消费支出占比。商品对个人或家庭总消费支出的占比也会影响需求弹性。如果某种商品在总支出中占比较小，价格上涨可能对整体消费影响较小，需求弹性较低。然而，如果某种商品占据大部分支出，价格变动可能会显著影响家庭预算，需求弹性较高。

（4）调整需求结构。需求弹性还受消费者是否能够调整其需求结构的影响。如果消费者能够轻松地调整其购买习惯，例如选择不同规格或品牌的产品，那么需求弹性较高。这种情况下，消费者可以更灵活地应对价格变动，而不会对商品本身产生太大的忠诚度。

（5）替代品的可用性。替代品的存在也会影响需求弹性。如果市场上有多种替代品可供选择，需求通常更为弹性。消费者可以轻松地切换到其他类似的商品，从而减轻价格变动对需求量的影响。例如，在手机市场上，有多个品牌和型号可供选择，因此消费者对某一品牌的价格变化更为敏感。

2. 需求价格弹性的类型

需求价格弹性是一个重要的经济学概念，它用于衡量需求量对价格变化的敏感程度。通过了解需求价格弹性，人们可以更好地掌握不同商品或服务在价格发生变动时，消费者购买行为的变化趋势。具体来说，需求价格弹性可以分为以下五种类型。

（1）需求富于弹性。需求富于弹性意味着当商品价格发生一定幅度的变化时，需求量会出现较大幅度的变动。通常情况下，奢侈品、高档消费品等具有较高的需求价格弹性。例如，当名牌手表价格上涨时，消费者可能会大幅减少购买量，转而选择其他品牌或等待价格下降。这类商品的可替代性较强，消费者对价格变化较为敏感。对于企业而言，在销售需求富于弹性的商品时，需谨慎调整价格，以免因价格变动过大而导致销售量大幅下降。

（2）需求缺乏弹性。需求缺乏弹性的商品，其需求量对价格变动的反应较小。生活必需品如粮食、药品等通常属于此类。即使价格有所上涨，消费者也难以大幅减少对这些商品的购买量，因为它们是维持生活所必需的。企业在销售需求缺乏弹性的商品时，适度提高价格可能会增加总收入。

（3）单一需求弹性。当商品的需求价格弹性系数为 1 时，即为单一需求弹性。此时，价格变动的百分比与需求量变动的百分比相等。在实际经济中，这种情况相对较少。但对于一些具有特定市场结构和消费群体的商品，可能会出现接近单一需求弹性的情况。

（4）需求完全有弹性。需求完全有弹性意味着价格的微小变动会导致需求量无限变动。在现实中，这种情况极为罕见，一般只在理论假设中存在。例如，当某种商品的市场完全竞争且可完全替代时，价格的略微变化可能会使消费者瞬间转向其他商品。

（5）需求完全无弹性。需求完全无弹性表示无论价格如何变化，需求量始终保持不变。例如，急救药品对于急需的患者来说，无论价格多高都必须购买。这种情况也比较特殊，通常只在特定的紧急情况下或对某些不可或缺的商品中出现。

3. 需求弹性的计算

经济学和统计学经常使用弹性来描述因变量与自变量之间的关系。弹性是一个重要的概念，用于衡量自变量的变化对因变量的影响程度。它通常以百分比变化的形式表示，衡量因变量相对于自变量的敏感度。具体来说，当自变量发生变化时，弹性告诉人们因变量将以多大的百分比变化。

由于在需求函数中，需求量和价格之间是一种反向变化关系，所以需求量变化量和价格变化量的比值是一个负数。为了方便比较，通常在公式中加一个负号，使需求价格弹性系数为正值。

（1）需求的价格弧弹性计算。需求与价格之间的关系在需求曲线中呈现出来，而需求曲线上的弧弹性则揭示商品价格和需求量之间的反应程度。弧弹性是指需求曲线上两点之间的弹性系数，它用于衡量在价格变动下需求量的变化幅度。

商品降价和需求价格弹性之间存在密切的关系，这反映消费者在价格变动面前的消费选择和购买量的变化。需求价格弹性，通常称为弧弹性，表现了需求量对价格变动的敏感程度。

当商品降价时，如果需求价格弹性为弧弹性，消费者的反应是相对灵活的。这意味着价格下降会导致需求量的相对小幅增加，但并非成比例地增加。这可能是因为消费者的消费习惯和选择不会立刻完全改变，他们可能会增加购买量，但不会瞬间翻倍。这种情况在许多消费品领域都很常见，如食品、家居用品等。

相反，当商品涨价时，需求价格弹性也反映消费者的反应。如果需求价格弹性为弧弹性，价格上涨可能会导致需求量的相对小幅减少，而不是立刻大幅下降。这表明消费者通常不会立刻放弃购买某个商品，而是可能寻找替代品或逐渐调整他们的消费习惯。因此，弧弹性反映消费者在价格变动面前的较为渐进和灵活的反应，这对于市场分析和价格策略制定非常重要。

（2）需求的价格点弹性计算。需求和价格之间的关系，可以通过需求曲线和点弹性来量化和理解。需求是指消费者愿意购买的商品或服务的数量，而价格是决定消费者购买行为的关键因素之一。需求曲线是一个图形表示，显示了不同价格水平下的需求量。点弹性则衡量了需求曲线上特定点的需求量对价格变化的反应程度。

需求曲线通常是负斜率的，即价格上升会导致需求量减少，价格下降会导致需求量增加。点弹性告诉人们：在某一价格点上，需求量对价格的变化的敏感程度。如果需求曲线在某点的点弹性为-2，这意味着价格上涨1%将导致需求量减少2%；反之，价格下降1%将导致需求量增加2%。点弹性的值可以帮助人们理解市场中消费者对价格变动的具体反应，这对于制订价格策略和预测市场行为非常有帮助。

（3）需求交叉价格弹性及计算。需求的交叉价格弹性和需求的交叉弹性是经济学中用来研究相关商品之间相互影响的重要概念。交叉价格弹性衡量了一种商品价格变动对另一种商品需求量变动的影响程度。如果两种商品之间存在正交叉价格弹性，那么当一种商品的价格上涨时，另一种相关商品的需求量也会上涨，反之亦然。这表明这两种商品是互补品，它们的需求量随价格变动而相互变化，如热狗和热狗面包的关系。

除了价格变动外，其他因素也可能影响需求的交叉价格弹性，如消费者的收入变化、市场趋势和广告活动等。因此，在分析相关商品之间的相互影响时，需要考虑多种因素，并计算交叉价格弹性以更好地理解其关系。

需求交叉弹性是一项重要的经济概念，用于研究不同商品之间的替代关系或互补关系。弹性系数的符号在描述商品关系时起着关键作用。当需求交叉弹性的符号为正时，这意味着两种商品之间存在替代关系。具体来说，如果一个商品的价格上涨导致另一种商品的需求量上升，那么它们之间的交叉弹性为正数。例如，如果汽油价格上涨，导致人们更倾向于使用公共交通，这表明汽油和公共交通票价之间存在替代关系，其交叉弹性为正。相反，当需求交叉弹性的符号为负时，这意味着两种商品之间存在互补关系。如果一个商品的价格上涨导致另一种商品的需求量下降，那么它们之间的交叉弹性为负数。例如，当咖啡价格上涨时，人们可能会减少购买咖啡伴侣或糖，这表明咖啡和咖啡伴侣之间存在互补关系，其交叉弹性为负。

因此，需求交叉弹性的符号不仅帮助人们理解商品之间的替代或互补关系，还有助于分析市场中不同商品的相互影响，为企业和政策制定者提供有关市场行为的重要信息。

（4）需求的收入弹性计算。消费者的收入水平对于他们购买某种商品的数量有着显著的影响。在研究消费者收入与商品需求之间的关系时，一个关键概念是需求的收入弹性。需求的收入弹性用于衡量在一定时间内，消费者对某种商品的需求量变动与他们收入量变动之间的关系程度。需求的收入弹性定义非常重要，它可以被视为一个度量标准，用以衡量商品需求与消费者收入之间的敏感程度。

通常，需求的收入弹性可以表示为消费者收入变动 1%时，商品需求量变动的百分比。

需求收入弹性是一个用来衡量商品需求对消费者收入变化敏感程度的关键概念。商品通常被分为正常品、低档品、必需品和奢侈品四类。正常品是指随着收入的增加，需求也增加的商品，其需求收入弹性值通常为正数。这意味着随着消费者的收入上升，他们更愿意购买正常品。与此相对，低档品通常具有负的需求收入弹性值，因为随着收入的增加，人们可能更倾向于购买更高档次的替代品。必需品的需求收入弹性值通常较低，因为无论收入如何变化，人们仍然需要购买这些商品来满足基本需求。奢侈品则通常具有较高的需求收入弹性值，因为它们在高收入下需求增加，但在低收入下需求下降。

（二）供给弹性

供给弹性，是指供给量对影响供给因素变化的反应程度。供给弹性的大小受供给时间长短、生产成本变化、供给难易程度和生产要素供给情况等因素影响。

1. 供给弹性的类型及其特征

供给弹性可根据其响应市场价格变动的程度分为以下五种类型。

（1）完全无弹性。此类型下，供给量不因价格变动而变动，即无论市场价格如何波动，供给量总是保持恒定。这种情况在现实中较为罕见，通常与特定的市场结构或政策限制有关，此时供给弹性系数为 0。

（2）完全弹性。在此极端情况下，价格的小幅变动会导致供给量发生无限大的变动。这意味着供给者对于价格信号的反应极为敏感，几乎任何微小的价格变动都能引发供给量的巨大调整。完全弹性的供给曲线在理论上是一个垂直于数量轴的直线，供给弹性系数趋于无穷大。

（3）单位弹性。当供给量变动的百分比恰好等于价格变动的百分比时，称为单位弹性。这种情况下，供给曲线的斜率恰好为-1，供给弹性系数为 1，表明供给量与价格之间呈比例变动。

（4）富有弹性。若供给量变动的百分比大于价格变动的百分比，则称供给富有弹性。这意味着价格的小幅下降能引起供给量的大幅增加，或价格的小幅上升导致供给量的大幅减少。富有弹性的商品或服务通常具有较多的替代品或较低的进入壁垒。

（5）缺乏弹性。与富有弹性相反，当供给量变动的百分比小于价格变动的百分比时，称为供给缺乏弹性。这类商品或服务可能因生产调整成本高、技术限制或市场需求稳定等因素，对价格变动的反应相对迟缓。

2. 供给的价格弹性计算与影响因素

（1）供给的价格弹性计算。

供给的价格弹性描述了供给量对价格变动的敏感程度。供给的价格弹性可以分为两种主要类型：弧弹性和点弹性。弧弹性考虑价格和供给量的变化范围，而点弹性是在特定价格和供给量组合下的弹性值。中点弹性是一种常见的弹性度量方法，它考虑了价格和供给量的百分比变化，以确保在不同价格水平下的弹性值是一致的。这有助于比较不同商品或市场的供给弹性。点弹性是在特定点上的价格弹性值，通常用于分析供给在特定市场条件下的反应。由于供给曲线有正的斜率，供给量与价格是同方向变动的，供给量的变化量和价格变化量的符号是相同的，所以供给的价格弹性总是正的。

（2）供给价格弹性的影响因素。

第一，时间。时间是影响供给的价格弹性的关键因素。在短时间内，生产受到多种限制，供给量难以大幅增加，导致供给价格弹性较小。这是因为生产者需要时间来调整生产规模和资源分配，无法迅速适应价格变化。

随着时间的延长，生产者更容易调整生产规模，使供给量能够随价格变化做出相应的调整，从而供给弹性增大。这意味着长期内，供给价格弹性较大，生产者可以更灵活地响应市场需求的变化，从而更有效地满足消费者的需求。因此，时间是供给价格弹性的一个关键因素，短期内供给弹性较小，而长期内供给弹性较大。这对于理解市场运作和价格调整过程非常重要。

第二，原材料。当原材料短缺且没有可替代品时，供给量的增加变得相当困难，因此供给弹性较小。这是因为在这种情况下，供应商无法轻松地增加生产，因为原材料供应不足。这导致了供给的相对不灵活性。如果原材料本身供给富有弹性，那么供给价格的弹性也会相应增大。这意味着供应商可以更容易地增加生产，因为原材料供应充足。因此，当原材料具有较高的供给弹性时，供给价格可以更快地调整以满足市场需求。

第三，生产成本。在价格固定时，生产者提供的产品数量主要由成本决定。供给曲线的形状显示了价格弹性的大小。平缓的供给曲线表示较大的价格弹性，因为生产者能轻松增加产量而边际成本增加不多。相反，陡峭的供给曲线意味着价格弹性较小。成本因素和供给曲线的形状对市场供需平衡和价格变化有显著影响。

第四，生产周期。生产周期是生产者产出数量的一个重要因素。短生产周期的产品允许厂商根据市场变化迅速调整产量，这意味着他们可以更灵活地满足市场需求，因此，短生产周期的产品具有较大的供给价格弹性。与此不同，长生产周期的产品则限制了厂商在市场变化时快速调整产量的能力，因此，这类产品的供给弹性较小。这一差异在市场竞争和价格波动方面产生重要影响。生产周期的长短直接影响生产者对市场变化的应对能力，从而影响产品的供给弹性。这一因素在制定生产策略和定价策略时应被考虑，因为它会影响到产品在市场中的竞争地位和盈利能力。

三、弹性理论的应用

第一，企业定价决策。企业在确定产品价格时，需要考虑需求价格弹性。如果产品的需求价格弹性较大，即价格的微小变化会引起需求量的较大变动，那么企业在定价时就需要更加谨慎，避免价格过高导致需求量大幅下降。例如，对于一些奢侈品或非必需品，消费者对价格比较敏感，需求价格弹性较大，企业在定价时就需要考虑到这一点，制定相对合理的价格以吸引消费者。相反，如果产品的需求价格弹性较小，如生活必需品，价格的变化对需求量的影响较小，企业在一定范围内提高价格可能不会对销售量产生太大影响。

第二，企业生产决策。如果一种商品的供给价格弹性较大，意味着价格的变化会引起供给量的较大变动。企业在生产这种商品时，需要密切关注市场价格的变化，及时调整生产规模。例如，农产品的供给价格弹性相对较大，当农产品价格上涨时，农民会增加种植面积，从而使供给量迅速增加。相反，如果商品的供给价格弹性较小，企业在调整生产规模时就需要更加谨慎，因为价格的变化对供给量的影响较小。

第三，税收负担的分配。需求价格弹性和供给价格弹性决定了税收负担在生产者和消费者之间的分配。如果需求价格弹性较小而供给价格弹性较大，那么税收负担主要由消费者承担；相反，如果需求价格弹性较大而供给价格弹性较小，税收负担则主要由生产者承担。例如，对于香烟等需求价格弹性较小的商品，政府提高消费税，消费者承担的税收负担相对较大。而对于一些农产品，由于供给价格弹性较小，生产者承担的税收负担相对较大。

思考与练习

1. 需求定理的形成原因是什么？请举例说明。
2. 供给定理的例外情况有哪些？每种情况对市场分析有何影响？
3. 如何运用供需模型分析价格变动对市场均衡的影响？
4. 弹性理论在企业管理中的应用体现在哪些方面？

第三章 消费者行为理论

第一节 欲望与效用概述

一、欲望

欲望通常被定义为消费者对某种商品或服务的内在渴望，这种渴望可以是生理需求的延伸，也可以是社会文化和心理因素的综合结果。不同于需求，欲望更强调个体主观体验的满足感和心理成就感。这一区别在消费者行为理论中尤为重要，因为欲望的满足往往超出了基本需求的范围，进入了奢侈品消费、品牌忠诚度和生活方式选择的领域。

（一）欲望的特征

第一，无限性。人的欲望似乎永无止境，一种欲望得到满足后，新的欲望便会迅速产生。消费者在不断追求更好、更多的商品和服务，从基本的生活必需品到高端的奢侈品，从满足生理需求到追求精神享受。这种无限性使得消费市场始终保持活跃，不断有新的需求和产品出现。

第二，层次性。欲望并非杂乱无章的，而是呈现出明显的层次结构。亚伯拉罕·马斯洛的需求层次理论将欲望分为生理需要、安全需要、归属和爱的需要、尊重的需要以及自我实现的需要。消费者通常会先满足较低层次的欲望，如基本的衣食住行等生理需求，然后逐步追求更高层次的欲望，如社会认同、个人成长和自我价值的实现。

第三，主观性。欲望消费者个人主观的感受和渴望。不同的个体由于其生活经历、文化背景、价值观和性格特点的差异，对同一种商品或服务可能产生截然不同的欲望。例如，有些人追求时尚品牌带来的身份象征，而另一些人则更注重产品的实用性和性价比。

第四，动态性。欲望随着时间、环境和个人经历的变化而不断调整和演变。例如，在经济繁荣时期，消费者可能更倾向于追求高品质、高消费的商品和服务；而在经济衰退时期，可能会更注重价格和性价比。

（二）欲望的形成和发展

欲望在消费者行为中的形成和发展是一个复杂而多维的过程，它深受多种因素的影响，包括生理、心理、社会和经济等方面。

1. 欲望的形成

（1）基本需求驱动。欲望最初源于人的基本需求，如马斯洛需求层次理论所描述的生理需要（食物、衣物、住房等）、安全需要（对未来的安全感）、社交需要（归属和爱的需要）、尊重需要（自尊与来自他人的尊重）以及自我实现需要（成长、发展、利用潜能）。这些基本需求是欲望形成的基石。

（2）心理因素。欲望是一种心理感觉，它是不足之感与求足之愿的统一。心理因素如认知、情感、动机等都在欲望的形成中起着重要作用。例如，认知失调理论认为，当人们的实际认知与期望认知不一致时，会导致认知失衡，从而激发购买欲望以恢复内部平衡。

2. 欲望的发展

（1）层次递进。当较低层次的欲望得到满足或基本满足后，消费者会产生新的或更高层次的欲望。这种递进关系推动消费者行为的不断发展。例如，在满足了基本的衣食住行需求后，消费者可能会追求更高品质的生活方式和更丰富的精神享受。

（2）多样化与个性化。随着社会的发展和进步，消费者的欲望也呈现出多样化和个性化的趋势。不同的消费者有着不同的需求和偏好，他们追求的不仅仅是物质的满足，更是精神的愉悦和个性的彰显。这种多样化和个性化的需求促使市场不断细分和创新。

（3）动态变化。欲望是一个动态变化的过程。它受到多种因素的影响，包括经济因素（如收入水平、价格水平等）、社会因素（如文化背景、社会风尚等）

以及个人因素（如年龄、性别、兴趣爱好等）。这些因素的变化都会导致消费者欲望的变化和发展。

总之，欲望在消费者行为中的形成和发展是一个复杂而多维的过程，它受到多种因素的影响和制约。理解这一过程有助于人们更深入地把握消费者行为的特点和规律，为企业制定有效的营销策略提供有力支持。

（三）欲望的影响与作用

第一，欲望对消费者行为的影响。欲望在消费者行为中扮演着核心角色，是消费者购买决策的起点，消费者的购买行为往往是为了满足其内在欲望。例如，一个消费者可能因为对某品牌的强烈欲望而购买其产品，即使该产品并非必需品。欲望影响着消费者的品牌忠诚度，满足消费者欲望的品牌更容易赢得消费者的长期青睐。欲望还影响着消费者的消费习惯和生活方式，消费者在满足欲望的过程中，往往会形成特定的消费习惯，如偏好某类商品或服务，进而影响其整体的生活方式选择。

第二，欲望在市场营销中的作用。在市场营销中，欲望被视为刺激消费的重要手段。通过分析消费者的欲望，企业可以更好地定位产品和制定营销策略。例如，奢侈品市场中的企业通常通过广告和品牌故事，塑造一种能够引发欲望的品牌形象，从而吸引高端消费者。欲望的研究还可以帮助企业预测市场趋势和消费者需求的变化，以便及时调整产品策略。

第三，欲望对社会经济的影响。欲望不仅影响个体消费者的行为，还对社会经济产生了深远影响。欲望的扩展推动消费需求的增长，从而刺激了经济发展。然而，欲望的过度扩展也可能导致消费主义的泛滥，进而引发社会问题。例如，过度的物质欲望可能导致资源浪费和环境污染，这对于社会的可持续发展构成挑战。因此，在研究欲望的同时，也需要关注其对社会经济的影响，平衡消费者的欲望与社会资源的合理配置。

二、效用

效用是消费者从消费某种商品中得到满足的程度。满足的程度越高，效用就越大，反之亦然。效用是一种心理感觉，效用的大小完全取决于消费者个人的主观感觉。同一商品对于不同人的效用不同，同一商品对同一人在不同时期、不同地点的效用也不相同。

（一）效用的特征

第一，主观性。效用是消费者的主观感受，不同的人对于同一种商品或服务的效用评价可能存在很大差异。这是因为每个人的需求、偏好、价值观以及生活经历等都不相同。例如，对于喜欢阅读的人来说，一本好书可能具有很高的效用；而对于不喜欢阅读的人来说，这本书的效用可能就很低。

第二，相对性。效用的大小是相对的，它取决于消费者所面临的选择集合。在不同的选择情境下，消费者对商品或服务的效用评价会发生变化。比如，当只有苹果和橘子可供选择时，消费者可能觉得苹果的效用更高；但如果加入了香蕉这个选项，消费者的偏好可能会发生改变，从而导致苹果的效用相对下降。

第三，非伦理性。效用只反映消费者对商品或服务的满足程度，不涉及任何伦理道德判断。一种商品或服务可能对社会产生负面影响，但如果它能满足消费者的特定需求，消费者仍然可能认为它具有较高的效用。例如，香烟对健康有害，但对于烟民来说，吸烟可能带来一定的满足感，从而具有一定的效用。

第四，可计量性。虽然效用是主观的，但在一定程度上可以通过消费者的行为和选择来进行计量。经济学家通常使用效用函数来描述消费者对不同商品或服务组合的效用评价，并通过消费者的需求曲线和无差异曲线等工具来分析消费者行为。

（二）效用的属性

效用理论是消费者行为理论的核心概念之一，它探讨消费者在购买商品和服务时如何做出决策，以最大化其满足感或效用。效用可以从不同属性的角度来论述，包括客观属性、主观属性、组合属性三个属性。

1. 客观属性

客观属性是商品或服务的客观特征，这些特征可以通过客观的观察和科学测量来准确确定。这些属性包括但不限于商品的尺寸、重量、颜色、价格等。消费者通常会依赖这些客观属性来作出购买决策，因为它们提供一个相对容易比较和评估不同选项的标准。以一个具体的例子来说明，一位消费者在购买一款手机时可能会考虑屏幕大小、处理器速度、摄像头像素和价格等客观属性。这些属性直接影响着消费者的满意度和效用水平。例如，如果一款手机的屏幕更大，性能更强，但价格相对较低，那么这些客观属性可能会使该手机成为消费者的首选，因为它们能够给消费者提供明确的信息，帮助消费者做出明智的购买决策。因此，客观属性在消费者决策过程中扮演着重要的角色，帮助他们选择最符合其需求和偏好的商品或服务。

2. 主观属性

主观属性代表了消费者个人的主观看法和感受，这些看法和感受通常与个体的喜好、价值观以及个人经历密切相关，因此无法通过客观的标准来准确衡量。这些属性在购买决策中起着至关重要的作用，因为它们直接涉及个体的情感和满足感。

主观属性还包括与个人情感联系相关的因素，某种商品可能与消费者的某种特殊回忆或情感联系密切，这使得该商品对于该消费者来说具有特殊的意义和价值。例如，一本书可能因为陪伴消费者度过了重要的时刻而变得珍贵，这种情感联系无法被客观属性所捕捉。因此，在购买决策中，消费者通常会考虑这些主观属性，因为它们不仅仅是商品或服务的客观特征，而且是与个体的情感、认知和个人价值观紧密相连的因素。消费者希望购买能够满足他们主观需求和情感连接的产品，因此主观属性在决策过程中扮演着非常重要的角色。

3. 组合属性

组合属性代表消费者在购买决策中综合考虑多个属性的结果，将客观属性和主观属性融合在一起。这种综合考虑使消费者能够更全面地评估不同商品或服务之间的优劣，以确定哪一个能够提供最高的总体效用。

组合属性的重要性在于它们帮助消费者在多样的选择中进行权衡和比较。消费者需要考虑不同属性之间的权重和相互关系，以确定哪个选项能够最好地满足他们的需求。例如，一位消费者可能会为了更高的品质愿意支付更高的价格，而另一位消费者可能更注重价格，愿意牺牲一些品质以节省成本。这种权衡和比较过程反映消费者的多元决策过程，因为他们不仅关注单一属性，而且考虑多个属性之间的复杂关系，以追求最佳的购买选择。因此，组合属性在消费者行为理论中扮演着重要的角色，帮助人们理解消费者是如何在多样的选择中进行决策的，并最终选择能够提供最大总体效用的商品或服务。这反映了消费者的决策过程的多维性和复杂性。

第二节　边际效用分析

边际效用，又称边际效益，是经济学中的一个核心概念，指的是消费者在消费过程中，每增加一单位商品或服务所带来的新增满足程度或效用。它是衡量消费者从消费活动中获取额外满足感的度量，体现了消费者在一定时间内，对某种商品或服务连续消费所带来的效用变化的规律。

一、边际效用的递减属性原则

"'边际效用递减'是一个著名的经济学规律，是指在一定时间内，在其他商品的消费数量保持不变的条件下，随着消费者对某种商品消费量的增加，从该商品连续增加的每一消费单位中所得到的效用增量，即边际效用是递减的。"[1] 换句话说，随着消费量的不断累积，消费者从该商品或服务中获得的效用会逐渐减弱，直至达到一个饱和状态。作为经济学中的一个关键概念，边际效用递减的成因可以从以下两方面来理解。

第一，生理或心理原因。这个原因涉及人类的生理和心理特征。虽然人类的欲望是多种多样的，但由于生理原因，每一种具体欲望在一定程度上都受到限制。这意味着，当人们开始满足某一种欲望时，感觉到的满足度会相对较高。然而，随着人们不断消费同一商品或服务，这种感觉的满足度将逐渐减少。

---

[1] 温与寒.教育中的"边际效用递减"[J].黑龙江教育（教育与教学）,2021(3):1.

第二，多种用途的商品。通常情况下，物品可以用于多种不同的目的，而这些用途的重要性不一样。当人们首次消费某一商品时，通常会满足最重要的用途，因此感觉到的满足度较高。然而，随着人们继续消费，人们可能会开始满足那些相对不太重要的用途，因此额外的满足感递减。

这一原则在定价策略、促销活动和产品包装等方面都具有重要意义，因为它帮助企业理解消费者的需求和购买行为。了解递减属性有助于企业制定更具吸引力的价格策略，以及设计产品和服务，使消费者在购买过程中感受到更多的价值。总之，递减属性是消费者行为理论中一个关键的概念，有助于解释为什么消费者在不同情境下做出不同的购买决策。

二、边际效用在消费者决策中的应用

（一）边际效用与需求法则

边际效用分析还与需求法则紧密相连。需求法则指出，在其他条件不变的情况下，商品的需求量与其价格呈反方向变动。这一法则可以通过边际效用理论来解释。当商品价格下降时，消费者购买该商品的边际效用相对上升（因为每一元钱可以购买更多的商品），从而激励消费者增加对该商品的购买量。反之，当商品价格上升时，边际效用相对下降，消费者则会减少购买量。

边际效用分析还有助于人们理解替代品和互补品对需求的影响。对于替代品（如咖啡和茶），一种商品价格的变化会影响另一种商品的边际效用，从而改变消费者的购买决策。例如，当咖啡价格上涨时，消费者可能会转向购买更多的茶，因为茶的边际效用相对于咖啡上升了。而对于互补品（如燃油汽车和汽/柴油），一种商品价格的变化可能会影响消费者对另一种商品的需求量，因为它们只有联合消费才能带来最大的效用。

（二）边际效用与消费者选择

边际效用分析在消费者选择中扮演着至关重要的角色。根据边际效用递减规律，消费者在面对多种商品或服务时，会倾向于优先购买那些边际效用较高的商品。这是因为，在资源有限的情况下，最大化总效用（即满足程度）的最优策略是将每一单位的资源分配到能够带来最大边际效用的商品上。

消费者均衡是指消费者在既定收入和商品价格的条件下，实现了效用最大化的消费组合。消费者通过比较不同商品的边际效用与价格之比来做出决策。当消费者花费在各种商品上的最后一元钱所带来的边际效用相等时，就达到了消费者均衡。

（三）边际效用与消费者剩余

边际效用分析还是理解消费者剩余（Consumer Surplus）这一重要概念的基础。消费者剩余是指消费者为某种商品付出的价格与他们愿意支付的最高价格之间的差额。这个差额代表了消费者从购买该商品中获得的额外满足感或福利。通过边际效用分析，人们可以更深入地理解消费者剩余的形成和变化。具体来说，消费者剩余可以通过将每一单位商品的边际效用与其市场价格进行比较来计算。对于每一单位商品，如果其边际效用高于市场价格，那么消费者就获得了正的消费者剩余；反之，如果边际效用低于市场价格，消费者则不会购买该商品。因此，消费者剩余实际上反映了消费者在购买商品时所获得的"超额"满足感。

（四）边际效用对消费者偏好的解释

消费者的偏好受到边际效用的影响。当某种商品能够提供较高的边际效用时，消费者更倾向于选择它。边际效用的变化还会影响消费者偏好的形成和变化。例如，如果一种新的产品能够在初始消费时提供较高的边际效用，消费者可能会逐渐形成对该产品的偏好。相反，如果某种商品的边际效用持续下降，消费者可能会降低对它的偏好。消费者的偏好也会受到其他因素如广告宣传、社会潮流等的影响，但边际效用始终是内在的决定因素之一。

（五）价格变动对消费决策的影响

价格的变动会改变商品的边际效用与价格之比，从而影响消费者的决策。当一种商品的价格下降时，其边际效用与价格之比会上升，消费者会增加对该商品的购买，以获得更多的效用。反之，当价格上升时，消费者会减少购买。不同商品的价格弹性与边际效用密切相关。对于富有弹性的商品，价格的小幅变动会导致需求量的大幅变动，因为边际效用的变化对消费者决策的影响较大。而对于缺乏弹性的商品，价格变动对需求量的影响较小，边际效用的变化对消费决策的影响相对较弱。

三、边际效用分析的局限性与拓展

第一，边际效用分析的假设前提与现实偏差。边际效用分析建立在一些假设前提之上，如消费者具有完全理性、能够准确评估边际效用、信息完全对称等。然而，在现实生活中，消费者往往并非完全理性的，而是存在认知偏差和有限的信息处理能力。他们可能无法准确判断每一单位消费带来的边际效用，导致决策偏离理论预测。消费者的偏好可能会受到情绪、文化、社会规范等非经济因素的影响，这些因素在边际效用分析中难以完全纳入。

第二，对不确定性和风险的考虑不足。在现实消费中，不确定性和风险是普遍存在的。例如，消费者在购买新产品时，无法确切知道其质量和效果；在投资决策中，面临着收益的不确定性。边际效用理论通常假设消费者在确定性环境下作出决策，没有充分考虑不确定性和风险对边际效用的影响。在不确定性条件下，消费者的决策可能会更加谨慎，对边际效用的评估也会发生变化。

第三，与其他消费者行为理论的结合与补充。边际效用理论是消费者行为理论的重要组成部分，但它并非孤立存在的。与预期效用理论相比，边际效用理论侧重于分析在确定情况下的消费决策，而预期效用理论则更关注不确定性条件下的决策。行为经济学中的一些理论，如心理账户、损失厌恶等，也为理解消费者行为提供了新的视角。将边际效用理论与这些理论相结合，可以更全面、更贴近现实地解释消费者行为。例如，心理账户理论认为消费者会将不同的收入和支出划分到不同的心理账户中，从而影响消费决策，这可以补充边际效用分析中对消费者心理因素的考虑。

第三节　基数效用论

基数效用论是经济学中的一个重要概念，它主张效用是可以直接度量的，即消费者从消费活动中获得的满足程度可以用具体的数值来表示。这种观点认为，效用的大小可以用基数（如1、2、3等）来衡量，并可以加总求和。换句话说，消费者从消费某种产品中得到的满足程度可以用效用单位来衡量。

一、基数效用论的核心观点

第一，效用的可衡量性。基数效用论的首要观点，是效用可以被具体地量化。例如，一个苹果可能被赋予5个效用单位，而一个橙子可能被赋予3个效用单位。消费者在进行消费选择时，会依据这些具体的效用数值来做出决策。

第二，边际效用递减规律。这一规律指出，在一定时间内，随着消费者对某种商品消费量的增加，其从每增加一单位该商品的消费中所获得的边际效用是逐渐减少的。例如，当一个人非常饥饿时，吃第一个面包所带来的满足感（效用）很大，但随着吃的面包数量增加，每多吃一个面包所带来的额外满足感会逐渐减少。

二、基数效用论的应用实践

第一，价格变动与消费选择。基数效用论为分析价格变动对消费者选择的影响提供了理论基础。当商品价格发生变化时，消费者的边际效用和总效用会随之调整，导致无差异曲线和预算线的相对位置发生改变，进而影响消费者的最优消费组合。例如，某种商品价格下降会增加其相对效用，促使消费者增加对该商品的购买量，直至达到新的均衡点。

第二，收入效应与替代效应。在基数效用论的框架下，商品价格变化还会引发收入效应和替代效应。这两种效应共同作用，决定了消费者对新价格的反应程度和方向。

第三，政策评估与市场干预。基数效用论在公共政策评估和市场干预设计中也发挥着重要作用。政府可以通过调整税收政策、补贴政策或价格管制等手段，影响商品的价格和消费者的效用，从而达到调节市场供需、促进社会公平或环境保护等目标。基数效用论为评估这些政策的效果提供量化分析的方法，有助于政策制定者更加精准地设计政策工具。

三、基数效用论的现代发展与挑战

尽管基数效用论在经济学中占据重要地位，但其也面临着一些理论上的挑战和实践中的限制。效用的可度量性是一个假设，现实中消费者的效用感受往往难以准确量化，这限制基数效用论的直接应用。

随着行为经济学的兴起，越来越多的研究表明，消费者的决策过程受到认知偏差、情感因素和社会规范等非理性因素的影响，这些因素难以被传统的基数效用论所涵盖。为了应对这些挑战，现代经济学在基数效用论的基础上，融入心理学、社会学等相关理论，发展更为复杂的消费者行为模型，如前景理论、心理账户理论等，以更全面地捕捉消费者的真实决策过程。实验经济学和大数据技术的发展也为验证和完善基数效用论提供了新的方法和数据支持。

第四节 序数效用论

序数效用论是经济学中的一种效用理论[①]，它认为消费者无法精确衡量或比较不同商品带来的效用大小，但可以对商品组合进行偏好排序。这种理论认为，消费者对商品的偏好是不可计量的，只能通过序数（如第一、第二等）来表示其相对偏好程度。他们认为，消费者的偏好可以通过一套有序的偏好关系来表达，即消费者能够根据自己的主观感受，对不同商品组合进行排序，从而反映出偏好的强弱顺序。

---

① 这一理论起源于20世纪30年代，由英国经济学家约翰·希克斯（John Hicks）和美国经济学家罗伊·艾伦（R.G.D.Allen）等人共同发展完善。

一、序数效用论的分析方法

第一，消费者偏好的假设。序数效用论通常基于以下三个消费者偏好的假设：①完备性。消费者能够对任意两个商品组合进行比较，并确定其偏好顺序。②传递性。如果消费者认为商品组合 A 优于商品组合 B，商品组合 B 优于商品组合 C，那么消费者必然认为商品组合 A 优于商品组合 C。③非饱和性。在其他条件相同的情况下，消费者总是偏好消费更多的商品组合。

第二，预算约束线。预算约束线表示在消费者的收入和商品价格既定的条件下，消费者所能购买到的不同商品组合的轨迹。预算约束线的斜率等于两种商品的价格之比的相反数，它反映消费者在购买商品时面临的权衡取舍。消费者的决策就是在预算约束线的限制下，选择能够使自己效用最大化的商品组合。

第三，消费者均衡。消费者均衡是指消费者在预算约束线和无差异曲线的切点处达到的状态。在这个状态下，消费者无法通过调整商品组合来提高自己的效用水平。

二、序数效用论的核心内容

（一）效用的序数性

效用是指消费者从消费商品或服务中所获得的满足程度。在序数效用论中，效用被认为是序数性的，即消费者只能对不同的商品组合进行偏好排序，而无法准确度量具体的效用值。例如，消费者可以说商品组合 A 比商品组合 B 更受偏好，但无法确定 A 比 B 的效用具体高多少。

第一，序数效用的基本假设。序数效用论建立在几个基本假设之上，这些假设为理论的分析提供基础。其一，它假设消费者的偏好是完整的，即对于任意两个商品组合，消费者总能够判断出哪一个更优或两者相等。其二，消费者的偏好是传递的，即如果商品组合 A 优于 B，B 优于 C，那么 A 必然优于 C。其三，序数效用论假设消费者的偏好是连续的，即对于任意两个不相等的商品组合，总存在一个介于两者之间的商品组合，使得消费者对其的偏好与这两个组合中的某一个相等。

第二，序数效用的表示方法。在序数效用论中，消费者的偏好通常通过无差异曲线来表示。无差异曲线是一条连接所有使消费者获得相同满足程度的商品组合的曲线。在这条曲线上，消费者对不同商品组合的偏好是相同的，因此它们对于消费者来说是"无差异"的。无差异曲线的斜率反映消费者在不同商品之间替换的意愿，即边际替代率。

第三，序数效用的意义。序数效用论的意义在于它提供一种分析消费者行为的新视角。与传统的基数效用论相比，序数效用论不依赖于具体的效用数值，而是关注于偏好的顺序关系。这使得理论更加贴近现实，因为在实际生活中，消费者往往难以准确量化自己从商品消费中获得的满足程度。序数效用论还为后续的消费者选择理论、需求理论以及市场均衡分析提供重要的理论基础。

（二）无差异曲线

无差异曲线是序数效用论中的一个重要工具，它表示能给消费者带来同等满足程度的不同商品组合的轨迹。在同一无差异曲线上的任意两个商品组合，消费者对它们的偏好是无差异的。

1. 无差异曲线的特点

（1）无差异曲线向右下方倾斜：这一特性揭示消费者在面对两种商品选择时的替代关系。具体来说，为了维持相同的效用或满足程度，当增加一种商品的消费量时，另一种商品的消费量必须相应减少，以保持总效用不变。这种倾斜性体现了商品之间的替代效应，说明在资源有限的情况下，消费者需权衡不同商品的数量以达到最优配置。

（2）消费者偏好较高位置的无差异曲线：无差异曲线的位置高低直接关联到商品消费量的多少。通常情况下，消费者倾向于消费更多商品以获得更高水平的满足感，因此，他们会更偏好位于较高位置的无差异曲线，因为这些曲线代表了更多商品组合的可能性，从而能够带来更高的效用。

（3）无差异曲线不能相交：如果两条无差异曲线相交于某一点，那么该点将同时位于两条曲线上，意味着同一个商品组合对消费者而言具有两种不同的效用水平，这与无差异曲线的定义——同一曲线上所有点代表相同的效用相矛盾。因此，无差异曲线在坐标系中不会相交，保证了消费者偏好的一致性和连续性。

（4）无差异曲线凸向原点：这一特性源于边际替代率递减的规律。随着一种商品消费量的不断增加，为了保持效用不变，消费者所需减少的另一种商品的数量会逐渐减少，即边际替代率下降。这导致无差异曲线在图形上呈现出向原点凸出的形状，反映消费者在不同商品间偏好强度的变化。

2. 偏好与无差异曲线

消费者的偏好是影响其购买决策的核心因素之一。这些偏好是主观的，因为它们依赖于个体的主观评价，反映消费者对物质财富、社会地位和幸福的追求。消费者的幸福感受到多种影响因素的影响，其中包括他们的偏好、选择以及可用的商品组合。经济学家通常基于三个基本假设来描述偏好：完全性、传递性和非饱和性。完全性假设认为消费者可以比较任何两种商品，并能够确定其偏好。传递性假设表明，如果消费者更喜欢商品 A 而不是 B，且更喜欢 B 而不是 C，那么他们应该更喜欢 A 而不是 C。非饱和性假设意味着消费者总是欢迎更多的商品，而不会因为已经拥有某种商品而对其他商品失去兴趣。这些基本假设有助于解释消费者如何在有限预算内作出最优选择，以最大限度地满足他们的偏好和幸福感。

消费者的偏好是复杂的，受多种因素影响，包括物质财富、社会地位和自由。经济学家使用偏好理论和基本假设来研究消费者如何在各种商品组合中进行选择，以最大限度地提高其幸福感。

（1）偏好的完全性。偏好的完全性，又称为比较公理，是经济学中一项关键的假设。它表明消费者具备足够的判断力，能够对比较任意两个商品组合并做出明确的选择。具体来说，这个假设可以分为三个主要方面：①A 好于 B，这意味着如果一个理性的消费者比较两个不同的商品组合 A 和 B，他们能够明确地说出他们更喜欢哪个组合。这种明确的偏好表示 A 在他们的观点中优于 B。②B 好于 A，如果消费者比较 A 和 B，并且认为 B 更好，那么他们也能清楚地表达这一偏好。这表示 B 在他们的评价中优于 A。③A 和 B 无差异，偏好的完全性还意味着在某些情况下，消费者可能认为 A 和 B 对他们来说是一样好的，即他们没有明显的偏好。这种情况下，A 和 B 被视为无差异。

这一假设的核心思想是，不存在两种无法比较的商品组合。理性的消费者总是能够明确地排出偏好顺序，即使这个顺序可能会因个人口味、需求或其他因素而有所不同。偏好的完全性是经济学分析的基础之一，它使经济学家能够建立需求曲线和研究市场行为，从而更好地理解商品定价、市场供需和消费者选择等经济现象。

（2）偏好的传递性。偏好的传递性，通常称为传递性公理，是经济学中的一个重要原则。这一原则表明，消费者对于不同商品组合的偏好是可以传递的。具体而言，如果一个消费者认为商品组合 A 优于 B，同时认为 B 优于 C，那么他必定会得出结论认为 A 也优于 C。同样地，如果他认为 A 与 B 没有差异，同时认为 B 与 C 没有差异，那么他也会断定 A 与 C 没有差异。这个原则强调了偏好之间应该具备逻辑上的一致性，即不应该出现矛盾的情况。

如果偏好不满足传递性，那么一个人可能会出现非理性的情况。例如，如果一个人认为 A 优于 B，B 优于 C，但又认为 C 优于 A，这就违反了逻辑上的一致性，因为同样的选择在不同情境下却得出了相互矛盾的结论。这种情况对于经济分析和决策制定来说是不合理的，因为它使消费者的选择变得不可预测和不一致。

因此，偏好的传递性公理是经济学家在分析消费者行为和市场决策时经常采用的基本假设之一。它有助于建立需求理论和解释市场行为，为经济学家提供一个有逻辑基础的框架，以更好地理解消费者如何进行商品选择和决策，以及如何评估不同商品组合之间的相对喜好。

（3）偏好的非饱和性。偏好的非饱和性，通常表述为"多比少好"，是经济学中的一个重要概念。它指的是消费者对于某种商品的数量越多越好，即对于这种商品，消费者的满足感或效用是随着消费量的增加而增加的。这个概念在理论分析中经常被使用，但并非被视为一个公理，因为并不是所有商品都符合这个原则。事实上，有些商品，例如成本或垃圾，人们通常希望越少越好。

在经济学中，通常将那些"多比少好"的商品称为"物品"，而将那些"少比多好"的商品称为"恶品"。这种分类有助于简化经济分析，因为大多数经济学理论假设人们倾向于追求满足感的最大化，而不是痛苦的最大化。因此，经济学教材通常关注于对物品的分析，因为它们代表了人们在经济决策中通常考虑的那些选择。

值得注意的是，即使对于那些"恶品"，也可以通过重新定义或重新界定来将它转化为"物品"，以便进行经济分析。例如，成本可以被视为一种资源分配问题，而不仅仅是负担或不愉快的经济成本。这种重新定义可以帮助经济学家更好地理解和分析人们的行为和选择，以及市场中商品的供求关系。因此，偏好的非饱和性是经济学中的一个有用概念，有助于解释为什么人们在面对不同商品时会做出特定的决策。

无差异曲线是经济学中用来描述消费者偏好的重要概念。这些曲线展示了不同商品组合之间在消费者眼中的等效性，即在给定的效用水平下，消费者对不同商品组合感到满意程度相同。消费者的偏好可以通过无差异曲线来表示，其中每一条曲线代表一定效用水平的商品组合。更高的无差异曲线表示更高的效用水平，因此消费者倾向于选择在更高无差异曲线上的商品组合，因为它们可以提供更多的满足感。

等效用曲线是无差异曲线的集合，它们代表了不同效用水平下的商品组合。通过比较等效用曲线，经济学家可以分析不同商品组合之间的偏好差异，帮助理解消费者如何做出购买决策。这些概念对于研究消费者行为和市场分析非常重要，因为它们提供洞察力，有助于预测商品价格和供给变化对消费者选择的影响。

3. 极端的无差异曲线

（1）极端的无差异曲线类型。

第一，完全互补的无差异曲线。在某些情况下，两种商品是完全互补的关系，例如左脚的鞋子和右脚的鞋子。对于完全互补的商品，消费者只有在两种商品以固定比例组合时才能获得满足。此时的无差异曲线呈直角形状。

在直角无差异曲线上，消费者对于两种商品的边际替代率在直角点处为零或无穷大。当消费者拥有的两种商品的比例恰好符合固定比例时，增加其中一种商品而不增加另一种商品，消费者的效用不会增加，所以边际替代率为零。而当消费者拥有的商品组合偏离固定比例时，为了获得相同的效用，消费者需要大量地增加一种商品来弥补另一种商品的不足，此时边际替代率无穷大。

第二，完全替代的无差异曲线。如果两种商品是完全替代的关系，例如两种品牌的纯净水，对消费者来说具有完全相同的效用。这时的无差异曲线是一条直线。在完全替代的情况下，边际替代率是一个常数。因为消费者可以完全无差异地用一种商品替代另一种商品，所以无论消费者拥有多少两种商品的组合，为了保持效用不变，放弃一单位一种商品所需要的另一种商品的数量是固定的。

(2) 极端无差异曲线的应用场景。

第一，产业分析。在某些特定的产业中，可能会出现类似完全互补或完全替代的商品关系。例如，在电子产品领域，某些配件之间可能具有很强的互补性，而在一些低端日用品市场，可能存在大量可完全替代的商品。通过分析这些极端的无差异曲线，可以更好地理解这些产业中的消费者行为和市场竞争格局。

第二，政策制定。政府在制定相关政策时，也需要考虑极端无差异曲线的情况。例如，对于完全互补的商品，如果对其中一种商品征税，可能会对消费者的整体福利产生较大影响，因为消费者难以通过调整商品组合来减轻税负。而对于完全替代的商品，政府可以通过价格调控等手段来引导消费者选择，从而实现一定的政策目标。

(3) 传统无差异曲线与极端无差异曲线的比较。

第一，形状差异。传统的无差异曲线通常是向右下方倾斜且凸向原点的曲线，而极端的无差异曲线则呈现出直角或直线的特殊形状。

第二，边际替代率特点。传统无差异曲线的边际替代率是递减的，而极端无差异曲线分两种情况：一是完全互补的无差异曲线在直角点处边际替代率为零或无穷大；二是完全替代的无差异曲线边际替代率为常数。

第三，消费者行为差异。在传统无差异曲线下，消费者会根据边际替代率和预算约束来选择商品组合，以实现效用最大化。而在极端无差异曲线下，消费者的选择行为更加具有针对性和局限性。对于完全互补的商品，消费者必须按照固定比例购买；对于完全替代的商品，消费者会根据价格等因素完全无差异地选择其中一种商品。

（三）边际替代率

边际替代率（Marginal Rate of Substitution，MRS）是序数效用论中的一个核心概念，它表示在维持消费者效用水平不变的情况下，消费者愿意用一种商品替换另一种商品的比率。具体来说，边际替代率是无差异曲线上任意一点的斜率，它反映消费者在该点对两种商品相对价值的评价。

第一，边际替代率具有几个重要的性质：①递减的，即随着一种商品消费量的增加，消费者愿意用该商品替换另一种商品的比率会逐渐降低。这是因为随着一种商品消费量的增加，其边际效用会逐渐减少，而另一种商品的边际效用则相对增加，因此消费者愿意用更少的该商品来替换另一种商品。②边际替代率与消费者的偏好密切相关。不同的消费者或同一消费者在不同的情况下，可能会有不同的边际替代率，这反映他们偏好的差异。③边际替代率还受到商品价格的影响。当一种商品的价格上升时，消费者用该商品替换另一种商品的成本增加，因此他们愿意用更少的该商品来替换另一种商品，即边际替代率降低。

第二，边际替代率的应用。在消费者选择理论中，它用于分析消费者在给定预算约束下如何分配两种商品的消费量以达到效用最大化。通过比较边际替代率与商品价格之比，消费者可以确定最优的商品组合。在市场需求分析中，边际替代率也扮演着重要角色。它影响了商品之间的需求替代关系，从而影响了市场的均衡价格和数量。在政府政策制定中，考虑边际替代率的变化也是评估政策效果的重要因素之一。

三、序数效用论的应用

第一，需求曲线的推导。序数效用论，通过消费者的均衡条件来推导需求曲线。当商品的价格发生变化时，预算约束线会发生旋转，消费者的均衡点也会随之移动。在其他条件不变的情况下，商品价格的下降会使预算约束线向外平移，消费者会选择更多的该商品，从而导致需求量增加。反之，商品价格的上涨会使需求量减少。通过分析不同价格水平下消费者的均衡点，可以得到商品的需求曲线。

第二，价格变动的替代效应和收入效应。序数效应论，可以将价格变动对消费者需求的影响分解为替代效应和收入效应。替代效应是指在实际收入不变的情况下，商品价格的变化导致的消费者对不同商品之间的替代。收入效应是指在商品价格不变的情况下，实际收入的变化导致的消费者对商品需求量的变化。例如，当一种商品的价格下降时，消费者会增加对该商品的购买，一方面是因为该商品相对其他商品变得更加便宜，这是替代效应；另一方面是因为消费者的实际收入增加了，这是收入效应。

第三，消费者福利分析。序数效用论可以通过无差异曲线和预算约束线来分析消费者的福利变化。例如，政府实施价格补贴政策会使消费者的预算约束线向外平移，消费者可以选择更高效用水平的商品组合，从而提高消费者的福利；相反，政府征收消费税会使预算约束线向内平移，消费者的福利会下降。

四、序数效用论与现代消费理论的融合

随着经济学理论的不断发展，序数效用论逐渐与现代消费理论相融合，形成更为丰富和完善的理论体系。其中，跨期选择理论和风险偏好理论是两大重要融合方向。

跨期选择理论考虑了时间因素对消费者偏好的影响。在序数效用论的框架下，消费者不仅关注当前消费带来的效用，还关注未来消费的价值。通过引入贴现率（Discount Rate）等概念，跨期选择理论分析了消费者在不同时间点上的消费决策，为理解储蓄、投资以及信贷行为提供新视角。

风险偏好理论则关注消费者在不确定环境下的决策行为。序数效用论通过构造风险偏好函数（Preference Function），描述了消费者在面临风险时的偏好选择。这一理论不仅解释了为何有些消费者倾向于选择风险较高的投资项目（风险偏好者），而有些则偏好风险较低的选择（风险厌恶者），还为风险管理、保险市场以及金融产品设计等领域提供了理论基础。

思考与练习

1. 欲望和效用的区别是什么？它们在消费者行为理论中有何作用？

2. 基数效用论和序数效用论的主要区别是什么？它们如何应用于消费者行为分析？

3. 什么是消费者均衡？如何找到并实现消费者均衡？

4. 边际效用递减规律在消费者选择中有何实际意义？

5. 如何运用无差异曲线和预算线分析消费者行为？

第四章 生产与成本理论

第一节 生产与生产函数

一、生产

生产是一个复杂且多元的概念,涵盖了从物质资料的创造到社会活动的各个层面。在经济学中,生产通常指的是将生产要素(如劳动力、土地、资本和技术)组合起来,通过一系列的转换过程,最终创造出具有经济价值的商品或服务。这个过程旨在满足人们的需求和欲望,从而创造出有用的、有价值的物品或服务。生产是经济体系中至关重要的环节,对国家的繁荣和经济增长起着关键作用。

在经济学中,生产是供给的基础,供给指的是市场上可用的产品和服务的总量。生产的水平可以受到多种因素的影响,包括生产要素的可用性、技术进步、政府政策、市场需求等。因此,生产研究和生产管理是经济学、管理学和政策制定的重要领域,旨在优化资源利用、提高了生产效率,并满足社会的需求。

(一)生产的特征

第一,目的性。企业进行生产的主要目的是满足市场需求,实现利润最大化。这一目的驱使企业合理配置资源,选择合适的生产技术和生产方式,以生产出符合消费者需求的产品或服务。例如,汽车制造商生产汽车是为了满足消费者的出行需求,同时通过销售汽车获取利润。

第二,物质性。它将各种生产要素,如劳动力、资本、土地等,转化为具有一定使用价值的产品或服务。在这个过程中,生产要素的组合和运用决定了生产的效率和质量。例如,一家服装厂通过将布料、缝纫机、工人的劳动等生产要素进行组合，生产出各种款式的服装。

第三，社会性。生产不仅是企业的个体行为，也是社会经济活动的重要组成部分。生产活动的开展需要依赖社会提供的基础设施、法律制度、市场环境等条件。同时，生产活动也会对社会产生各种影响，如创造就业机会、促进经济增长、影响环境质量等。例如，一个地区的工业生产活动可以带动当地的经济发展，提高居民的生活水平，但也可能会对环境造成污染。

第四，动态性。随着科技的进步、市场需求的变化以及社会经济环境的改变，生产技术、生产方式和生产组织形式也会不断发生变化。企业需要不断地进行创新和改进，以适应这些变化，提高生产效率和竞争力。例如，随着信息技术的发展，许多企业采用了自动化生产技术和电子商务模式，提高生产效率和市场响应速度。

（二）生产的地位

第一，经济增长的源泉。经济增长是指一个国家或地区在一定时期内生产的产品和服务总量的增加。生产活动的扩大和生产效率的提高是经济增长的关键因素。通过增加生产要素的投入、提高生产技术水平和改善生产组织形式等方式，可以提高生产效率，增加产品和服务的供给，从而推动经济增长。例如，中国自改革开放以来，通过引进外资、发展制造业等方式，实现了经济的快速增长。

第二，就业创造的基础。企业的生产活动需要大量的劳动力投入，从而为社会提供就业岗位。生产活动的扩大和发展可以带动相关产业的发展，进一步增加就业机会。例如，汽车制造业的发展不仅为汽车生产企业提供大量的就业岗位，也带动了钢铁、橡胶、玻璃等相关产业的发展，创造了更多的就业机会。

第三，社会稳定的保障。生产活动的正常开展可以为社会提供必要的物质产品和服务，满足人们的基本生活需求。同时，生产活动的发展也可以提高居民的收入水平，提高人们的生活质量，从而促进社会的稳定和谐。例如，在经济危机时期，生产活动的萎缩会导致失业率上升、居民收入下降，从而引发社会不稳定因素。

(三）生产的功能

第一，创造价值。通过将生产要素转化为产品或服务，生产活动为产品或服务赋予了价值。价值的创造是企业实现利润的基础，也是经济活动的核心目标之一。例如，一家面包店通过将面粉、酵母、水等原材料进行加工，生产出可口的面包，为面包赋予了价值。消费者购买面包时，支付的价格就是对面包价值的认可。

第二，满足需求。企业通过对市场需求的调研和分析，确定生产的产品或服务的种类和数量，以满足消费者的需求。满足市场需求是企业生存和发展的基础，也是市场经济运行的重要机制之一。例如，随着人们生活水平的提高，对健康食品的需求不断增加。食品企业通过研发和生产健康食品，满足消费者的需求，同时也获得市场份额和利润。

第三，促进技术进步。企业在生产过程中，为了提高生产效率和产品质量，不断地进行技术改进和创新。技术进步不仅可以提高企业的竞争力，也可以推动整个经济社会的发展。例如，计算机技术的发展和应用，极大地提高了企业的生产效率和管理水平，同时也改变了人们的生活方式和社会的经济结构。

第四，推动产业升级。随着生产技术的不断进步和市场需求的变化，产业结构也会不断地进行调整和升级。生产活动的创新和发展可以带动相关产业的发展，促进产业结构的优化和升级。例如，随着新能源汽车的发展，传统汽车产业正在向新能源汽车产业转型，推动汽车产业的升级和发展。

（四）生产的影响

生产活动是人类社会的基本活动，对经济社会发展有着多方面的重大影响。

第一，生产对经济增长起着直接推动作用。通过创造物质财富，增加社会总产出，为企业生产带来收入，创造就业机会，提高劳动者收入水平，进而拉动消费需求，促进经济增长。同时，生产的不断发展和创新推动产业升级，传统产业改造与新兴产业涌现，拓展经济增长空间。此外，生产活动还能促进国际贸易，各国发挥比较优势进行专业化生产和贸易，实现资源优化配置和全球经济一体化。

第二，在社会结构方面，生产改变就业结构。工业化和信息化使传统农业和制造业就业岗位减少，服务业就业岗位增加，且对劳动者素质要求提高，推动教育和培训行业的发展。生产成果的分配影响收入分配格局，技术进步可能改变生产要素重要性，导致收入差距变化。生产活动的集中，促进城市化进程，城市成为生产和服务中心，吸引人口和企业，提高生产效率和生活质量。

第三，生产对科技创新影响显著。它是技术进步的源泉和动力，企业为提高竞争力不断进行技术创新和研发投入，推动社会技术水平提升。生产也是科技成果转化的重要环节，科技成果只有通过生产才能转化为生产力。同时，生产活动培养大量创新人才，提高企业和社会的创新能力。

第四，生产影响文化传承。创造物质文化遗产，如古建筑和传统工艺品等，是历史文化的重要载体。传承非物质文化遗产，如传统技艺和民俗文化等，保护人类文化多样性。此外，生产塑造企业文化，影响企业发展和社会文化。

二、生产函数

生产函数是经济学中的一个核心概念，用于描述生产过程中输入生产要素和输出产品之间的关系。生产函数是指在一定时期内，在技术水平不变的情况下，生产中所使用的各种生产要素的数量与所能生产的最大产量之间的关系。它反映生产过程中投入与产出之间的技术联系。生产要素①通过生产函数的组合相互作用，决定企业的产出水平和效率。了解如何有效地组合这些要素对于企业的成功和经济增长至关重要，因为它可以帮助企业更好地理解如何最大化产出并实现长期可持续发展。

生产函数涉及多个生产要素，包括自然资源、技术条件、劳动和资本。自然资源是生产的基础，提供原材料和能源，技术条件则反映生产过程的有效性和创新性。劳动代表人力资源的投入，资本涵盖生产工具和设备。生产函数将这些要素组合在一起，描述如何通过它们的不同组合来实现产量。了解生产函数对于企

---

① 生产要素通常包括劳动、资本、土地和企业家才能。

业和政策制定者至关重要,因为它可以帮助他们优化资源配置,提高生产效率,最大限度地利用有限资源,以实现更高的产量和经济增长。

(一)生产函数的重要性

第一,决策依据。对于企业管理者而言,生产函数是制定生产决策的重要依据。通过分析生产函数,企业可以确定最优的生产要素组合,以实现生产成本最小化和产量最大化。例如,企业可以根据生产函数来决定雇用多少劳动力、投入多少资本以及采购多少原材料,从而在满足市场需求的同时,提高企业的经济效益。

第二,资源配置。生产函数有助于实现资源的有效配置。在市场经济中,资源的稀缺性要求人们必须合理分配资源,以满足社会的各种需求。通过研究生产函数,人们可以了解不同生产要素在生产过程中的作用和贡献,从而为资源的合理配置提供科学依据。例如,政府可以根据生产函数来制定产业政策,引导资源向高效益的产业和企业流动,提高整个社会的资源利用效率。

第三,经济增长分析。生产函数也是分析经济增长的重要工具。经济增长的本质是生产能力的提高,而生产函数可以反映出生产技术水平和生产要素投入对经济增长的贡献。通过对生产函数的研究,人们可以了解经济增长的动力和源泉,为制定促进经济增长的政策提供理论支持。例如,经济学家可以通过分析生产函数来研究技术进步、资本积累和劳动力增长等因素对经济增长的影响,从而为政府制定经济发展战略提供决策依据。

(二)生产函数的影响因素

第一,技术水平。技术进步可以提高生产效率,增加产量,从而改变生产函数的形式。例如,随着自动化技术的发展,企业可以采用更加先进的生产设备和生产工艺,提高生产效率,降低生产成本。技术水平的提高还可以促进新产品的开发和生产,满足市场的多样化需求。

第二,生产要素价格。当某种生产要素的价格上升时,企业会减少该要素的投入,增加其他要素的投入,以降低生产成本。例如,当劳动力价格上升时,企业可能会采用更多的自动化设备，减少劳动力的投入。生产要素价格的变化还会影响企业的生产决策和市场供给，从而对整个经济产生影响。

第三，市场需求。当市场需求增加时，企业会扩大生产规模，增加生产要素的投入，以满足市场需求。例如，当智能手机市场需求增加时，手机制造商可能会增加生产线、雇用更多的工人、采购更多的原材料等，以提高手机的产量。市场需求的变化还会影响企业的产品结构和生产技术，从而改变生产函数的形式。

第二节　短期生产理论与生产决策

一、短期生产理论

短期生产理论是微观经济学中的一个核心概念，主要探讨在给定时间内，企业如何利用有限资源进行有效生产。在这一理论框架下，时间被视为一个固定因素，即企业无法在短时间内调整所有生产要素的数量，尤其是固定资本的数量。因此，短期生产理论主要关注可变生产要素（如劳动力、原材料等）的调整及其对产出的影响。

（一）短期生产函数的定义与特征

短期生产函数是指在一定时期内，当某些生产要素（如资本设备）固定不变时，企业产出与可变生产要素投入之间的关系。短期生产函数包括以下主要特征。

第一，产出增加的阶段性。随着可变生产要素的增加，产出最初会以递增的速度增加，随后进入递减的增长阶段，最终可能达到一个饱和点，此时再增加生产要素也不会显著提高产出。

第二，边际报酬递减规律。在短期生产中，随着某一可变生产要素投入量的增加，在其他生产要素投入量不变的情况下，该生产要素的边际产量（每增加一单位生产要素所带来的额外产出）会先增加，达到一个最大值后逐渐变小，最终可能变为负数。

第三，固定生产要素的约束。由于固定生产要素的存在，企业的生产能力受到一定的限制，这影响了企业对可变生产要素的有效利用。

短期生产函数是经济学中的一个核心概念，指的是在一定时期内，企业无法调整全部生产要素的数量，至少有一种生产要素的数量是固定不变的时间周期。在这个时间周期内，企业可以调整的部分要素投入被称为可变要素，例如劳动、原材料等，而那些固定不变的要素如厂房、机器设备等则被称为固定要素。

(二) 总产量、平均产量和边际产量

总产量、平均产量和边际产量是微观经济学中的重要概念，它们描述了生产过程中的不同方面。它们之间的关系可以通过生产函数来解释，通常使用以下方式表示。

第一，总产量。总产量是指在一定时期内，生产者利用一定的技术，投入一定数量的可变生产要素所生产出来的全部产品数量。以一家农业企业为例，投入不同数量的农民劳动力进行耕种，所收获的农作物总量就是总产量。当增加劳动力投入时，总产量会随之发生变化。在初期，随着劳动力的增加，总产量可能会迅速上升，这是因为此时可变投入要素相对较少，固定投入要素（如土地、农机具等）得到更充分的利用。

第二，平均产量。平均产量是总产量与所使用的生产要素数量之间的比率。它表示每增加一个单位的生产要素，平均产量会如何变化。当平均产量增加时，表示每增加一个单位的生产要素，总产量的增加超过了生产要素的增加。这通常反映生产过程的效率提高。

第三，边际产量。边际产量是增加一个额外单位的生产要素后，总产量的变化。它表示生产要素的边际贡献。如果边际产量为正，表示增加一个额外单位的生产要素将增加总产量，这通常发生在生产要素未被充分利用的情况下。如果边际产量为零，表示增加一个单位的生产要素不会改变总产量，通常发生在生产过程的极点。如果边际产量为负，表示增加一个额外单位的生产要素将减少总产量，这可能意味着生产要素已经过度拥挤，生产要素的增加导致了效率下降。

(三) 短期生产理论的应用与意义

第一，生产要素的合理投入区间。根据边际报酬递减规律，可以将短期生产过程划分为三个阶段。生产者通常会选择在第二阶段进行生产，即边际产量大于零但小于平均产量，且边际产量递减的阶段。这个阶段被认为是生产要素的合理投入区间。在这个区间内，生产者可以通过调整可变投入要素的数量，实现产量的最大化或成本的最小化。例如，企业可以根据市场需求和生产效率，合理安排劳动力、原材料等可变投入要素的数量，以提高生产效益。

第二，企业生产决策的指导。短期生产理论为企业的生产决策提供重要的指导。企业可以根据总产量、平均产量和边际产量的变化规律，以及边际报酬递减规律，来确定最优的生产方案。例如，在决定是否增加劳动力投入时，企业可以通过分析边际产量和平均产量的关系，以及边际报酬递减规律，来判断增加劳动力投入是否能够提高总产量和生产效率。如果边际产量大于平均产量，且边际报酬递减规律尚未发挥明显作用，那么增加劳动力投入可能是一个合理的决策。

总之，短期生产理论是经济学中的重要理论之一，它为人们理解企业在短期内的生产行为和决策过程提供了有力的工具。通过深入研究短期生产理论，人们可以更好地把握企业的生产规律，为企业的生产决策提供科学的依据，从而促进企业的可持续发展。

二、生产决策

生产决策是企业管理中的关键环节，涉及对生产要素的投入、生产过程的组织以及产品产出的规划。生产决策的目标是在给定资源约束下，最大化企业的产出、利润或市场份额。短期生产理论为生产决策提供重要的理论依据和分析工具。生产决策的基本原则包括成本最小化、利润最大化以及资源有效利用。成本最小化原则要求企业在生产过程中尽可能降低成本，包括原材料成本、劳动力成本以及资本成本等。利润最大化原则要求企业通过合理的生产决策，实现产出的最大化与成本的最小化之间的平衡，从而最大化企业的利润。资源有效利用原则强调企业应充分利用现有资源，避免资源浪费，提高资源的使用效率。

（一）生产决策的影响因素

生产决策受到多种因素的影响，包括市场需求、生产要素价格、技术水平以及政策环境等。

第一，市场需求。市场需求的变化直接影响企业的生产决策。当市场需求减少时，企业可能会减少生产要素的投入，以降低生产成本。

第二，生产要素价格。生产要素价格的变化也会影响企业的生产决策。当劳动力、原材料等生产要素价格上涨时，企业可能会寻找替代要素或提高生产效率，以降低生产成本；当生产要素价格下跌时，企业可能会增加生产要素的投入，以扩大生产规模。

第三，技术水平。技术水平的提高可以为企业带来新的生产机会和成本节约。企业可能会采用新技术、新设备或新工艺，以提高生产效率和产品质量。

第四，政策环境。政府的政策环境对企业的生产决策产生重要影响。例如，政府的税收政策、环保政策以及产业政策等都会影响企业的生产成本和市场环境，从而影响企业的生产决策。

（二）生产决策的方法与工具

第一，成本—收益分析。成本—收益分析是一种评估投资项目和生产决策的经济效果的方法。通过比较项目的总成本与总收益，企业可以判断该项目的经济可行性。

第二，线性规划。线性规划是一种数学优化方法，用于在给定约束条件下求解最优解。在生产决策中，线性规划可以帮助企业确定最优的生产要素组合和产出水平。

第三，决策树。决策树是一种图形化的决策分析工具，用于表示不同决策方案之间的逻辑关系和可能结果。通过构建决策树，企业可以直观地比较不同决策方案的优劣，从而做出明智的决策。

三、短期生产理论与生产决策的联系

短期生产理论与生产决策之间存在着密切的联系。短期生产理论为生产决策提供理论基础和分析工具，而生产决策是对短期生产理论的实际应用。

（一）短期生产理论对生产决策的指导作用

短期生产理论通过揭示生产要素投入与产出之间的关系，以及边际报酬递减规律等原理，为企业的生产决策提供重要的指导。企业可以根据短期生产理论的分析结果，确定生产要素的最优投入量、调整生产规模以及优化生产过程等。例如，在面临市场需求变化时，企业可以根据短期生产理论的分析结果，判断是否需要增加或减少生产要素的投入量。当市场需求增加时，如果边际产量大于边际成本，企业可以增加生产要素的投入量以扩大生产规模；当市场需求减少时，如果边际产量小于边际成本，企业可以减少生产要素的投入量以降低生产成本。

短期生产理论，可以帮助企业评估不同生产要素之间的替代关系。当某种生产要素的价格上涨时，企业可以根据短期生产理论的分析结果，判断是否可以通过增加其他生产要素的投入量来替代该生产要素，从而降低生产成本。

（二）生产决策对短期生产理论的验证与反馈

生产决策是对短期生产理论的实际应用。企业在制定生产决策时，需要充分考虑短期生产理论的分析结果和建议。同时，生产决策的实施效果也可以为短期生产理论提供验证和反馈。

通过实施生产决策并观察其效果，企业可以验证短期生产理论的正确性和适用性。如果生产决策的实施效果与短期生产理论的分析结果一致，说明短期生产理论具有较高的准确性和可靠性；如果生产决策的实施效果与短期生产理论的分析结果存在较大差异，说明短期生产理论可能存在一定的局限性或需要进一步完善。

生产决策的实施效果还可以为短期生产理论提供反馈信息，企业可以根据生产决策的实施效果，对短期生产理论进行修正和改进。例如，当企业发现某种生产要素的边际产量与边际成本之间存在较大差异时，可以重新评估该生产要素的边际产量和边际成本，并调整生产要素的投入量以优化生产过程。

(三) 短期生产理论与生产决策的互动关系

在实践中，企业需要不断根据市场需求、生产要素价格以及技术水平等因素的变化，调整生产决策并优化生产过程。同时，企业也需要不断学习和掌握短期生产理论等经济学原理和方法，以更好地指导生产决策的制定和实施。通过短期生产理论与生产决策的互动关系，企业可以不断提高自身的竞争力和市场地位。

第三节 长期生产理论与生产决策

一、长期生产理论

与短期生产理论相比，长期生产理论放宽了时间限制，允许企业调整所有生产要素的数量，包括固定资本和可变生产要素。这一理论框架为企业长期生产决策提供更为全面的视角和深入的分析工具。

(一) 长期生产函数的定义与特性

长期生产函数是指在较长时间内，企业可以调整所有生产要素投入量时，产出与生产要素投入之间的关系。长期生产函数包括以下主要特性。

第一，生产要素的可调性。与短期生产不同，长期生产允许企业根据市场需求和生产条件的变化，灵活调整劳动力、资本等生产要素的投入量。这种可调性为企业提供更大的生产灵活性和适应性。

第二，规模报酬的变化。在长期生产中，随着生产要素投入量的增加，企业的规模报酬可能会发生变化。规模报酬递增意味着当生产要素按相同比例增加时，产出增加的比例超过生产要素增加的比例；规模报酬递减则意味着产出增加的比例低于生产要素增加的比例。

第三，技术进步的影响。长期生产理论考虑了技术进步对生产函数的影响。技术进步可以提高生产要素的使用效率，从而增加产出。这种影响可能表现为生产函数的向上移动或形状的改变。

(二) 长期生产中的规模经济与规模不经济

规模经济与规模不经济是长期生产理论中的重要概念，它们描述了企业规模变化对生产成本和产出的影响。

第一，规模经济。规模经济是指随着企业规模的扩大，单位产品的成本逐渐降低的现象。这可能是生产设备的不可分割性、专业化分工的提高、管理效率的提升等原因导致的。规模经济为企业提供扩大生产的动力，有助于企业在市场竞争中占据优势地位。

第二，规模不经济。这可能是管理效率的下降、内部协调成本的增加、生产要素价格的上涨等原因导致的。规模不经济限制了企业规模的无限扩大，提醒企业在扩张过程中需要关注成本控制和效率提升。

二、长期生产理论与生产决策的联系

第一，生产要素的最优组合决策。长期生产中，企业的目标是找到一种生产要素的最优组合，以实现生产成本的最小化或产量的最大化。这可以通过等成本线和等产量曲线的切点来确定。等成本线表示在给定成本和生产要素价格的条件下，企业能够购买到的各种生产要素组合的轨迹。例如，一家服装企业在长期生产中，需要决定购买多少台缝纫机（资本）和雇用多少名工人（劳动）。通过分析等成本线和等产量曲线的关系，可以找到在给定成本下能够生产出最大产量，或者在给定产量下能够实现最小成本的生产要素组合。

第二，规模决策。基于规模报酬的理论，企业需要做出关于生产规模的决策。当企业处于规模报酬递增阶段时，扩大生产规模通常能够带来成本的降低和效率的提高，从而增加利润。然而，当企业达到规模报酬不变或规模报酬递减阶段时，继续扩大规模可能不再是最优选择，企业可能需要考虑调整生产结构或优化生产流程来提高效率。例如，一家电子厂在初期通过扩大生产线规模实现了产量的大幅增加和成本的降低。但随着规模的进一步扩大，出现了管理混乱、库存积压等问题，导致生产效率下降。此时，企业需要重新评估生产规模，可能选择优化现有生产线，而不是盲目继续扩张。

第三，技术创新决策。长期生产中，技术进步是推动企业发展和提高生产效率的关键因素。企业需要根据长期生产理论，评估新技术的引入对生产要素组合和规模报酬的影响，从而做出是否进行技术创新的决策。例如，一家化工企业面临着传统生产工艺效率低下、环境污染严重的问题。通过引入新的生产技术，企业可以改变生产要素的投入比例，提高产量和质量，同时实现更优的规模报酬。但新技术的引入往往需要大量的资金投入和员工培训，企业需要权衡技术创新带来的潜在收益和成本。

第四，长期投资决策。企业在进行固定资产投资、研发投入等长期投资时，需要考虑投资项目的预期收益、风险以及对生产要素组合和规模报酬的影响。例如，一家医药企业计划投资建设新的研发中心，这将涉及大量的资金投入和长期的研发周期。企业需要基于长期生产理论，分析新研发中心对药品产量和质量的提升潜力，以及对企业整体生产规模和效益的影响，从而做出合理的投资决策。

三、长期生产决策的分析

（一）长期生产决策的原则

第一，经济效益原则。企业的根本目的在于盈利，因此在决策过程中，必须充分考虑投入与产出的关系。通过精确的成本核算和收益预测，确保每一项决策都能为企业带来可观的经济效益。只有在经济效益的驱动下，企业才能不断壮大，实现可持续发展。

第二，挖潜优先原则。在面对生产决策时，不应盲目地追求外部扩张，而应先审视自身的资源和能力。通过优化生产流程、提高员工效率、合理利用现有设备等方式，挖掘内部潜力，降低成本，提高生产效率。这样不仅可以节约资源，还能增强企业的核心竞争力。

第三，适度提前原则。适度提前原则要求企业具备前瞻性的眼光，不能仅仅满足于当前的市场需求，而且要提前预测未来的发展趋势。通过提前规划生产能力、研发新产品、拓展市场渠道等方式，为企业的未来发展奠定基础。适度提前决策可以使企业在竞争中占据先机，避免被市场淘汰。

第四，技术与管理优化原则。在长期生产决策中，要不断引进先进的技术和管理理念。技术的创新可以提高产品质量、降低生产成本；管理的优化可以提高企业的运营效率、增强团队的凝聚力。只有将技术与管理不断优化，企业才能在激烈的市场竞争中立于不败之地。

第五，战略与风险平衡原则。战略与风险平衡原则提醒企业在追求发展的同时，要充分考虑风险因素。长期生产决策往往涉及大量的资源投入和未来的不确定性。因此，企业必须制定科学的战略规划，同时对可能面临的风险进行评估和防范。在战略与风险之间找到平衡，确保企业的稳定发展。

第六，决策满意原则。在长期生产决策中，要充分考虑股东、员工、客户、社会等各方的利益。通过广泛的调研和沟通，制订出一个各方都能接受的决策方案。这样可以提高决策的执行力和美化企业的社会形象。

（二）长期生产决策的影响因素

第一，市场需求。企业需要根据市场需求的变化来调整生产规模和产品结构。如果市场需求增加，企业可以考虑扩大生产规模；如果市场需求减少，企业则需要缩小生产规模或调整产品结构。

第二，生产技术。生产技术的进步，会对企业的长期生产决策产生重大影响。新技术的应用可以提高生产效率、降低生产成本，从而使企业在市场竞争中占据优势。企业需要不断关注和引进先进的生产技术，以提高自身的竞争力。

第三，生产要素价格。生产要素价格的变化，会影响企业的生产成本和利润。如果劳动、资本等生产要素价格上涨，企业的生产成本将增加，利润将减少。企业需要根据生产要素价格的变化来调整生产要素的投入组合和规模，以降低生产成本。

第四，政府政策。政府可以通过税收、补贴、产业政策等手段来引导企业的生产行为。例如，政府可以对环保产业给予补贴，鼓励企业加大环保投入；政府也可以对高耗能、高污染产业征收高额税收，限制其发展。

（三）长期生产决策的案例分析

第一，汽车制造企业的长期生产决策。汽车制造企业在进行长期生产决策时，需要考虑市场需求、生产技术、生产要素价格等因素。如果市场对新能源汽车的需求增加，企业可以考虑加大对新能源汽车的研发和生产投入，扩大新能源汽车的生产规模。同时，企业还可以通过引进先进的生产技术，提高生产效率，降低生产成本。此外，企业还需要关注劳动、资本等生产要素价格的变化，合理调整生产要素的投入组合和规模。

第二，电子产品制造企业的长期生产决策。电子产品制造企业在进行长期生产决策时，需要密切关注市场需求的变化和技术创新的趋势。随着消费者对电子产品的需求不断升级，企业需要不断推出新产品，满足市场需求。同时，企业还需要加大对研发的投入，提高产品的技术含量和附加值。此外，企业还需要考虑生产要素价格的变化，合理选择生产地点和供应链，降低生产成本。

第四节 规模报酬与生产的适度规模

一、规模报酬

规模报酬是长期生产中的一个重要概念，它研究的是企业在长期生产过程中，当所有生产要素按相同比例增加时，产量的变化情况。

（一）规模报酬的特征

第一，长期性。规模报酬研究的是企业在长期生产过程中产量的变化，因此具有长期性的特征。在短期内，企业可能无法调整所有生产要素，而长期内企业可以自由调整生产规模。

第二，同比例变动。规模报酬分析的前提是所有生产要素按照相同比例增加或减少。这意味着，企业在扩大生产规模时，劳动力、资本、土地等生产要素都需要同步增加。

第三，产量变动。规模报酬关注的是生产规模变动对产量的影响。根据生产要素的变动，产量可能呈现递增、不变或递减的趋势。

第四，边际收益变动。随着生产规模的扩大，边际收益可能发生变化。在规模报酬递增阶段，边际收益呈上升趋势；在规模报酬不变阶段，边际收益保持稳定；而在规模报酬递减阶段，边际收益逐渐下降。

（二）规模报酬类型

规模报酬分为三种类型：规模报酬递增、规模报酬不变和规模报酬递减。

1. 规模报酬递增

规模报酬递增是指企业在扩大生产规模时，产量增加的比例大于生产要素增加的比例。在这种情况下，平均成本随着产量的增加而降低，企业具有较高的经济效益。

（1）规模报酬递增的来源。在追求产量增加的目标时，企业通常需要考虑增加生产要素。通过增加生产要素，企业有望实现规模报酬递增的效益，这意味着随着生产规模的扩大，每单位生产要素的效率提高。这种效率提高往往与更高程度的劳动分工和专业化相关联，从而提高劳动生产率。通过资源集约化利用，包括更先进的机器设备的运用，企业可以提高利用效率，从而减少生产中的浪费和成本。规模报酬递增还增强了企业的生产能力，使其能够更灵活地满足市场需求，并增加了在原材料采购、产品运输和分销渠道中的讨价还价能力。

产量增加是企业在竞争激烈的市场中获得竞争优势的关键之一。通过增加生产要素、实现规模报酬递增、提高劳动分工和专业化程度、优化劳动生产率以及资源集约化使用，企业可以提高生产效率和生产能力。同时，关注不可分性和有效的原材料采购策略有助于降低成本。在分销渠道和产品运输方面的改进可以加强企业的分销能力，从而提高讨价还价能力。综合考虑这些关键因素，企业可以更好地实现产量增加，并在市场中保持竞争力。

（2）规模报酬递增的主要原因。

第一，生产要素的协同效应。当生产要素按相同比例增加时，企业内部的生产要素之间可能产生协同效应，提高生产效率。

第二，分工与专业化。随着生产规模的扩大，企业可以实施更细致的分工和专业化生产，提高劳动生产率。

第三，技术进步。规模扩大有助于企业投入更多资金进行技术研发，从而提高生产效率。

2. 规模报酬不变

规模报酬不变是指企业在扩大生产规模时，产量增加的比例等于生产要素增加的比例。在这种情况下，平均成本保持稳定，企业经济效益不受规模变动的影响。

（1）规模报酬不变的含义。规模报酬不变是生产经济学中的一个关键概念，指的是在生产过程中，当生产要素如劳动和资本，以相同的比例增加时，产量也以相同的比例增加。这意味着，无论规模扩大还是缩小，生产过程的效率保持不变。这种情况下，企业可以更加灵活地调整生产规模，而不必担心规模经济或规模不经济的影响。

生产要素的合理配置对于维持规模报酬不变至关重要。劳动和资本是两个主要的生产要素，它们的比例决定了产量的增加比例。通过仔细平衡这两个要素，企业可以实现效率最大化，确保生产过程在不同规模下都能够维持规模报酬不变。这意味着无论企业扩大还是减小生产规模，都可以保持相对稳定的成本结构，从而提高竞争力。

总结而言，规模报酬不变是一种理想的生产状态，它使企业能够在不同规模下实现一定程度的生产效率。通过合理配置生产要素，特别是劳动和资本，企业可以确保在不同的生产规模下保持生产过程的效率。这有助于降低生产成本，并使企业更具竞争力。然而，要实现规模报酬不变，需要对生产过程进行仔细的规划和管理，以确保生产要素的协调和优化。

（2）规模报酬不变的原因。

第一，生产要素的替代效应。在规模扩大的过程中，企业可以通过生产要素之间的替代，保持产量与生产要素的同步增长。

第二，生产技术的限制。在某些行业，生产技术可能限制了生产规模的扩大，使得产量与生产要素的增长保持一致。

3. 规模报酬递减

规模报酬递减是指企业在扩大生产规模时，产量增加的比例小于生产要素增加的比例。在这种情况下，平均成本随着产量的增加而上升，企业经济效益下降。

在追求产量增加的过程中，企业需要仔细考虑生产要素的配置和规模报酬递减的可能性。规模报酬递减是指在生产规模扩大时，产量增加速度低于成本增加速度，导致生产效率下降的现象。这一现象可能由多种原因引起，其中之一是生产要素的可得性。地理位置对于获取适当的生产要素至关重要，包括原材料供应和劳动力市场的情况。不适当的地理位置可能导致生产成本增加，从而引发规模报酬递减。

除了地理位置外，管理效率和监督控制机制也是决定规模报酬的关键因素。有效的管理和监督控制机制可以帮助企业更好地协调生产要素，提高生产效率，降低成本。信息传递和决策时机也至关重要。及时获取并分析相关信息，以便在需要时做出决策，有助于避免规模报酬递减的情况发生。因此，管理和决策方面的因素在追求产量增加时不容忽视。

企业规模报酬是制定战略决策时至关重要的因素，它可以分为递增、不变和递减三种情况。在递增的情况下，随着生产规模的扩大，企业可以实现更高的生产效率，从而获得更高的收益。不变的规模报酬表示生产规模的变化对生产效率没有明显的影响，而递减则表明规模扩大可能导致生产效率下降，从而降低收益。因此，企业需要仔细分析其行业技术特点和市场条件，以确定最适合的规模报酬类型。

不同行业的规模报酬类型受到行业技术特点和市场条件的影响。在重工业行业，通常存在递增规模报酬，因为这些行业通常需要大量的投资和设备，以满足市场需求。轻工业可能会面临规模不变或递减的情况，因为其产品通常较为标准化，投资量相对较小。服务行业的规模报酬通常与服务的性质有关，具体情况因行业而异。市场需求、产品标准化、矿藏量、交通条件、能源供给和原料供给等因素也会对规模报酬产生重要影响，企业需要在决策中考虑这些因素。

最终，政府政策也可以影响企业的规模报酬和经济效益。政府的产业政策、补贴计划、税收政策等可以在一定程度上影响企业的投资决策和规模选择。企业应该密切关注政府政策的变化，并相应地调整其战略，以实现经济效益的最大化。总之，规模报酬对企业的发展和盈利能力至关重要，它受到多种因素的影响，因此需要在全面的背景下进行分析和决策。

二、规模报酬与生产规模的关系

规模报酬的不同类型直接影响着企业的生产规模决策。企业在实际生产中需要根据自身的生产条件和市场环境，确定最适合的生产规模，以实现长期的可持续发展和利润最大化。

第一，生产规模的经济性。企业在确定生产规模时，首先考虑的是生产规模的经济性。递增规模报酬通常激励企业扩大生产规模，以充分利用资源和降低单位成本。然而，企业需要警惕，规模扩大到一定程度后，可能会进入不变规模报酬甚至递减规模报酬阶段。因此，企业在追求规模经济时，必须确保生产规模的扩大不会导致效率的下降。

第二，生产效率与生产规模的匹配。在实际生产中，企业需要平衡生产效率与生产规模的关系。对于处于递增规模报酬阶段的企业，扩大生产规模通常会给企业带来更高的生产效率和利润。然而，当企业进入不变规模报酬或递减规模报酬阶段时，继续扩大生产规模反而可能导致生产效率的下降，甚至可能引发企业的竞争力下降。因此，企业必须在生产效率与生产规模之间找到最佳的平衡点。

第三，市场需求与生产规模的适应性。市场需求的变化也是影响生产规模的重要因素。企业在扩大生产规模时，必须考虑市场需求的实际情况。如果市场需求增长迅速，企业可以通过扩大生产规模来满足市场需求，获得更大的市场份额。然而，如果市场需求趋于饱和或萎缩，企业则需要谨慎对待生产规模的扩大，以避免产能过剩和资源浪费。

三、规模报酬递增与递减的决策分析

企业在进行生产规模决策时，必须综合考虑规模报酬递增与递减的影响，合理制订生产计划和战略。

第一，递增规模报酬阶段的扩展战略。在递增规模报酬阶段，企业应抓住机会，通过扩大生产规模，实现规模经济效益最大化。具体策略包括扩大生产线、增加生产要素投入、优化生产流程等。企业还可以通过技术创新和工艺改进，提高生产效率，进一步增强规模报酬递增效应。

第二，递减规模报酬阶段的优化战略。当企业进入递减规模报酬阶段时，必须谨慎对待生产规模的扩大，避免陷入生产效率下降的陷阱。在这一阶段，企业应着重优化资源配置，提高管理效率，减少不必要的成本开支。同时，企业还可以通过调整生产结构、优化不合理的生产线，重新恢复生产效率。

第三，多元化生产与规模经济。通过多元化经营，企业可以分散风险，避免单一产品线的规模报酬递减带来的不利影响。例如，企业可以在现有生产基础上，拓展新的产品线或进入新的市场领域，以充分利用资源和生产能力，保持规模经济效益。

第四，技术进步与规模报酬的关系。在技术进步的推动下，企业可以突破原有生产规模的限制，实现新的递增规模报酬。技术进步还可以帮助企业在递减规模报酬阶段，通过创新和工艺改进，恢复生产效率，甚至重新获得递增规模报酬。因此，企业应积极投资技术研发，保持技术领先，以提升生产规模的适应性和灵活性。

四、规模报酬理论的发展与未来趋势

随着经济环境的变化和技术的进步，规模报酬理论也在不断发展和演进。理解这一理论的最新发展对于企业制定未来生产规模战略具有重要意义。

第一，数字经济与规模报酬的新挑战。在数字经济时代，规模报酬的表现形式和影响因素发生了显著变化。数字化生产和大数据分析技术的广泛应用，使得企业在更大范围内实现生产要素的高效配置，带来新的递增规模报酬。然而，随着市场环境的动态变化和竞争的加剧，企业也面临着规模报酬递减的新挑战，必须不断创新和调整生产战略。

第二，全球化与规模报酬的再平衡。全球化背景下，企业的生产规模不仅受到国内市场的影响，还受到全球市场的驱动。跨国公司通过全球资源配置，实现了更大规模的经济效益。然而，全球化进程中的风险和不确定性，也可能导致企业面临新的规模报酬递减问题。因此，企业需要在全球化战略中，平衡规模经济与风险管理，实现生产的适度规模。

第三，绿色经济与规模报酬的可持续发展。在绿色经济和可持续发展理念的推动下，规模报酬理论正在向新的方向发展。企业在追求规模经济的同时，必须兼顾环境保护和资源节约，实现可持续的生产规模扩展。例如，企业可以通过采用循环经济模式、发展绿色生产技术、提升能源利用效率等方式，达到规模报酬与可持续发展的双重目标。

第四，人工智能与规模报酬的智能化变革。通过人工智能技术的应用，企业可以实现生产过程的智能化控制和优化，从而提高生产效率，扩大生产规模。例如，智能制造、智能物流、智能决策支持系统等技术的应用，使得企业能够更加灵活地调整生产规模，适应市场需求的变化，实现规模报酬的最大化。

第五节 厂商的成本分析

厂商，在经济学中亦称生产者或企业，指的是能做出统一生产决定的单个经济单位。厂商是能独立做出生产决策的经济实体，可以是个人、合伙组织或公司。它们的目标是通过生产和销售商品或服务来获取利润。成本是厂商在生产和销售过程中所必须支付的各种费用的总和。它不仅包括原材料、劳动力等直接投入的费用，还包括设备折旧、厂房租金、管理费用等间接成本。成本的准确计算和管理直接影响到企业的利润水平，因此，成本的基本概念及其含义在厂商经营中至关重要。厂商的成本分析在企业经营决策中占据核心地位。了解和掌握成本的各个组成部分及其影响因素，有助于企业优化生产过程、提升效率，并在激烈的市场竞争中获得优势。

一、厂商成本的特征、重要性与影响

(一) 厂商成本的特征

第一，多样性。这意味着厂商成本涵盖了多种不同的类型，这些类型包括固定成本和变动成本。固定成本，例如厂房、设备的折旧等，在一定时期内不随产量的变化而变化，它们保持相对稳定。而变动成本，如原材料、劳动力等，则与产量直接相关，它们会随着产量的增减而相应地增减。这种多样性使得厂商在进行成本管理时需要考虑不同类型成本的特点和影响。

第二，可度量性。这意味着厂商成本可以通过一定的会计方法和经济分析手段进行准确度量。这种可度量性使得企业能够清晰地了解成本的构成和规模，从而为成本控制和决策提供有力的数据支持。通过精确的成本度量，企业可以更好地识别成本节约的机会，优化资源配置，提高整体的经济效益。

第三，时间性。这表明成本在不同的时间段可能表现出不同的特征。例如，在短期内，某些成本如厂房租金、设备折旧等是固定不变的，不会随着产量的增减而变化。而在长期内，所有成本都是可变的，企业可以根据市场需求和生产能力的变化灵活调整成本结构。这种时间性要求企业在制定战略和决策时，必须考虑到不同时间段成本的特性和变化规律。

第四，关联性。这意味着厂商成本之间往往存在相互关联的关系。例如，增加某种生产要素的投入可能会降低单位产品的变动成本，因为规模经济效应使得原材料和劳动力的单位成本下降。然而，这种投入的增加可能会导致固定成本的增加，因为可能需要购买更多的设备或扩建厂房以适应生产规模的扩大。因此，企业在进行成本管理时，需要综合考虑各种成本之间的关联性，以实现成本效益的最大化。

(二) 厂商成本的重要性

1. 决策依据

在决定生产什么、生产多少以及如何生产时，成本因素起着决定性作用。对于生产多种产品的企业而言，需要比较不同产品的成本结构。如果某种产品的生产成本过高，而市场需求和价格又无法支撑其盈利，企业可能会选择减少或停止该产品的生产，将资源转移到成本相对较低且更有市场前景的产品上。例如，一家汽车制造企业在规划产品线时，需要考虑不同车型的研发成本、原材料成本、劳动力成本以及生产设备的专用性成本等。如果一款小型电动汽车的生产成本过高，而市场对其价格的接受度有限，企业可能会调整生产计划，优先生产成本效益更高的中大型电动汽车。

在确定生产数量方面，成本同样至关重要。企业需要权衡边际成本和边际收益。边际成本是指每增加一单位产量所增加的成本，边际收益是每增加一单位产量所增加的收益。当边际成本小于边际收益时，增加产量可以带来更多的利润；反之，当边际成本大于边际收益时，减少产量才是明智之举。假设一家电子厂生产手机，随着产量的增加，可能会出现原材料采购成本上升、工人加班导致工资成本增加、设备过度使用需要更多维护成本等情况。当新增产量带来的边际成本超过其所能带来的边际收益时，企业就应该停止进一步扩大生产。

2. 盈利能力评估

盈利能力是企业生存和发展的关键，而成本的准确核算和有效控制对于评估盈利能力至关重要。通过将企业的总收入与总成本进行对比，能够清晰地了解企业的盈利状况。如果成本过高，即使销售额较高，企业的净利润也可能不理想；相反，如果能够有效地控制成本，即使在销售额相对稳定的情况下，企业也能够提高利润水平。以一家餐饮企业为例，除了食材采购成本、员工工资、租金等显性成本外，还存在设备折旧、水电费等隐性成本。只有全面准确地核算这些成本，并与收入进行对比，才能真实地反映企业的盈利能力。通过成本分析，企业可以发现哪些环节存在成本过高的问题，如采购环节是否存在浪费、服务流程是否可以优化以减少人力成本等，从而采取针对性的措施来提高盈利能力。

3. 资源配置优化

企业的资源是有限的，如何将这些资源合理分配到不同的生产环节和业务领域，以实现最大的效益，是企业管理的核心问题之一。通过对不同项目和业务的成本分析，企业可以判断哪些项目能够以较低的成本获得较高的回报，从而将更多的资源投入这些项目中；对于成本高、回报低的项目，则可以减少资源投入或进行优化调整。例如，一家软件公司在开发新的应用程序时，需要评估不同功能模块的开发成本和潜在收益。如果某个功能模块的开发成本过高，而预计的用户需求和市场价值较低，企业可能会选择暂时搁置或简化该功能，将资源利用在更具市场竞争力和成本效益的功能开发上。

4. 市场竞争力

在竞争激烈的市场环境中，企业之间不仅在产品质量、创新能力和服务水平上展开竞争，成本的高低也是一个关键的竞争因素。成本控制得好的企业能够以更低的价格提供产品或服务，从而吸引更多的消费者，扩大市场份额；或者在相同价格水平下，获得更高的利润，从而有更多的资金用于研发、营销和品牌建设，进一步提升企业的竞争力。相反，成本过高的企业在价格竞争中往往处于劣势，可能会逐渐失去市场份额，甚至面临被淘汰的风险。以电商行业为例，物流成本是企业的一项重要支出。如果一家电商企业能够通过优化物流网络、提高仓储效率等方式降低物流成本，就能够在价格竞争中为消费者提供更优惠的运费政策，或者在保持运费不变的情况下提高自身的利润空间，从而在竞争中脱颖而出。

（三）厂商成本的影响

第一，对企业生产规模的影响。高昂的成本可能会严重限制企业的生产规模扩张，因为企业在面对较高成本时往往需要谨慎考虑其投资回报率，从而在扩大生产规模时变得更加谨慎；而较低的成本则为企业扩大生产规模提供更多的可能性和灵活性。企业需要在成本控制和生产规模之间寻找一个平衡点，以实现经济效益的最大化。通过有效的成本管理，企业可以在保持成本优势的同时，逐步扩大生产规模，提高市场竞争力。

第二，对产品定价的影响。成本是产品定价的基础，企业在制定产品价格时，通常会在成本的基础上加上一定的利润空间来确定最终的销售价格。成本的变动会直接影响产品的定价策略，因为成本上升可能会迫使企业提高产品价格，以保持预期的利润率；反之，成本下降则为企业提供降低价格、吸引更多消费者的策略选择。产品的定价策略不仅影响市场需求，还直接影响企业的销售收入和市场份额，因此，企业在定价时必须综合考虑成本、市场需求和竞争状况等因素。

第三，对产业结构调整的影响。不同产业的成本结构和成本水平存在显著差异。当某些产业面临成本上升或利润下降的压力时，资源往往会从这些产业流向成本更低、利润更高的产业。这种资源的流动不仅推动产业结构的调整，还促进产业的优化升级。政府和企业可以通过分析成本结构的变化，制定相应的产业政策和经营策略，以适应和引导产业结构的调整，从而实现经济的可持续发展。

第四，对宏观经济政策的影响。厂商成本的总体水平和变化趋势对宏观经济政策的制定具有重要的参考价值。政府在制定宏观经济政策时，需要密切关注企业成本的变化情况，因为这些变化直接关系到企业的经营状况和整体经济的运行效率。例如，如果政府发现企业成本普遍上升，可能会采取一系列措施来降低企业成本，如减税降费、提供补贴或改善基础设施等，以促进经济增长和吸纳就业。通过降低企业成本，政府可以激发市场活力，增强企业的竞争力，从而推动经济的健康发展。

二、厂商成本的控制与管理策略

在竞争激烈的市场环境中，厂商必须有效管理和控制成本，以确保其竞争力和盈利能力。成本控制与管理策略不仅涉及成本的准确核算，还包括对成本的预测、规划、监控以及纠偏措施。

（一）成本控制的基本原则

成本控制的成功实施依赖于若干基本原则，这些原则确保了成本控制的全面性、系统性、前瞻性和持续性。

第一，全面性原则。成本控制的全面性，要求厂商在生产经营的各个环节都要进行严格的成本管理。全面性意味着从采购、生产到销售，各个部门、各个环节都应纳入成本控制的范畴，而不仅仅是生产部门。这种全面的成本管理可以防止成本超支，并确保各项成本都在控制之中。

第二，系统性原则。系统性原则强调成本控制应覆盖整个企业的生产运营系统，避免孤立地看待单个环节的成本。通过系统的管理方法进行成本控制，企业可以更好地识别成本节约机会，并最大限度地降低整体成本。

第三，前瞻性原则。前瞻性原则要求企业在成本控制中具备一定的预测能力，能够预见可能的成本超支风险，并提前采取措施加以防范。前瞻性控制不仅局限于当前的成本管理，还涉及对未来可能出现的成本变化趋势的预测与应对。例如，企业可以通过市场分析和供应链管理来预测原材料价格的变化，从而在采购策略上做出相应调整。

第四，持续性原则。持续性原则强调成本控制应是一个不断优化的过程，而不是一次性活动。企业必须建立长期的成本控制机制，通过不断监控、反馈和调整，来实现成本管理的持续改进。通过持续的成本管理，企业可以在竞争中保持优势，同时适应不断变化的市场环境。

（二）成本控制的方法

成本控制方法是企业在进行成本管理时所采用的具体工具和技术。这些方法各有侧重，适用于不同的管理场景和企业需求。

第一，预算控制法。预算控制通过制定和执行预算，企业可以在计划阶段就设定成本控制的目标，并通过定期的预算执行情况分析，发现并纠正成本偏差。预算控制的优势在于其前瞻性和计划性，可以帮助企业提前做好成本管理的准备，并在执行过程中及时调整。

第二，标准成本法。标准成本法是通过预先制定标准成本，并将其与实际成本进行比较，以找出成本差异并采取措施加以纠正。标准成本法不仅可以帮助企业识别成本控制中的问题，还可以通过设定标准，激励员工实现更高的生产效率。企业在采用标准成本法时，应根据实际生产条件和市场环境，定期修订标准成本，以保持其合理性和有效性。

第三，作业成本法。作业成本法是一种更精确的成本控制方法，它通过分析企业各项作业的成本，来识别和消除不必要的成本支出。作业成本法特别适用于制造业和服务业的复杂业务环境，能够帮助企业更准确地分摊间接成本，从而优化成本结构。在实际应用中，作业成本法要求企业对各项作业活动进行详细记录和分析，从而找出最具成本效益的操作流程。

第四，目标成本法。目标成本法是在产品设计和开发阶段就设定一个成本目标，并通过各环节的努力来实现这一目标。目标成本法将成本控制提前到产品开发初期，通过设计和工艺的优化，确保产品在满足市场需求的同时，能够在成本方面具备竞争优势。这种方法适用于新产品开发和市场竞争激烈的行业，是企业在产品生命周期的早期阶段实现成本控制的有效方法。

（三）成本控制的技术手段

随着科技的发展，现代企业越来越依赖信息技术来实现高效的成本管理。通过应用先进的技术手段，企业可以提高成本控制的精度和效率，增强决策的科学性。

第一，企业资源计划（ERP）系统[①]。ERP系统通过整合企业的各项资源和业务流程，实现对生产、采购、库存、财务等多个环节的全面控制和管理。通过ERP系统，企业可以实时监控成本动向，进行数据分析，发现潜在的成本节约机会，并及时调整经营策略。ERP系统还可以通过自动化流程减少人为错误，进一步提高成本管理的精确度。

第二，大数据分析技术。大数据分析技术在成本管理中具有广泛的应用前景。通过对海量数据的收集和分析，企业可以识别出成本控制中的薄弱环节，并通过数据驱动的决策来优化成本管理。例如，通过分析供应链数据，企业可以找到最优的采购策略和供应商，降低原材料成本。大数据分析还可以帮助企业预测市场需求变化，从而更有效地安排生产计划，避免过度生产导致的成本浪费。

第三，自动化和智能化技术。自动化技术的应用可以显著降低生产成本，提高生产效率。例如，自动化生产线可以减少人工成本，提高生产速度和质量。智能化技术，如人工智能和物联网，也在成本控制中发挥着越来越重要的作用。通

---

① 企业资源计划（Enterprise Resource Planning，ERP）系统是一种集成的管理信息系统，它通过整合企业内部各个部门和业务流程的数据，实现信息的实时共享和业务流程的自动化，为企业管理者提供全面而准确的数据支持，从而帮助企业优化资源配置，提高决策效率。

过智能监控系统，企业可以实时监控生产设备的运行状态，提前发现潜在故障，从而减少设备维护成本和生产停工损失。

（四）人力资源管理与成本控制

人力资源管理在成本控制中扮演着重要角色。通过合理的人员配置、培训和激励，企业可以有效控制人力成本，同时提高员工的工作效率和成本意识。

第一，优化人员配置。企业应根据生产任务和业务需求，合理配置人力资源，避免人力资源的浪费。通过优化工作流程和岗位设置，企业可以减少职位重叠和人力浪费，从而降低人力成本。同时，合理的人员配置也有助于提高员工的工作积极性和效率。

第二，员工培训与发展。员工培训，是提高生产效率和降低生产成本的重要手段。通过持续的技能培训，企业可以提升员工的专业能力，减少操作失误而导致的成本浪费。企业还应注重员工的职业发展规划，通过职业晋升和激励机制，留住关键人才，减少人员流动带来的培训和招聘成本的增加。

第三，激励机制的设计。激励机制，在成本控制中起着重要作用。通过设计科学的激励机制，企业可以激发员工的积极性和创造力，促使其在日常工作中主动发现并减少浪费。例如，企业可以设立成本节约奖励制度，对在成本控制中表现突出的员工进行奖励，从而营造全员参与成本管理的良好氛围。

（五）供应链管理中的成本控制

供应链管理是影响企业成本的重要因素。通过优化供应链管理，企业可以有效降低采购成本、库存成本和物流成本，从而实现整体成本的降低。

第一，供应商管理。企业应通过与供应商建立长期合作关系，确保原材料的稳定供应和合理价格。同时，企业可以通过招标和谈判，选择具有竞争力的供应商，从而降低采购成本。供应商管理还包括对供应商绩效的定期评估，确保供应商能够按时交付符合质量要求的原材料。

第二，库存管理。企业应通过科学的库存管理方法，如 ABC 分析法和 JIT（Just In Time）生产模式，减少库存积压和存货损失，从而降低库存成本。库存管理不仅涉及库存量的控制，还包括对存货质量的管理，确保存货在保质期内得到合理使用，避免过期损失。

第三，物流管理。企业应通过优化物流网络、选择合适的物流合作伙伴和改进运输方式，减少物流成本。例如，企业可以通过集中运输和优化路线，减少运输费用；通过合作共赢的物流合作伙伴关系，取得更优惠的运输价格。

（六）技术创新与成本管理

技术创新是企业提高竞争力和降低成本的核心动力。通过不断引入和应用新技术，企业可以在保持产品质量的前提下，实现成本的持续降低。

第一，生产技术的创新。例如，通过引入自动化生产线，企业可以提高生产效率，减少人工成本和生产时间；通过采用新材料和新工艺，企业可以在保证产品质量的同时，降低原材料成本和生产能耗。

第二，管理技术的创新。企业可以通过引入先进的管理信息系统，如 ERP 系统和供应链管理系统，实现对生产、采购、库存、财务等各环节的集成化管理，从而提高管理效率，减少管理成本。管理技术的创新不仅包括硬件系统的更新换代，还涉及管理理念和管理流程的创新。

第三，产品研发的创新。通过研发具有市场竞争力的新产品，企业可以在满足市场需求的同时，提高产品的附加值，增加企业的利润空间。产品研发中的成本控制主要体现在研发流程的优化和研发资源的合理配置上。企业应通过优化研发流程、引入先进研发工具和方法，缩短研发周期并减少研发成本；通过合理配置研发资源，确保研发投入的最大化利用。

（七）可持续发展中的成本管理

在追求可持续发展的过程中，企业不仅要关注经济效益，还要重视环境和社会效益。可持续发展中的成本管理强调通过环保技术和绿色生产来降低环境成本，并通过社会责任的履行来提高企业的社会价值。

第一，环保成本管理。环保成本管理，是企业在追求可持续发展中的重要组成部分。企业应通过引入环保技术和设备，减少生产过程中的污染物排放和资源消耗，从而降低环保成本。例如，通过采用节能减排技术，企业可以减少能源消耗和碳排放；通过循环利用废弃物，企业可以降低废弃物处理成本。

第二，社会责任成本管理。社会责任成本管理强调企业在履行社会责任的过程中，通过合理的成本控制，实现社会效益和经济效益的平衡。例如，企业可以通过投资员工福利和社区发展，提升企业的社会形象，从而提高市场竞争力和品牌价值。社会责任成本管理不仅体现在直接的资金投入上，还包括对企业内部流程和资源配置的优化，以最大限度地发挥社会责任的积极影响。

思考与练习

1. 生产理论的核心是生产要素，包括劳动力、资本、土地和创业精神。请解释这些生产要素在企业生产过程中的作用，并提供示例。

2. 什么是生产函数？它如何表示企业的生产过程？可以通过什么方式来表述生产函数？

3. 边际产品是什么意思？为什么边际产品递减是一个重要的经济概念？请提供一个相关的实际案例。

4. 适度规模是什么？为什么企业追求适度规模？适度规模如何影响生产要素的使用和生产成本？

5. 阐述长期生产和短期生产的概念。企业在长期和短期内会做出哪些不同的生产决策？

6. 生产理论与生产成本之间有何关系？阐述固定成本和变动成本的概念，以及它们如何随着产量的变化而变化。

7. 什么是适度规模？为什么适度规模是企业追求的目标？请说明在适度规模下，产出和成本之间的关系。

第五章 市场与分配理论

第一节 市场结构及其运用

市场是指从事某一商品买卖的交易场所，或利用现代化通信工具进行交易的接触点。它可以是有形的，也可以是无形的。市场是厂商生存和发展的基础。市场结构，是指企业市场关系的特征和形式。由于企业处于不同的市场，其竞争目标与竞争手段则不同，所以市场结构对企业竞争战略影响重大。

一、市场结构的划分依据

划分市场结构时，通常以市场集中度、产品差别化和市场壁垒三个方面的标准为依据。

（一）市场集中度

市场集中度是指在某一行业中大厂商对市场的控制程度。市场集中度通常用行业内规模最大的前几位厂商的市场占有率之和来表示，一般选取前4位或前8位厂商作为计量依据。在一个行业中，厂商规模越大，厂商数目越少，市场集中度越高，大厂商对市场的控制程度越高，市场的垄断程度就越高。反之，一个行业厂商规模小，厂商数目多，市场集中度越低，大厂商对市场的控制程度越低，市场的竞争程度就越高。

（二）产品差别化

产品差别化是指厂商在其提供给客户的产品上，通过各种方法形成足以引发顾客偏好的特殊性，使顾客能够把它同其他竞争性厂商提供的同类产品有效地区别开来，从而使自己在市场竞争中占据有利地位。

产品差别化是一种有效的非价格竞争手段，它的意义在于通过让顾客感知本企业所提供产品的独特差异性来影响其购买行为，使顾客产生偏好和忠诚度，甚至不惜为此支付更高的价格。

通过产品差别化，厂商可以寻找到属于自己的稳定的目标市场，并降低自身产品被其他竞争性产品替代的可能性。现有厂商的产品差别化，对于试图进入该市场的新厂商而言无疑在一定程度上构成障碍，试图进入市场的新厂商必须通过自己的产品差别化的行为，寻找新的目标市场或目标顾客，或者争取使原有厂商的顾客转变偏好，选择自己的品牌。要做到这一点，需要付出更大的努力。因此，市场的产品差别化程度越高，市场的竞争程度就越低，市场的垄断程度也就越高。

（三）市场壁垒

市场壁垒是指厂商进入或退出某个行业所遇到的障碍或干扰。一般来说，市场进出障碍越少，竞争程度就越大；反之则越小。市场壁垒可以分为市场进入壁垒和市场退出壁垒。

1. 进入壁垒

进入壁垒是指和潜在的进入者相比，市场中上游企业所具有的优势。正是这些优势，现有企业可以维持高于竞争对手的价格并阻止新企业进入。

厂商进入市场的壁垒主要有规模经济、产品差别化、绝对成本优势、政策法律制度等。

（1）规模经济。由于新企业难以立即达到生产成本最低的适度规模，而缺乏规模效益的企业竞争力较低，因此较难进入市场。

（2）产品差别化。产品差别化使不同企业产品之间的替代性降低，市场内的垄断程度有所增加。通常，老企业通过长期的产品差别化行为，已经建立起一定的产品知名度和美誉度，新企业只能采用低价或促销手段，寻找新顾客或争取原有企业的老顾客，这无疑增加了新企业的生产成本。

（3）绝对成本优势。行业内原有企业会比新进入企业具有更低的成本优势，如：稳定的原材料供应渠道、生产技术的专利权、高水平的管理人员和技术人员、完善的销售服务体系以及较低的借贷成本等,这些优势是新企业所不具备的,不仅提高原有企业的竞争力,而且阻碍了新企业的加入。

(4) 政策法律制度。政府的某些政策性因素也能成为阻碍新企业进入的原因,如生产经营许可证、信贷政策、差别税率、专利制度等。

2. 退出壁垒

退出壁垒是指企业在退出某个市场时所遇到的障碍。如果一个行业的退出壁垒很高,企业进入市场的动机就会削弱。退出壁垒主要包括资产专用性、违约成本和信誉损失等。

(1) 资产专用性。如果企业的资产专用性很强,难以有其他生产用途,那么退出时很难收回前期的投资,退出的障碍就很大。

(2) 违约成本和信誉损失。企业在退出某个市场时,如有未能履行的合同,必须承担相应的违约成本。同时退出的企业会被认为竞争力不足,从而对企业造成信誉损失。这些因素都会阻碍企业退出原有行业。

二、市场结构的类型划分

市场可以根据不同的标准进行分类。在微观经济学中,经常按照竞争和垄断程度这一标准进行分类,可以将市场划分为四种类型:完全竞争市场、垄断竞争市场、寡头垄断市场和完全垄断市场。

(一) 完全竞争市场

1. 完全竞争市场的特点

完全竞争市场是微观经济学中的一个重要概念,它代表了市场结构的一种理想化形式。这种市场形势的理论模型为人们提供了一个框架,用来探讨市场运作的基本原理以及市场参与者之间的互动。"在西方国家,完全竞争市场也可以叫作纯粹竞争市场,在现实生活中是不存在的,是一种理想化的市场。"[1] 完全竞争市场是一种市场结构,其中存在许多小型卖方和买方,其产品或服务是高度同

---

[1] 杨秋妍.对于完全竞争市场的分析与评价[J].中国市场,2020(16):49.

质化的，市场参与者可以自由进入或退出市场，信息透明度高，没有单个市场参与者能够对市场价格施加影响。完全竞争的市场具有以下四个特点。

（1）在完全竞争市场中，市场上存在大量买家和卖家，每个个体的需求量和供给量都微不足道，其市场份额相对较小。这意味着每个单独的买家的购买量以及每个企业提供的产量都无法对市场价格产生显著影响。市场价格是由市场的总体供给和总体需求决定的，而不受个别市场参与者的影响。

在这种市场环境下，每个消费者都必须按照市场上已经确定的价格来购买产品或服务，而每个生产者也必须以同一市场价格来销售其产品。这种市场结构强调了价格的均等性，没有企业能够单独决定产品的价格。因此，市场价格在完全竞争市场中通常是透明的、公平的，而且在短期内很难改变。

（2）产品同质。在完全竞争市场中，产品同质化是一个显著的特征。这意味着所有参与市场的企业提供的产品或服务都是完全相同的，没有任何种类、质量或地点上的差别。这一特点反映市场中的极高替代性，消费者无法分辨不同供应商提供的产品，因为它们在所有方面都是相同的。

（3）企业在完全竞争市场中具备自由进入和退出市场的特权。这意味着，如果一个市场有利可图，吸引了潜在的资源流入，企业可以自由地进入市场，而不受任何限制。反之，如果市场变得不再具有吸引力，或者出现亏损，企业可以迅速退出市场，也没有任何障碍或限制。这一特征强调了市场的竞争性和自由度，它对市场的动态性和资源的有效配置起着关键作用。

（4）买卖双方都享有完全信息。这意味着消费者和生产者都具备了与做出明智决策相关的所有关键信息。例如，消费者清楚地了解他们购买的产品的价格、成本和质量，而生产者了解了生产所需的投入要素的价格、生产技术等方面的信息。在这种市场中，不存在欺诈行为，每个市场参与者都能够基于其拥有的完全信息来确定最优的购买量或产量，以最大化自己的利益。

这种市场条件消除了因信息不对称而导致的市场低效问题。信息不完全或不对称通常会导致市场参与者作出不明智的决策，因为他们缺乏足够的信息来做出最佳选择。然而，在拥有完全信息的市场中，每个人都能够做出明智的决策，根据自己的需求和资源来选择最有利的交易。这有助于确保资源的有效配置，避免了资源浪费和市场低效率。

2. 完全竞争市场中的企业利润最大化

（1）企业利润最大化的条件。在完全竞争市场中，企业实现利润最大化的条件是边际收益（MR）等于边际成本（MC）。

第一，价格接受者。在完全竞争市场中，企业无法控制市场价格，只能根据市场价格调整产量。因此，企业的收益最大化并不意味着利润最大化，因为过高的产量可能导致边际收益小于边际成本，从而降低总利润。

第二，边际分析。边际收益表示企业增加一单位产品销售所带来的额外收入，而边际成本则表示增加这一单位产品所增加的总成本。当边际收益等于边际成本时，企业增加或减少一单位产量所带来的收益和成本相等，此时无法通过改变产量来增加利润，因此达到了利润最大化的状态。

（2）实现利润最大化的途径。在完全竞争市场中，企业要实现利润最大化，可以采取以下途径。

第一，优化生产规模。根据边际收益等于边际成本的原则，确定最优的生产规模。这要求企业密切关注市场需求变化，灵活调整产量。

第二，降低生产成本。通过改进生产技术、提高生产效率、优化供应链管理等方式降低生产成本。成本的降低有助于企业在市场价格不变的情况下提高利润。

第三，提高产品附加值。虽然产品本身具有同质性，但企业可以通过提供优质的售后服务、树立品牌形象等方式提高产品的附加值，从而在一定程度上影响消费者的购买决策，间接提升企业的市场地位和盈利能力。

（3）长期利润最大化的考虑。在长期内，完全竞争市场中的企业还需要考虑市场进入和退出壁垒、技术进步等因素对利润最大化的影响。由于新企业可以自由进入市场，现有企业无法持续获得高于平均水平的利润。因此，企业需要通过不断创新和降低成本来增强竞争力，防止被市场淘汰。

3. 完全竞争市场的效率

在经济学领域，完全竞争市场是一个引人注目的主题，与效率密切相关。这个市场模型通常与维弗雷多·帕累托的帕累托效率和帕累托改进概念联系在一起。在完全竞争市场中，资源被最优配置，这导致了福利的最大化，这在市场经济中具有重要意义。在这个市场环境中，交易和价值的形成也是关键因素。

例如，在一个完全竞争的市场中，馒头店老板需要考虑如何以最有效的方式生产馒头，以最大限度地满足顾客的需求。这意味着他必须追求帕累托效率，即没有资源浪费，并且没有人可以变得更富有而不损害其他人的福利。如果馒头店老板能够找到生产馒头的最佳方法，并且将资源用于最优配置，他就可以实现帕累托效率，这将有助于市场的整体效率。

然而，在实际市场中，很少有完全竞争的市场，因为通常存在各种市场机制和市场失灵的情况。但是，完全竞争市场作为一个理论模型，提供了一个理想的参考点，用于评估市场效率和资源分配的情况。

市场效率是一个经济体系中非常重要的概念，其中帕累托效率是其中的一种特殊形式。帕累托效率指的是一种资源分配状态，其中不可能通过重新分配资源来使某些人更富裕，而不损害其他人的福利。这种状态下，资源被有效地配置，社会福利达到了最大化。在竞争市场的均衡模型中，通常会实现帕累托效率。消费者和生产者在市场上通过自愿交易来追求个体最大的剩余，即消费者剩余和生产者剩余。总剩余是社会福利的度量，它表示市场的总效益。

市场效率对于资源配置至关重要，因为它确保了资源的最佳使用，以满足社会的需求。竞争市场通过价格机制将资源引导到最需要的地方，从而实现了资源的有效配置。然而，要实现市场效率，需要确保市场是竞争性的，没有垄断或垄断力量，且市场参与者有完全信息。政府政策和监管也可以对市场效率产生影响，以确保资源得到最佳分配。综上所述，市场效率是经济体系中追求资源配置和社会福利最大化的关键目标之一，它通过帕累托效率和均衡模型来实现资源的有效分配。

效率问题在经济学中是一个关键的讨论点，它涉及资源的最佳分配和利用。在经济中，均衡状态是一种理想的状态，其中资源被分配到了它们的最佳用途，以最大限度地提高总剩余，即社会福利的总体效益。然而，由于资源是有限的，不合理的资源分配可能会导致资源浪费和效率下降。因此，有效解决效率问题是经济体系的重要目标之一，旨在确保资源的最佳利用，从而增加总剩余，提高社会福利。在实际经济中，政府政策和市场机制通常被用来促进资源的有效配置，以实现更高的效率水平。

4. 完全竞争市场的福利

完全竞争市场通常被认为是市场经济中效率最高的市场结构之一，因为它可以实现最大化的福利。福利经济学的核心目标之一是研究市场结构下的资源分配和福利效果。在完全竞争市场中，福利通常可以分为以下两个主要方面。

(1) 消费者福利

第一，价格接近边际成本。在完全竞争市场中，价格往往接近于产品的边际成本，这意味着消费者可以相对较低的价格获得产品。这种价格接近边际成本的特点有助于最大化消费者剩余，即消费者愿意为产品支付的价格低于他们愿意支付的最高价格，从而增加了消费者的福利。

第二，多样性和选择。完全竞争市场通常有多家生产者提供相似但略有差异的产品，这为消费者提供了更多的选择。这种多样性增加了消费者的福利，因为他们可以根据个人偏好和需求作出更好的选择。

第三，消费者剩余。由于价格接近边际成本和多样性选择，消费者在完全竞争市场中通常能够获得更多的消费者剩余。

(2) 生产者福利

第一，生产者剩余。在完全竞争市场中，生产者通常能够获得生产者剩余，这是指他们以低于他们愿意接受的最低价格出售产品所获得的收益。这鼓励生产者提供更多的产品，并促进资源的有效分配。

第二，创新和效率。完全竞争市场中的生产者必须不断提高效率，以降低成本并与竞争对手竞争。这种竞争激励创新，提高了生产者的生产效率，从而以更低的价格为消费者提供了更好的产品。

需要注意的是，完全竞争市场仅在理论上存在，现实世界中很少能完全符合完全竞争的条件。市场经济中通常存在各种市场结构，包括垄断、寡头垄断和不完全竞争，这些结构可能导致不同程度的资源分配和福利效果。因此，政府通常需要干预市场，以确保最大化社会福利，并解决市场失灵的问题。政府的角色包括监管、税收政策、反垄断法和社会福利计划等，以维护市场效率和公平性。

（二）垄断竞争市场

垄断是市场中的一种市场结构，其特征是市场上只存在一个或极少数的卖者，通常是大型企业，拥有独特的产品或服务，使其能够控制价格和产量，而且市场进入门槛往往非常高，限制了其他企业的竞争。

1. 垄断成因

（1）政府创造的垄断。政府创造的垄断有以下两种情况。

第一，政府通过专利法和知识产权法为企业提供法律保护，以鼓励创新和知识产权的保护。专利权赋予发明者对其发明的排他性权利，这意味着他们可以在一定时间内独家生产和销售他们的商品，如新药或杂交水稻种子，从而鼓励企业投资于核心技术和创新。这种法律保护也扩展到其他领域，如书籍、商标、电影和音像制品，甚至计算机软件，为作者和创作者提供知识产权的保护，以鼓励创新和创作。然而，这些权利通常有有效期，以确保新的发明和创意能够最终成为公共领域的一部分，从而促进市场竞争和进一步创新。因此，政府通过知识产权法和专利法平衡了创新和市场竞争之间的关系，为企业和创作者提供合理的法律框架。

第二，政府特许。政府特许和行政许可审批在各行业中起着关键作用，它们直接影响了市场的进入门槛和行政垄断的存在。在中国，政府特许和行政许可涵盖了多个行业，如邮政、烟草、盐、广播电视、铁路、电信、石油化工和银行等。这些授权虽然可以帮助政府监管和管理特定行业，但也可能导致垄断现象的出现。政府特许和行政垄断通常限制了竞争压力，因此可能减少了研发新技术、降低成本以及提高消费者利益的机会。这些垄断利润有时可能损害了市场内外的利益，因此政府官员在管理特许和许可审批过程时需要保持透明和公平，以确保创造新财富的机会均衡分配，并促进健康的市场竞争，以最大限度地满足社会的利益。

（2）自然垄断。自然垄断是一个经济学概念，指的是在市场容量有限的情况下，一家企业能够以比两个或更多企业提供更高效率的产品或服务。这种垄断形式出现在市场需求饱和且平均成本随着市场提供的增加而下降的情况下，因此只有一家企业能够在成本上保持竞争力。尽管自然垄断使得企业能够以较低的成本提供物品或劳务，但也可能导致垄断利润的形成，因为市场容量有限，其他竞争者难以进入市场。经济学家关注如何在自然垄断情况下平衡市场效率和保护消费者利益，通常需要政府监管和政策干预来确保垄断企业合理定价和提供高质量的产品或劳务，以满足市场需求。

自然垄断的经济学概念揭示了市场的复杂性和政府的角色。在自然垄断情况下，一家企业能够以更低的成本提供产品或服务，这通常对消费者有利，因为他们可以更低的价格购买所需的物品或劳务。然而，这也可能导致垄断企业在市场上主导地位的形成，进而可能滥用其垄断权力，提高价格或提供低质量的产品或服务。

因此，在自然垄断情况下，政府的角色变得至关重要。政府必须努力平衡市场效率和保护消费者利益的目标。政府可以通过监管垄断企业的价格和服务质量来确保公平竞争和满足消费者需求，这可以通过设定价格上限或要求垄断企业提交定价计划来实现。政府可以制定准入规则，以鼓励新的竞争者进入市场，尽量减少垄断企业的市场份额，这可以通过降低市场准入壁垒、鼓励竞争性招标或促进创新来实现。同时，政府可以设立独立的监管机构，负责监督垄断企业的行为，并确保其遵守法规。透明度是关键，政府应当公开垄断企业的业绩数据和决策，以增加公众监督和反馈的机会。另外，政府官员应当定期进行市场调查，以了解市场变化和垄断企业行为的影响，根据这些调查结果，政府可以调整政策和监管措施，以确保市场效率和消费者利益的平衡。

2. 垄断竞争市场的关键特征

垄断竞争市场是指一个有许多厂商出售相近但非同质，而是具有差别的商品的市场组织。"垄断竞争企业只有不断创新，制造差别，才能延长其生存期并得到发展。"[1] 根据其含义，垄断竞争市场具有以下六个关键特征。

（1）产品差异化。在垄断竞争市场中，企业采用各种方式使其产品与服务区别于竞争对手，以吸引特定的消费者群体。这种差异化可以体现在多个方面，包

---

① 刘黎清.垄断竞争市场与企业的创新战略[J].科学管理研究,2002(4):13.

括产品质量、设计、品牌、包装、售后服务以及营销手段等。

第一，质量差异。企业通过提高产品质量，如使用更优质的原材料、采用更先进的生产工艺，来树立产品的高端形象，从而吸引对质量有更高要求的消费者。

第二，设计差异。独特的产品设计能够吸引消费者的眼球，提升产品的吸引力。企业聘请专业设计师进行创新设计，使产品在外观上与众不同。

第三，品牌差异。品牌是企业与消费者之间建立信任和情感联系的重要方式。通过品牌建设，企业可以塑造独特的品牌形象，增强消费者对产品的认同感和忠诚度。

第四，包装差异。精美的包装不仅能够提升产品的视觉效果，还能展现出产品的品质和档次。企业通过独特的包装设计来吸引消费者的注意。

第五，售后服务差异。优质的售后服务能够提升消费者的满意度和忠诚度。企业通过提供延长保修、快速响应的客户服务等方式，来区别于竞争对手。

第六，营销差异。创新的营销手段能够帮助企业在市场中脱颖而出。企业通过社交媒体营销、内容营销、事件营销等方式，来提升品牌知名度和影响力。

产品差异化不仅有助于企业在市场中获得竞争优势，还能够提高市场进入壁垒，因为新进入者需要投入大量资源来建立自己的差异化优势。

（2）市场进入与退出壁垒。在垄断竞争市场中，市场进入与退出壁垒相对较高，但不如完全垄断市场那样绝对。这些壁垒主要来源于以下六个方面。

第一，资本要求。建立和维护差异化优势需要大量的资本投入。新进入者需要足够的资金来研发新产品、建立品牌、开展营销活动等。

第二，技术壁垒。某些行业可能存在较高的技术门槛，新进入者需要掌握先进的技术才能生产出具有竞争力的产品。

第三，法规限制。政府可能通过颁发许可证、制定行业标准等方式，对市场进入采取限制。这些法规壁垒可能涉及环境保护、产品质量、安全生产等多个方面。

第四，品牌忠诚度。在垄断竞争市场中，消费者往往对已有品牌产生一定的忠诚度。新进入者需要花费大量时间和资源来建立自己的品牌知名度和消费者信任。

第五，分销渠道。建立稳定的分销渠道对于企业的成功至关重要。新进入者将面临分销渠道有限、成本高昂等问题。

第六，沉没成本。企业在进入市场时需要进行大量的专用性投资，如建立生产线、购买设备等。这些投资一旦形成，就很难转化为其他用途，因此构成了退出市场的壁垒。

市场进入与退出壁垒的存在，使得垄断竞争市场中的企业能够在一定程度上保持其市场份额和竞争优势，但同时也限制了市场的灵活性和竞争性。

（3）企业数量与规模。在垄断竞争市场中，企业数量相对较多，但每个企业的市场份额都相对较小。这些企业通常具有一定的规模经济效应，但远未达到完全垄断市场的规模。

第一，企业数量。由于市场进入壁垒的存在，垄断竞争市场中的企业数量相对有限，但又多于完全竞争市场。这些企业在市场中展开激烈地竞争，争夺市场份额和消费者。

第二，企业规模。垄断竞争市场中的企业规模通常适中，既不像完全竞争市场中的企业那样规模极小，也不像完全垄断市场中的企业那样规模庞大。这种适中的规模使企业能够在保持灵活性的同时，实现一定的规模经济效应。

第三，规模经济效应。在垄断竞争市场中，企业通过扩大生产规模来降低成本、提高效率。然而，由于市场容量的限制和竞争的存在，企业的规模经济效应通常受到一定的制约。

企业数量与规模的适中性，使得垄断竞争市场既保持了足够的竞争性，又为企业提供了一定的发展空间和利润空间。

（4）价格与非价格竞争。在垄断竞争市场中，企业不仅通过价格竞争来吸引消费者，还通过非价格竞争来建立自己的竞争优势。

第一，价格竞争。由于产品差异化的存在，企业在定价上具有一定的灵活性。企业可能通过降价促销、打折销售等方式来吸引消费者。然而，过度的价格竞争可能导致企业利润下降，甚至引发恶性竞争。

第二，非价格竞争。除了价格竞争外，企业还通过提升产品质量、加强品牌建设、优化售后服务等方式来展开非价格竞争。这些非价格竞争手段有助于提升企业的品牌形象和消费者忠诚度，从而建立长期的竞争优势。

价格与非价格竞争的并存，使得垄断竞争市场中的竞争更加复杂和激烈。企业需要在保持价格竞争力的同时，注重提升产品质量和服务水平，以满足消费者的多样化需求。

(5) 市场效率与创新。垄断竞争市场在一定程度上促进了市场效率和创新的发展。

第一，市场效率。由于产品差异化的存在，垄断竞争市场中的企业能够更好地满足消费者的多样化需求。同时，竞争的存在促使企业不断改进生产技术和管理方法，提高生产效率和市场响应速度。这些都有助于提升市场的整体效率。

第二，创新。在垄断竞争市场中，企业为了保持竞争优势和吸引消费者，需要不断进行产品和服务的创新。这种创新不仅体现在产品设计、品牌建设等方面，还体现在生产技术、管理方法等多个领域。创新是推动垄断竞争市场发展的重要动力之一。

然而，垄断竞争市场也可能存在一些效率损失和创新抑制的问题。例如，过高的市场进入壁垒可能限制新企业的进入和市场的灵活性；过度的竞争可能导致企业过度投入广告和营销费用，而忽视了对产品质量和创新的投入。

(6) 政府干预与监管。在垄断竞争市场中，政府通常会进行一定程度的干预和监管，以维护市场秩序和公共利益。

第一，反垄断政策。政府通过制定反垄断法律和政策，来限制企业的垄断行为和维护市场的竞争性。这些政策可能包括禁止企业滥用市场支配地位、限制企业合并和收购等。

第二，消费者权益保护。政府会加强对消费者权益的保护，防止企业在市场中欺诈消费者或提供劣质产品。这包括建立消费者投诉机制、加强产品质量监管等。

第三，市场准入监管。政府可能对某些行业实行市场准入监管，以确保新进入者具备足够的资质和能力来提供服务。这有助于维护市场的稳定性和保护消费者的利益。

第四，价格监管。在某些情况下，政府可能对市场价格进行监管，以防止企业滥用市场支配地位进行价格操纵。这有助于保护消费者的利益和市场的公平性。

政府的干预和监管在维护市场秩序和公共利益方面发挥着重要作用。然而，政府也需要谨慎行事，避免过度干预市场而阻碍市场的正常发展。

3. 垄断市场的效率分析

（1）垄断企业在市场中通常能够实现垄断利润，因为它们具有市场控制力，可以影响价格和产量。在垄断市场中，企业的价格通常高于边际成本，这意味着企业每售出一单位产品都能获得较高的利润，因为价格超过了生产该单位的成本。边际成本是生产一个额外单位的产品所需的额外成本，而边际收益是销售一个额外单位的产品所获得的额外收益。在垄断市场中，边际收益通常大于边际成本，这使企业能够实现垄断利润。垄断企业的收益曲线显示了不同价格水平下的总收益。与完全竞争市场不同，垄断市场中的收益曲线通常具有向下倾斜的趋势，因为要提高销售量，必须降低价格。尽管垄断企业可以实现垄断利润，但这通常导致社会福利较低。由于价格高于边际成本，垄断市场通常会导致资源分配不够有效，因此可能会损害社会效率。

（2）完全竞争市场和垄断市场代表了两种不同的市场结构，它们对市场价格、效率和经济利益产生不同的影响。在完全竞争市场中，存在大量的卖者和买者，每个企业都是价格接受者，无法对市场价格产生显著影响。市场价格在这种情况下通常会接近最低平均成本，这是因为生产技术是相似的，生产成本也相对较低。这种市场结构通常以高度效率和消费者受益的方式运作，价格相对较低，生产者和消费者都从竞争中获得好处，因此不会出现过多的超额利润。相比之下，在垄断市场中，市场由少数几家或一个企业垄断，垄断企业拥有技术使用上的优势，通常可以高于边际成本的价格出售产品。这导致价格较高，从而增加垄断企业的利润，但也降低消费者的利益。垄断市场可能导致收入不平等，因为超额利润主要流向垄断企业。

（3）垄断企业在市场上通常拥有市场控制力，但技术进步和创新可以对其产生积极的影响。技术创新和发展在一定程度上可以减轻垄断企业的市场压力，并对经济产生多方面的利益。技术创新可以提高生产效率，降低生产成本，从而有助于降低产品价格。这有助于消费者获得更多的选择和更低的价格的产品，减轻了垄断企业对市场的控制力，提高市场竞争力。技术创新可以激发垄断企业的竞争积极性。当垄断企业面临来自新技术和创新产品的竞争时，他们可能会不断改进自己的产品和服务，以保持市场份额并吸引消费者。然而，技术创新也可能导致社会成本上涨，因为它可能导致旧技术和产业的淘汰，从而影响到就业和经济结构。垄断企业可能会试图通过专利和知识产权来限制竞争，从而减缓技术创新的速度。

（4）垄断和完全竞争市场代表了两种不同的市场结构，它们对产量、价格、利润和市场行为产生截然不同的影响。在垄断市场中，通常由一个或少数几个企业垄断市场，这些企业通常具有较高的市场控制力。为了实现利润最大化，垄断企业通常会限制产量，并将产品价格设定在较高水平。这导致了垄断利润的生成，但通常意味着价格较高，消费者的选择受到限制。相反，在完全竞争市场中，存在大量的卖家和买家，市场价格通常由市场供求关系决定。企业在这种市场中无法影响价格，因此它们的产量通常会受到市场需求的限制。在这种市场结构下，企业的主要目标是生产足够的产品以满足市场需求，而不是追求垄断利润。

市场均衡涉及价格、成本和生产者与消费者之间的关系。在完全竞争市场中，市场均衡通常体现在价格等于边际成本的情况下。这意味着企业生产的最后一单位产品的成本等于市场价格，从而实现了资源的有效配置。这种市场结构下，边际效益通常最大化，消费者和生产者都能受益。相反，在垄断市场中，市场均衡发生在边际收益等于边际成本的情况下。垄断企业通常能够以高于边际成本的价格销售产品，从而实现垄断利润。这导致了价格较高，但可能降低消费者的边际效益。市场均衡反映供求关系和市场结构对价格和资源配置的影响。

（5）垄断是市场结构中的一种情况，通常由一个企业或少数几家企业控制市场，这可能导致一些经济问题。在垄断市场中，价格通常高于边际成本，这会导致消费者支付较高的价格，同时垄断企业获得较高的利润。虽然垄断企业可以获得利润，但社会整体福利往往受到损害，因为市场交易可能会陷入无效率状态。

社会整体福利是指市场中消费者和生产者的总剩余,而无效率表示资源未能以最有效的方式分配。垄断市场的无效率通常由于价格高于边际成本而导致的过度收费和供应不足而产生。这对社会经济效率产生不利影响。为了解决垄断市场的问题,公共政策通常会采取反垄断措施,以限制垄断企业的市场力量。这包括监管和法规,旨在促进竞争和保护消费者利益。在自然垄断的情况下,公用事业可能需要特殊处理,以平衡垄断企业的市场控制力和社会经济效率。

4. 垄断竞争市场的效率评价

垄断竞争是一种市场结构,它介于完全竞争市场和垄断市场之间。在垄断竞争市场中,存在多家小型企业,它们生产类似但不完全相同的产品。这种市场结构引发了一些关于经济效率的复杂问题。与完全竞争市场不同,垄断竞争市场中的企业能够在短期内实现超过平均成本的价格,从而获得超额利润。然而,在长期均衡下,由于市场进入和退出的自由,竞争的压力将推动价格接近边际成本,企业将只能获得正常利润。这意味着垄断竞争市场在长期均衡时可以实现某种程度上的效率,因为价格接近了成本,但仍然不如完全竞争市场那样效率高。

然而,垄断竞争市场也有其自身的优势,例如在产品创新和多样性方面具有潜力。垄断竞争市场下的市场竞争尽管不如完全竞争市场下的那么激烈,但企业在不断追求创新和不同的市场定位,以吸引消费者。因此,垄断竞争市场虽然在效率方面存在一些局限,但在提供多样性和创新方面有优势。效率和多样性之间的平衡在垄断竞争市场中一直是经济学家和政策制定者关注的焦点。

(1) 对生产者而言,利弊并存。通过不断改进生产方法和产品设计,企业可以提高生产效率,从而降低平均成本。这可以使企业更具竞争力,并在市场上实现更高的效率水平。技术进步还可以创造新的市场机会,促使企业不断创新,以满足不断变化的消费者需求。保护措施如专利制度,可以鼓励企业进行创新投资,因为它们知道他们的技术创新将在一定时间内受到法律保护。外部创新压力也可以推动企业提高市场效率,因为来自其他市场参与者的竞争将迫使它们提供更好的产品和服务。

在垄断竞争市场中,平均成本通常较高,这可能导致资源的利用效率低下。因为企业面临较低的市场竞争压力,它们可能没有足够的动力来降低成本和提高效率。这可能导致资源浪费，因为企业会使用更多的资源来生产同样数量的产品。这也可能对社会福利产生不利影响，因为市场效率不高，价格与边际成本之间的差额可能较大，导致市场中的消费者和生产者剩余减少。在垄断竞争市场中，需求曲线通常不如在完全竞争市场中那样接近边际成本曲线，这可能导致价格与成本之间的差距较大。完全竞争市场里的企业，其生产的有效规模（利润最大时的产量）总是在平均成本的最低点，与此相对，垄断竞争企业利润最大时的产量要小于成本最低时的规模；在完全竞争的条件下，价格等于边际成本；而在垄断竞争的条件下，价格高于边际成本。

（2）对消费者而言，利弊并存。在完全竞争市场中，价格通常等于边际成本，这使得市场价格相对较低，从而使消费者受益。这是因为在完全竞争市场中，有许多卖家提供同质产品，消费者可以根据他们的个性化需求自由选择。这种市场结构鼓励了价格竞争，促使企业提高质量的产品和提供更好的售后服务，以吸引更多的顾客。多样化需求也被满足，因为不同类型的产品可以满足不同的消费者需求，包括个性化需求。品牌在这个市场中通常不是主要的决定因素，因为产品通常是同质的，这进一步减少了价格上涨的风险，使市场更有利于消费者。

在垄断竞争市场中，价格通常高于边际成本，这可能对消费者产生不利影响。虽然市场中有多个卖家，但产品之间存在差异，企业可以通过差异化产品来设置较高的价格。这种差异性产品和品牌的存在可能导致市场价格上涨，使消费者支付更高的费用。垄断竞争市场中可能缺乏价格竞争，因为产品差异性使得消费者的选择受限，企业更容易设置较高的价格水平。这可能导致市场价格偏离边际成本，对消费者的利益造成损害。

5. 垄断竞争市场的长期均衡

在长期经济分析中，生产要素的灵活性和固定成本的影响显得尤为重要。长期考虑允许企业在生产要素上作出更大的调整，例如增加新的设备、招聘新的员工或改变生产工艺。长期成本是企业在这个过程中需要考虑的成本，它们包括固定成本和可变成本。企业的长期利润是一个关键的考量，它取决于需求曲线和边际成本与边际收益的关系。当边际收益等于边际成本时，企业实现了正常利润，这意味着企业的收入正好足够覆盖了所有成本。然而，如果边际收益超过边际成本，企业将获得超额利润，这是一种吸引新资本进入市场的信号。相反，亏损发生在边际成本高于边际收益时，这可能导致企业退出市场或采取其他调整措施。在长期分析中，企业的生产决策和产品供求关系对于价格形成具有重要影响。企业会根据市场需求和长期成本来调整产量和价格，以追求利润最大化。因此，长期分析有助于理解企业在竞争市场中的行为，以及它们如何适应市场条件和长期变化。正是资本的这种进退使企业面临的需求曲线（AR=P）的位置发生变动，从而影响企业所获得的收益额。这是垄断与垄断竞争的重要区别，也是垄断竞争企业长期决策和短期决策的重要区别。

（三）寡头垄断市场

1. 寡头垄断市场的含义

在寡头垄断市场中，市场价格和产量通常受到企业的控制。这些企业可以通过协调价格和产量来维持相对高的市场价格，从而获得更高的利润。尽管寡头垄断市场中存在竞争，但由于市场份额分配不均匀，这种竞争通常不足以将市场价格推向边际成本水平，从而可能导致市场价格偏高，对消费者不利。与垄断竞争市场不同，寡头垄断市场中企业通常能够维护较高的市场价格，而不必担心其他企业迅速进入市场并降低价格。因此，寡头垄断市场的市场力量较为有限，需要监管来维护竞争和消费者权益。

"寡头垄断市场是一种较为普遍的市场组织。"[1] 寡头垄断市场是一种市场结构，其中市场上存在少数几家大型企业垄断绝大部分市场份额。在这种市场中，通常存在产品差异，这意味着各家企业提供的产品在某些方面具有不同的特点，以满足不同消费者的需求。例如，在汽车行业，不同制造商生产各种不同类型和品牌的汽车，每辆汽车都具有独特的特性和特点，以满足不同消费者的口味和需求。同样，在电信行业中，各家运营商提供不同的通信服务套餐，包括不同的速度、覆盖范围和价格，以满足不同客户的通信需求。

---

[1] 董卫杰.寡头垄断市场的显著特点分析[J].中国市场,2009(27):7.

尽管存在产品差异，寡头垄断市场通常具有较高的经济利润，因为这些企业能够在市场中维持相对高的价格水平。这种垄断地位通常是规模经济效应、专有技术和固定投资等因素造成的，这些因素对其他企业构成进入障碍。销售渠道也可以设置限制，使得其他竞争者难以进入市场。因此，在寡头垄断市场中，消费者通常需要以更高的价格来购买产品或服务，因为市场格局使得竞争较少，企业能够保持较高的市场定价。政府和监管机构通常需要关注这些市场，以确保消费者权益得到保护，并促进市场竞争。

2. 寡头垄断市场的特征

寡头垄断在这种市场结构下，竞争程度相对较低，因为市场上的竞争者有限。这种寡头垄断的形成往往受到规模经济的影响，大型企业可以通过规模扩大来降低平均成本，从而具备竞争优势。同时，进入障碍也可能存在，新竞争者难以进入市场，因为需要大量资本或技术资源。

在寡头垄断市场中，产品差异通常存在。不同的企业可能提供具有不同特点和品质的产品，以满足不同消费者的需求。这导致了价格决策的重要性，企业可能通过价格战或定价策略来吸引消费者。然而，有时企业可能会以协同行动来维护较高的市场价格，从而获取更高的收益。这种行为可能对消费者不利，因为它可能导致价格上升，消费者需要更多地支付。

一些行业常见寡头垄断市场，其中包括石油、钢铁、化工和汽车等行业。这些行业的市场份额通常由少数几家大型企业主导，它们对市场价格和产量的决策具有显著的影响力。政府和监管机构通常密切关注这些行业，以确保市场竞争和消费者权益得到保护，同时维护行业的可持续发展。维持寡头垄断市场的竞争性是一个复杂的挑战，需要权衡企业自由市场运作和市场公平性之间的利益。

3. 寡头垄断市场企业的利润

寡头垄断市场企业的利润最大化是经济学分析中一个重要的课题。寡头垄断市场是一种市场结构，其中少数几家大型企业掌握了市场的主导地位，因此它们具有相对较高的市场权力。在这种情况下，企业的行为受到多种因素的影响，不仅是追求即时的、短期的利润。

（1）寡头垄断企业在长期内追求最大利润，而不是每时每刻都追求最大利润。这意味着它们愿意在某些情况下放弃一部分短期利润，以换取长期的市场稳定。这是因为这些企业面临充满不确定性的市场环境，价格和产量决策需要在竞争对手、需求波动和政府政策等因素的影响下做出。如果企业过于追求短期利润，可能会引发价格战，导致利润下降，市场不稳定，以及潜在法律问题的产生。因此，为了确保企业的长期生存和稳健增长，寡头垄断企业通常会采取谨慎的经营策略，而不是不顾一切地追求即时利润。

（2）从高级管理人员的角度来看，他们通常只持有企业极小一部分的股权。因此，他们的个人目标可能与企业实现长期最大利润的目标不完全一致。管理人员更关心的是自己的职位安全、个人声誉、权力、高薪水以及过上美好的生活。他们的决策可能会受到个人因素的影响，而不仅仅是追求股东的长期利益。然而，需要强调的是，尽管管理人员的个人目标与企业的长期利润最大化目标之间可能存在某种程度的关联，但企业通常会设立激励机制，以确保管理人员的行为与股东利益保持一致。

4. 寡头垄断市场企业的价格策略

（1）黏性价格策略。黏性价格策略是一种市场定价策略，通常由寡头垄断企业采用。在这种策略下，企业在绝大多数情况下不愿意主动改变产品价格，因为这样做可能会导致失去一部分市场份额。相比之下，降低价格更容易引发激烈的竞争反应，可能导致价格战，最终损害所有竞争对手的利益。因此，寡头垄断企业更加敏感于价格的下降，有时宁愿减少利润，也不愿意冒降价引发价格战的风险。然而，寡头垄断企业有时候会采用一些隐蔽的竞争策略，以在不明显降低价格的情况下提高市场竞争力。这些策略包括延长顾客支付的期限、改变产品内部配置等变相的价格策略。

第一，延长支付期限。企业可以通过延长顾客支付产品价格的期限来提高黏性价格。这意味着顾客可以在更长的时间内分期付款，减轻了短期内承担高价格的负担。这对于价格敏感的消费者来说是一种吸引力，同时也有助于企业保持相对高的价格水平。

第二，改变产品内部配置。企业可以把改变产品的内部配置，而不直接改变价格作为提升竞争力的手段。这可以包括在产品中增加附加功能、改进产品质量或提供额外的服务，从而为产品增值。虽然这会导致成本上升，但它可以让企业保持价格不变，同时提供更高的产品价值，吸引更多的顾客。

黏性价格策略的优点在于，它们有助于企业在一定程度上保持价格稳定，减少市场不确定性。这些策略还有助于建立品牌忠诚度，因为顾客可能会认为企业提供更好的支付条件或更有价值的产品配置，从而更加忠诚于该品牌。

（2）价格领导。价格领导模式是一种市场竞争策略，通常出现在市场结构较为集中的情况下，其中少数几家大型企业或领先企业对市场价格制定具有显著影响力。这种模式中，一家企业通常被认为是价格领导者，其他企业则根据价格领导者的价格来制定自己的价格，以确保市场的稳定和竞争。

在价格领导模式中，价格领导者通常会考虑生产效率和成本结构，以确定适当的价格水平。他们需要权衡边际成本和边际收益，以实现利润最大化的目标。通过在市场上保持相对较高的市场份额，价格领导者能够更好地控制市场，并吸引更多的消费者。然而，这也可能导致竞争者进入市场的难度增加，因为他们必须能够与价格领导者的价格竞争，这可能需要高度的竞争力和资源。价格领导模式的稳定性和可持续性通常受到市场结构和竞争者进入的影响。

在价格领导模式下，其他企业通常会根据领导企业的价格来定价他们自己的产品。这种模式的一个关键特点是，领导企业的价格变动将直接影响到整个市场的价格水平。其他企业需要密切关注领导企业的价格决策，以确保他们的定价能够在市场中竞争。

价格领导模式有一些优势和劣势。一方面，领导企业通常能够实现一定程度的市场控制，因为他们的决策会影响到整个市场，这可以让他们在市场中获得更高的利润，但也可能引发反垄断监管的关注；另一方面，其他企业可能会感到受限，因为他们需要遵循领导企业的价格策略，难以自主定价。

5. 寡头垄断市场企业的定价方法

寡头垄断企业在定价方法方面通常具有较高的自主权，其中一种常见的定价方法是成本加成定价法。这种方法基于企业的产品成本，并添加目标回报率和利润要求来确定最终的定价策略。企业首先计算其产品的生产成本，包括直接成本和间接成本，然后在成本基础上添加所需的利润率，以确保达到其盈利目标。这种定价方法允许企业在市场上实现一定程度的定价控制,以实现盈利目标,并根据市场需求和竞争情况进行相应的定价策略调整。因此,成本加成定价法是寡头垄断企业常用的一种定价策略,旨在平衡成本和利润要求,同时考虑市场竞争和产品需求。成本加成定价法包括以下三个步骤。

(1) 确定正常产量。因为确定产量后才能确定成本,但产量与价格又有密切联系。为了避免这一问题,在操作上可以采用一种假定的产量。一般而言,这一产量是用企业生产能力(潜在产量)乘以一定的百分比来确定的。如通用汽车公司在使用成本加成定价法时,根据销售额是生产能力的80%的市场经验来确定产量,即把计算成本的产量确定在生产能力的80%。一般而言,正常产量可以假定为正常生产能力的60%~70%。当然,具体比例要看市场状况:在市场繁荣时期,该比例可以高些;市场萧条时,该比例可以低些。

(2) 根据正常产量,确定平均固定成本和平均变动成本,即确定平均成本。

(3) 根据平均成本确定加成的利润额。加成的利润额取决于企业的目标回报率,它取决于企业最高决策者对可能得到的利润率和最适宜的利润率的看法,也取决于该行业的特点。由于企业最高决策者对利润的看法相对稳定,所以除非生产成本发生重大变化,寡头垄断的价格相对稳定。

成本加成定价法中的加成,是由需求弹性和竞争状况决定的,同时也取决于企业高层决策人员的利润预期。它是经理们为追求长期最大利润而使用的一种简单的决策方法,在企业决策中得到广泛的使用。使用这种方法有利于稳定价格,并能为价格的变动提供正当的理由。

6. 寡头垄断市场企业的竞争策略

(1) 价格竞争。价格竞争是在寡头垄断市场中最常见的竞争策略之一。企业可以通过降低其产品或服务的价格来吸引更多的顾客,从而增加其市场份额。这种策略在一定程度上有效,尤其是对于价格敏感的顾客而言,他们更有可能选择价格较低的产品。然而,价格战并不是一个可持续的策略。

价格战可能导致企业的利润下降,因为它们需要削减价格以吸引顾客,但成本仍然保持不变或仅有轻微下降。这可能对企业的财务健康造成不利影响,尤其是如果价格降低到低于成本的水平。价格战也可能引发恶性竞争循环,导致市不稳定和企业的不确定性增加。

然而，有时候企业会采取价格战的策略，以削弱竞争对手并在市场中建立更强大的地位。这种战略可能是一种长期规划的一部分，企业希望通过削减竞争对手的市场份额来实现垄断地位，然后在价格上升后提高利润。这需要谨慎的策略规划和强大的财务支持，以缓解短期内的价格压力。

在实施价格竞争策略时，企业需要考虑：①定价弹性。了解市场对价格变化的敏感程度，以确定降价的幅度。②成本结构。确保价格战不会导致亏损，同时考虑成本的灵活性。③长期规划。在考虑价格战时，要有明确的长期战略，包括如何在市场稳定后提高价格并提高利润。

（2）产品差异化。在寡头垄断市场中，企业面临着独特的竞争环境，通常由少数几个大型企业控制市场份额。在这种情况下，企业必须采取不同的竞争策略来保持竞争优势和吸引消费者。其中一种常见的竞争策略是产品差异化。产品差异化是指企业通过改进产品的质量、性能、功能或设计，使其在市场上与竞争对手区别开来。这种差异化可以帮助企业定价更高的产品，并吸引那些追求高品质或特殊功能的顾客。

产品差异化策略的关键是让企业的产品在某种方式上与竞争对手不同。这可以采取以下四种方式来实施。

第一，改进质量。企业可以投入更多的资源来提高产品的质量，确保产品更可靠、耐用，并能够满足消费者的高品质需求。例如，汽车制造商可以采用更高级的材料和工艺，以提高汽车的质量和安全性。

第二，增加性能。通过提高产品的性能，企业可以满足那些寻求更高性能的消费者需求。例如，电子公司可以生产更快、更强大的计算机或智能手机，以满足技术爱好者的要求。

第三，添加功能。在产品中添加新的功能或特性是另一种常见的差异化方法。这可以使产品更多样化，以满足不同类型的顾客需求。例如，智能电视可以添加智能家居集成功能，以吸引智能家居爱好者。

第四，设计创新。产品的设计也可以成为一种差异化因素。通过独特、吸引人的设计，企业可以吸引那些注重外观和风格的消费者。例如，高端时尚品牌经常侧重于产品的设计创新。

在寡头垄断市场中，企业需要仔细考虑产品差异化策略的实施，以确保能够获得持续的竞争优势。同时，企业还需要密切关注市场动态，以及消费者对产品特性的需求变化，以及竞争对手的动向。产品差异化是一个复杂的策略，如果能够正确执行，它可以为企业带来显著的竞争优势和市场份额。

（3）市场扩张。在寡头垄断市场中，企业竞争的策略至关重要，其中一种重要的策略是市场扩张。市场扩张涵盖了企业寻找新市场机会的努力，以增加销售、收入和市场份额。

第一，进入新的地理区域。企业可以选择将其业务扩展到新的地理区域，这可以是国内扩张或国际市场的进军。通过进入新的地理市场，企业可以获得新的客户群体，开拓新的销售机会。例如，一家成功的跨国公司可以将其产品或服务引入新兴市场，以利用该市场的增长潜力。

第二，目标不同的客户群体。另一种市场扩张策略是针对不同的客户群体。企业可以调整其产品、定价和营销策略，以满足不同类型的顾客需求。这种策略通常涉及市场细分，将市场划分为不同的细分市场，并根据每个细分市场的需求进行定制。

第三，推出新的产品线。企业还可以通过推出新的产品线或服务来实现市场扩张。这可以是与现有产品或服务相关的扩展，也可以是全新的创新产品。通过不断创新，企业可以吸引新的顾客，并保持市场竞争的优势。

第四，收购和并购。另一种常见的市场扩张策略是通过收购或并购其他公司来扩大规模。这种策略可以迅速增加企业的市场份额，进一步巩固其在市场中的地位。例如，一家电信公司可以通过收购竞争对手来扩大其覆盖范围和客户基础。

市场扩张策略带来了诸多方面的好处，不仅对企业自身有利，还有利于整个市场的竞争环境：①多样化风险。市场扩张可以减轻企业对现有市场的依赖，降低经济周期和市场波动对企业的影响，这种多样化有助于稳定企业的收入流和利润。②增加市场份额。通过市场扩张，企业可以增加其市场份额，使其在行业中的地位更加稳固，这有助于提高企业的竞争力和议价能力。③提高竞争性。市场扩张可以创造更多的竞争机会,鼓励企业提高创新和效率,以满足不断变化的市场需求。④增加就业机会。市场扩张通常需要增加生产和服务能力,这将创造更多的就业机会,有助于经济增长。

(4)合作与联盟。合作与联盟是指寡头垄断市场中的企业之间建立协作关系,共同开展一项或多项业务活动的策略。这种协作关系可以采取多种形式,包括战略联盟、合资企业、合并等。它的核心目标是通过与其他企业合作来实现共同的商业目标,从而增加竞争优势和市场份额。

实施合作与联盟策略需要谨慎地规划和执行。

第一,选择合适的合作伙伴。选择合适的合作伙伴至关重要,合作伙伴应具有互补的资源和能力,以实现协同效应。

第二,明确合作目标。确定明确的合作目标和期望是成功的关键,双方应清楚了解他们希望从合作中获得什么,并制订明确的合作计划。

第三,建立有效的沟通和管理机制。建立有效的沟通渠道和管理机制,以确保合作伙伴之间的协作顺利进行。

第四,确保合作公平和持久。合作应该基于公平的条件和长期的合作关系,避免短视和不公平的合作协议。

在寡头垄断市场中,采用合作与联盟策略具有五个优点:①共享风险和成本。合作伙伴可以共同承担风险和成本,特别是在研发新产品或进入新市场时。这有助于缓解企业的财务压力,减轻其独立承担所有风险和成本的负担。②扩大市场份额。通过与其他企业合作,企业可以扩大其市场份额。这有助于实现更高的销售额和更大的市场影响力,提高企业的竞争地位。③共享资源和知识。合作伙伴可以共享彼此的资源和知识。这包括技术、专业知识、供应链和分销渠道等。共享这些资源有助于提高生产效率和产品质量。④加强创新。通过联合研发和创新,企业可以更快地推出新产品或服务。这有助于满足市场需求,并在竞争激烈的市场中保持竞争优势。⑤提高谈判能力。联盟可以提高企业在供应商和顾客之间的谈判能力。由于联盟的规模更大,它们通常能够更好地谈判价格和交易条件。

(5)品牌建设。品牌建设是其中一个关键策略,它在寡头垄断市场中扮演着重要角色。品牌建设是一种战略性的活动，旨在创建并维护企业的品牌形象，以在市场上建立积极的品牌认知度和忠诚度。在寡头垄断市场中，品牌建设变得尤为重要，原因有以下五点。

第一，区分度。在市场上，竞争对手可能提供类似的产品或服务。通过建立强大的品牌，企业可以在竞争中脱颖而出，让消费者更容易记住和选择它们的产品。

第二，信任和声誉。一个强大的品牌传递了信任和可靠性的信息。消费者更愿意购买来自知名品牌的产品，因为他们相信这些产品会提供高质量的体验。

第三，忠诚度。有一个强大的品牌可以吸引忠诚的顾客群体。这些忠诚的顾客可能会坚持购买该品牌的产品，即使有其他替代品可供选择。

第四，定价权。强大的品牌通常能够在一定程度上维持较高的价格水平。消费者更愿意为一个值得信赖的品牌付更多的钱。

第五，市场份额保持。在寡头垄断市场中，企业可能需要竞争维持自己的市场份额。一个强有力的品牌可以帮助企业保持其市场份额，抵御竞争对手的压力。

实施品牌建设策略需要一系列战略和战术，以确保企业的品牌形象得以塑造和传播。

第一，广告和宣传。企业可以通过广告和宣传活动提高品牌的知名度。这包括电视、广播、互联网和社交媒体广告，以及公共关系活动。

第二，一致的品牌形象。品牌形象应该在所有市场活动中保持一致。这包括品牌标志、口号、包装设计以及品牌声音和语调。

第三，产品质量和服务。一个强大的品牌不仅依赖于市场宣传，还依赖于产品质量和客户服务。品牌承诺的实际交付对于建立信任至关重要。

第四，品牌体验。企业应该努力创造积极的品牌体验，这包括购物过程、售后服务和与品牌互动的各个环节。

第五，社会责任。许多消费者更加关注企业的社会责任。参与慈善活动和可持续发展举措可以增强品牌形象。

第六，顾客互动。与顾客的积极互动可以增强品牌忠诚度。这可以通过社交媒体、客户反馈和定期促销活动来实现。

（6）政府监管因素。政府和监管机构在寡头垄断市场中扮演着至关重要的角色，他们通过制定法规和政策来确保市场的公平竞争和保护消费者权益。

第一，反垄断法规。反垄断法规是政府最常用的工具之一，用于防止寡头企业滥用其市场支配地位。这些法规旨在监督价格操纵、垄断定价和不正当竞争行为。对于企业来说，遵守反垄断法规至关重要，因为不合规的行为可能导致高额罚款和法律诉讼。企业需要制定合规政策，培训员工，并定期进行内部审核，以确保他们不会触犯反垄断法规。

第二，竞争政策。政府制定竞争政策，旨在促进市场竞争和防止寡头垄断市场的形成。企业应密切关注这些政策的制定和更新，以了解哪些行为可能被认为是反竞争的。同时，他们可以积极参与政策制定过程，以确保政策的公平性和合理性。

第三，价格监管。政府可能会对某些行业的价格进行监管，以确保企业不会滥用其市场支配地位来提高价格。企业需要与监管机构合作，提交价格计划和报告，确保其价格政策符合法规。他们还需要制定透明的价格策略，以增加消费者的信任。

第四，消费者保护。政府在保护消费者权益方面扮演着关键角色。企业应该积极与政府监管机构合作，确保其产品和服务符合消费者权益的最高标准。这包括提供清晰的产品信息、有效的客户服务和解决消费者投诉的机制。

第五，合并和并购审查。政府可能会对企业的合并和并购进行审查，以确保它们不会导致市场垄断或减少竞争。企业在进行合并和并购时需要与监管机构合作，提交必要的文件和数据，并展示这些交易对市场的影响是积极的，不会损害竞争。

（四）完全垄断市场

完全垄断市场（简称垄断市场）是指在一个特定的产品或服务市场中，只有一个卖家（垄断者）提供产品，而没有其他竞争者存在的市场结构。这种市场形态下，垄断企业拥有对市场价格和供给量的完全控制权，消费者则处于被动接受地位，缺乏选择余地。完全垄断与完全竞争市场形成鲜明对比，后者是市场中存在大量卖家和买家，任何单一参与者都无法显著影响市场价格。

1. 完全垄断市场的特征

（1）市场主体的唯一性。完全垄断市场的首要特征是市场主体的唯一性，即市场上仅存在一个供给者，也就是垄断企业。这一特征从根本上区别于完全竞争市场，后者中存在着大量的买家和卖家，任何一个市场参与者的行为都无法显著影响整个市场的价格水平。在完全垄断市场中，由于缺乏竞争对手，垄断企业成为市场的绝对主宰，其决策直接影响到市场的供给量、价格乃至整个行业的运行状态。

垄断企业的这种唯一性，往往源于特定的历史条件、自然资源独占、政府授权或技术专利等因素。这种唯一性赋予垄断企业强大的市场控制力，使其能够在没有外部竞争压力的情况下，根据自身利益最大化原则进行生产和定价决策。

（2）产品的独特性与不可替代性。在完全垄断市场中，垄断企业所提供的产品或服务往往具有独特的性质，或是市场上没有完美的替代品。这种独特性可能源于产品的物理特性、品牌效应、专利技术，或是消费者对特定品牌的偏好和忠诚度。由于产品的独特性，消费者难以找到其他替代品来满足相同的需求，从而增加对垄断企业的依赖性，进一步巩固垄断企业的市场地位。

产品的不可替代性还意味着，即使市场上存在其他相似产品，但由于品质、功能、品牌形象等方面的差异，消费者仍倾向于选择垄断企业的产品。这种偏好可能源于长期的品牌积累、广告宣传、口碑传播等因素，使得垄断企业的产品在消费者心中占据了不可替代的位置。因此，垄断企业可以通过控制产品的供给量和价格，来最大化其利润。

（3）高进入壁垒的存在。进入壁垒是指新企业进入市场时所面临的各种障碍和困难，这些障碍可能包括技术专利、政府管制、高昂的初始投资成本、品牌忠诚度等。在完全垄断市场中，这些进入壁垒通常非常高，使得新企业难以进入市场与垄断企业竞争。

技术专利是形成进入壁垒的重要因素之一。当垄断企业拥有某项关键技术或发明的专利权时，其他企业无法使用该技术生产相同或相似的产品，从而被排除在市场之外。高昂的初始投资成本和品牌忠诚度也是重要的进入壁垒。新企业需要投入大量资金建立生产设施、购买设备、进行市场推广等，品牌忠诚度则使得消费者更倾向于选择已知和信任的品牌，对新品牌持怀疑态度。

高进入壁垒的存在，保护了垄断企业的市场地位，使其能够在没有外部竞争压力的情况下，维持较高的利润水平。同时，这也限制了市场的竞争性和活力，可能导致资源配置的低效率和价格的高昂。

（4）价格制定者的地位。在完全竞争市场中，价格是由市场供求关系决定的，任何单个企业都无法显著影响市场价格。然而，在完全垄断市场中，由于垄断企业是市场上唯一的供给者，它拥有对价格的完全控制权。

垄断企业可以根据自身的成本结构、市场需求和竞争状况，自主决定产品的价格。由于市场上没有竞争对手，垄断企业无须担心降价会引发价格战，也无须担心提价会导致消费者转向其他替代品。因此，垄断企业可以灵活地调整价格，以实现利润最大化。

然而，垄断企业的定价决策并非完全自由。它需要考虑消费者的购买意愿和支付能力，以及政府的价格管制政策。如果垄断企业定价过高，可能会导致消费者减少购买量或寻找替代品；如果定价过低，则可能无法覆盖成本并实现盈利。因此，垄断企业需要在利润最大化和市场份额之间找到平衡点。

2. 完全垄断市场的形成条件

（1）政府特许。在特定情况下，政府可能会出于公共利益的考量，主动授予企业独家经营产品或服务的权利。这种特许经营往往涉及那些对国计民生至关重要的行业，如邮政服务和公共交通。以邮政服务为例，为了确保邮件传递的安全性与时效性，政府可能会决定仅允许一家企业负责全国的邮政业务，从而使企业在该领域形成垄断。同样，在公共交通领域，政府可能会认为由一家企业统一运营公交、地铁等交通工具，能够更有效地整合资源，提升服务质量，因此也会通过特许经营的方式促成垄断局面的形成。

（2）对关键资源的独家控制。如果一个企业能够独家控制生产产品或服务所必需的关键资源，而其他企业无法获得这些资源，那么该企业就具备了形成完全垄断的潜力。这种资源可能是稀缺的矿产资源，如特定的金属矿藏或石油储备。

例如，如果一个企业拥有全球唯一一座富含稀有金属的矿山，并且该金属是生产高科技产品的关键原料，那么该企业就能够垄断这种金属的开采和销售，进而在相关市场上形成垄断。

（3）专利和技术壁垒。当一个企业拥有专利技术时，它就可以在一定时期内独家生产和销售具有该技术的产品或服务。专利保护为企业提供了法律上的独占权，有效阻止了其他企业的进入。此外，长期的技术研发和积累也可能使企业形成难以复制的技术优势，从而构成一种事实上的垄断。例如，在制药行业，一种新药的研发往往需要巨额的资金投入和长时间的研究，一旦成功获得专利，该企业就可以在一段时间内独家销售这种新药，形成市场垄断。

（4）规模经济。规模经济是指企业的生产规模达到一定程度时，其平均成本会不断下降的现象。在这种情况下，新企业进入市场面临着巨大的成本劣势，因为它们无法在短期内达到与垄断企业相同的生产规模和成本水平。这种规模经济效应在大型公用事业企业中尤为明显，如电力和自来水行业。这些行业需要巨额的固定投资来建设基础设施，如发电厂、输电线路和水处理厂等。由于这些投资规模巨大，新企业很难在短时间内筹集到足够的资金来与现有垄断企业竞争，因此这些行业往往容易形成垄断局面。

3. 完全垄断市场下企业行为分析

（1）产量与价格决策。垄断企业面临的需求曲线是向下的，意味着随着价格的提高，需求量会减少。企业需要通过边际成本等于边际收益的原则来确定最优产量和价格，以实现利润最大化。

（2）价格歧视。为了最大化利润，垄断企业可能会实施价格歧视，即对不同消费者群体收取不同的价格，这要求企业能够有效区分消费者群体并防止套利行为。

（3）非价格竞争。除了直接调整价格外，垄断企业还可能通过产品质量提升、广告宣传、售后服务等方式进行非价格竞争，以增强品牌忠诚度和市场地位。

4. 价格与产量的决定因素及其影响

在完全垄断市场中，由于缺乏竞争压力，垄断企业往往会选择设定一个高于边际成本的价格。这种价格设定策略使得垄断企业能够获得较高的利润，但同时也导致了产量的减少。与完全竞争市场相比，垄断市场下的产量水平通常会低于社会最优水平，从而导致资源配置的低效率。这种资源配置的低效率表现为市场失灵，具体表现为价格高于社会最优价格，产量低于社会最优产量。这种现象不仅导致了资源的浪费，还损害了消费者的利益。消费者在这种市场结构下不得不支付更高的价格，同时获得的产量也较少，这无疑是对消费者权益的一种侵害。因此，垄断市场中的价格与产量决定不仅影响了企业的利润最大化，还对整个社会的福利产生负面影响。

5. 政府对完全垄断市场的监管与政策建议

鉴于完全垄断市场可能导致的高价、低产和资源配置扭曲，政府通常会采取以下一系列措施进行监管和干预。

（1）价格管制。设定价格上限，防止垄断企业滥用市场势力过度提价。

（2）反垄断法。通过立法禁止垄断行为，如禁止不公平定价、限制产量、拒绝交易等，促进市场竞争。

（3）公共事业监管。对自然垄断行业，如电力、水务等，实施严格的监管，确保服务质量和价格合理。

（4）促进竞争。通过降低市场进入壁垒、鼓励技术创新、支持新企业发展等措施，增加市场活力，逐步打破垄断。

（5）信息公开。要求垄断企业公开成本、价格等信息，提高市场透明度，便于消费者比较和选择。

三、市场结构的运用

第一，企业战略制定。在当今复杂多变的商业环境中，企业对市场结构的准确分析至关重要。通过深入研究市场结构，企业能够清晰地了解自身在市场所处的竞争态势，进而制定出适合自身发展的竞争策略。如果处于竞争激烈的环境中，企业可以选择差异化战略，通过不断创新产品或服务，在质量、性能、外观、服务等方面打造独特之处，吸引特定的消费群体，从而在市场中脱颖而出。当企业具备成本控制优势时，成本领先战略则是明智之选，通过优化生产流程、降低原材料成本、提高运营效率等方式，以较低的成本提供产品或服务，在价格竞争中占据优势。而对于那些资源有限的企业，集中化战略可以帮助其聚焦特定的细分市场，深入了解目标客户的需求，提供高度专业化的产品或服务，建立起牢固的市场地位。

第二，政府政策制定。政府在经济发展中扮演着重要的角色，而依据市场结构制定相关政策是确保经济健康运行的关键。不同的市场结构可能会导致不同的问题，政府需要有针对性地进行干预。在垄断市场中，由于单一企业掌握着市场的主导权，容易出现价格过高、产品质量下降等问题，损害消费者权益。此时，政府会通过价格管制措施，限制垄断企业的定价权，确保价格在合理范围内。同时，政府也可以通过引入竞争机制，鼓励新企业进入市场，打破垄断局面，促进市场的公平竞争。例如，在一些自然垄断行业，政府可以实行特许经营制度，引入多家企业竞争，提高行业效率。

第三，行业分析与预测。市场结构分析是行业研究和市场预测的基础。投资者、分析师通过对市场结构的深入研究，可以更好地判断行业发展趋势。在寡头垄断市场中，少数几家大企业的决策和行动对整个行业的发展具有重大影响。通过分析这些企业的战略布局、技术创新、市场份额变化等因素，投资者和分析师可以评估行业的竞争格局和发展前景。同时，市场结构分析也有助于评估投资风险与回报。在垄断市场中，虽然企业可能获得较高的利润，但也面临着政府监管和潜在竞争的风险。而在完全竞争市场中，企业的利润相对较低，但市场风险也相对较小。

第二节 收入分配及其运用

收入分配是指一个国家或地区在一定时期内，国民收入在不同经济主体之间的分配情况。它不仅关系到国家的经济发展，还影响着社会的稳定和公平。在社会主义市场经济中，公平的收入分配是实现共同富裕的关键。

一、收入分配的理论基础

第一，边际生产力理论。这一理论认为，收入分配取决于各类生产要素的边际生产力。换句话说，一个人或一个因素的收入与其在生产过程中所贡献的额外价值成正比。该理论主要用于解释劳动收入和资本收入的分配。

第二，人力资本理论。该理论认为，收入差异主要源于个体的人力资本差异，包括教育、技能、经验等。高水平的人力资本通常能够带来更高的收入，因为这些人可以提供更有价值的工作。

第三，市场结构理论。这个理论关注市场结构如何影响收入分配。例如，垄断或寡头垄断市场中的企业主往往能够获得比在竞争市场中更多的收入，因为他们可以控制价格或工资。

第四，制度理论。该理论强调制度和政策如何影响收入分配。例如，税收政策、社会福利政策和最低工资法律等都会对收入分配产生重要影响。

第五，公平理论。这种理论关注收入分配的公平性，讨论不同的分配机制如何实现公平和效率之间的平衡。包括福利经济学中的帕累托效率和社会福利函数等概念。

第六，收入分配的生命周期理论。这一理论认为，个体在不同生命周期阶段的收入和消费模式不同。人们可能在工作年龄积累财富，然后在退休后消耗这些财富。

二、收入分配的模式

第一，市场导向型分配。这种模式依赖于市场机制来决定收入分配。收入由市场力量决定，通常与个人的生产力、技能、经验以及市场需求密切相关。在这种模式下，收入差异反映不同职业和岗位的市场价值。

第二，政府干预型分配。在这种模式下，政府通过税收、福利和转移支付等手段介入收入分配，以减少贫富差距和提高社会福利。通过实施累进税制、社会保障、最低工资标准等政策，政府试图实现更加平等的收入分配。

第三，收入平衡性分配。这种模式强调通过社会政策和集体协商来平衡收入分配。包括工会谈判、收入再分配政策等措施，旨在缩小收入差距，实现相对平等的收入水平。

第四，公平优先型分配。这种模式注重公平性而不仅仅是效率。在这种模式下，收入分配不仅考虑市场价值，还会综合考虑公平原则，例如按需分配或按贡献分配。

第五，福利国家型分配。在福利国家模式下，国家承担了大量的社会福利职责，收入分配受到广泛的社会保障和福利政策影响。此模式通常包括健康保险、失业救济、退休金等，通过这些机制实现收入再分配，提供广泛的社会保障。

第六，合作型分配。这种模式强调合作和共同体利益。它通常在合作社或共同体经济体中运用，收入分配基于集体决策和共享成果，强调共同福利和团队贡献。

三、收入分配的衡量指标

第一，基尼系数。基尼系数是由意大利经济学家科拉多·基尼提出的，是用来衡量一个国家或地区收入分配平等程度的重要指标。其取值范围在0到1之间，0代表完全平等，1代表完全不平等。基尼系数越低，表示收入分配越平等。基尼系数的计算通常采用洛伦兹曲线的方法。洛伦兹曲线是将人口按收入由低到高排序，然后绘制出累计收入占比与累计人口占比之间的关系曲线。基尼系数即洛伦兹曲线与完全平等线（对角线）之间的面积与完全平等线下方三角形面积之比。我国政府高度重视基尼系数的监测与分析，国家统计局定期发布全国及各地区基尼系数数据，为政策制定提供依据。近年来，我国基尼系数呈现逐步下降的趋势，表明收入分配差距正在逐步缩小。

第二，洛伦兹曲线。洛伦兹曲线与基尼系数密切相关，通过图表形式直观地展现收入分配的不平等程度。在洛伦兹曲线图中，如果实际收入分配线越偏离对角线（即均等分配线），表示不平等程度越高。洛伦兹曲线可以进一步细分为多个部分，分别代表不同收入阶层的收入占比。通过对比不同年份或不同国家的洛伦兹曲线，人们可以了解收入分配状况的变化趋势。

第三，帕累托分布与帕累托系数。帕累托分布是一种描述收入分布的数学模型，其特点是一小部分人的收入占据了总收入的大部分。帕累托系数用于衡量收入分布的倾斜程度，系数越大，表示收入差距越大。在我国，帕累托分布和帕累托系数有助于人们关注高收入群体的收入占比，从而制定有针对性的税收政策和收入调节措施。

第四，库兹涅茨比率。库兹涅茨比率是收入最高的一定比例人口与收入最低的一定比例人口收入之比。这个指标可以直观地反映不同收入层次之间的差距。在我国，库兹涅茨比率的监测有助于政府了解收入分配的"两头"状况，进而采取措施缩小收入差距。

第五，泰尔指数。泰尔指数是一种可以分解为组内不平等和组间不平等的收入分配衡量指标。它适用于分析区域间或群体间的收入差异。泰尔指数为 0 时，代表完全平等。在我国，泰尔指数的应用有助于人们了解地区间、城乡间、行业间等不同群体间的收入差距，为政策制定提供参考。

第六，贫困率。贫困率是衡量收入分配公平性的一个重要指标，它反映收入低于贫困线的人口比例。我国政府高度重视贫困率的监测与治理，通过扶贫政策、社会保障等措施，努力降低贫困率。

第七，收入份额。收入份额是指不同收入群体在总收入中所占的比重。例如，最低收入 20% 人口所占有的收入份额，可以直观地反映这一群体的收入水平。通过对比不同收入群体的收入份额，人们可以了解收入分配的均衡程度。

四、收入变化对消费者均衡的影响

（一）收入—消费曲线

收入变化对消费者均衡的影响可以通过收入—消费曲线来解释。这个概念通常用于宏观经济学和微观经济学中，用来分析个体或整个社会的消费行为如何随着收入的变化而变化。

1. 收入—消费曲线的特征

（1）正斜率。通常情况下，收入—消费曲线呈正斜率，这表示随着收入的增加，消费也会增加。一般来说，这反映人们在有更多可支配收入时更愿意花钱购买更多的商品和服务。

（2）递增消费。曲线上的点表示不同的收入水平下的消费水平。随着收入的增加，消费点沿着曲线向右上方移动。

（3）非线性关系。尽管通常呈正斜率，但收入—消费曲线的形状可能会因个体或家庭的特定消费偏好而异。某些消费品可能会呈现更大的增长，而其他消费品则可能增长较小。

（4）消费函数。消费函数是收入和消费之间的函数关系。消费函数可以是线性的，也可以是非线性的，根据具体情况而变化。

2. 收入—消费曲线的解释

收入—消费曲线的斜率反映所谓的边际倾向消费（MPC）。MPC 表示当收入增加一单位时，消费增加的单位数量。收入—消费曲线的截距反映没有收入时的消费水平，也就是消费者的最低消费水平。

3. 消费者均衡点

消费者均衡点发生在曲线上，表示个体或家庭的消费与其收入匹配，使其感到最满足。在这一点上，MPC 等于 1，即每增加的收入都被用于消费，不会储蓄或债务。

总之，收入—消费曲线是经济学中的重要工具，用于解释消费者在不同经济条件下的消费行为。通过研究这个曲线，可以更好地理解消费者如何根据收入水平来调整他们的支出，并了解他们的储蓄和债务习惯。这有助于预测消费趋势，制定经济政策以及理解个体和家庭的财务决策。

（二）恩格尔曲线

恩格尔曲线是一种经济学工具，用于描述商品的需求如何随着个体或家庭收入的变化而变化。它是由德国经济学家恩斯特·恩格尔于 19 世纪提出的，并被用来分析消费者支出模式的经验规律。

1. 收入与需求的关系

恩格尔曲线研究的核心问题是，随着个体或家庭的收入水平提高，他们在各种商品和服务上的消费行为会如何变化。这一概念的关键在于，人们在不同经济状况下的消费偏好和模式可能会发生显著的变化。

在低收入水平时，个体或家庭通常会将大部分收入用于满足基本需求，如食品、住房和基本医疗保健。因此，在这个阶段，他们的支出主要集中在这些必需品上，而非生活中的奢侈品或高端服务。这种情况在恩格尔曲线上表现为支出在基本生活成本方面占据主导地位。

然而，随着个体或家庭的收入不断增加，他们开始有更多的自由来追求更广泛的消费选择。他们可能会增加对高品质食品、时尚商品、旅游和娱乐等奢侈品和服务的开支。这反映在恩格尔曲线上的一种趋势，即支出开始从基本需求向非必需品和高级服务领域转移。

这种消费模式的变化与国家或个体的经济增长密切相关。随着国家整体经济繁荣，人们的平均收入水平上升，整个社会的消费模式也会发生演变。这一理论对政策制定者、市场分析师和经济学家来说非常重要，因为它可以帮助他们预测和理解不同社会群体在不同经济情况下的消费行为，从而更好地制定市场策略和社会政策。总之，恩格尔曲线的研究提供了深刻的洞察，有助于解释人们如何随着财务状况的变化而改变他们的购买决策和消费方式。

2. 正常商品与劣质商品

根据恩格尔曲线的形状，商品可以分为正常商品和劣质商品，具体如下。

（1）正常商品。正常商品是指随着个体或家庭的收入增加，其需求也随之增加的商品。这意味着人们在经济状况改善时更愿意购买更多的正常商品。这些商品通常与高品质、高标准生活方式相关联，因为随着收入的增加，人们追求更好的品质和更多的选择。典型的正常商品包括：高品质食品和美食、高端电子设备和科技产品、品牌时尚和奢侈品、高质量的住房、高级旅游和休闲活动等。

（2）劣质商品。劣质商品是指随着个体或家庭的收入增加，其需求反而减少的商品。这表明随着经济状况的提高，人们更倾向于放弃购买劣质商品，转而选择更高质量的替代品。这可能是因为他们有了更多的财务余地，可以购买更好的产品，或者因为他们希望提高他们的生活质量。典型的劣质商品包括：廉价食品和快餐、低质量或二手商品、廉价服装和商品、廉价住房、基本生活必需品，如低档医疗服务。

3. 收入弹性

恩格尔曲线不仅有助于分类商品为正常商品和劣质商品,还提供了一种衡量收入弹性的方法。收入弹性是指商品需求对个体或家庭收入变化的敏感程度,具体来说,正常商品和劣质商品在这方面表现出截然不同的特征。

(1) 正常商品的收入弹性。正常商品的收入弹性是正的,这意味着随着个体或家庭的收入增加,对正常商品的需求也相应增加。这种正常的收入弹性反映人们在更高的收入水平下更愿意购买更多的正常商品。如果正常商品的需求在收入变化下增加的幅度大于收入的增加幅度,那么其收入弹性将大于1,表示这些商品对收入变化非常敏感。这种情况下,正常商品通常被视为奢侈品或高度可替代的商品。

(2) 劣质商品的收入弹性。劣质商品的收入弹性是负的,这意味着随着个体或家庭的收入增加,对劣质商品的需求会减少。这种负的收入弹性反映人们在更高的收入水平下更倾向于购买更高质量的替代品,而不再购买劣质商品。如果劣质商品的需求在收入变化下减少的幅度大于收入的增加幅度,那么其收入弹性将小于-1,表示这些商品对收入变化非常不敏感。这种情况下,劣质商品通常被视为次要选择或是低质量的商品。

了解商品的收入弹性对市场分析和政策制定至关重要。它可以帮助企业预测市场需求的变化,以及消费者如何响应价格和收入的变化。政府和政策制定者也可以利用这一信息来调整税收政策、社会福利计划和消费者保护政策,以更好地满足不同收入群体的需求,促进社会公平和经济稳定。总之,恩格尔曲线和商品的收入弹性是经济学中重要的工具,有助于深入理解消费行为和市场动态。

4. 曲线形状

恩格尔曲线的形状取决于具体商品的性质。不同商品的恩格尔曲线可能是凹形(对劣质商品)或凸形(对正常商品)。

5. 政策影响

政府和企业可以利用恩格尔曲线的信息来制定政策和市场战略。例如,对于发展中国家，随着经济增长，人们对高质量商品的需求可能会增加，这对于鼓励国内生产和提高产品质量可能有影响。

总之，恩格尔曲线是一种重要的工具，用于分析不同商品的需求如何随着收入变化而变化，以及商品是否正常或劣质。它有助于了解经济增长对消费模式的影响，并可以用于制定经济政策和市场营销策略。

五、收入分配不均的原因、影响与解决方案

（一）收入分配不均的原因

收入分配不均的原因复杂多样，涉及经济、社会、政策等多个层面。以下是对五个主要原因的详细分析。

第一，市场经济机制的作用。个人的能力、教育水平、工作经验等存在差异，导致在市场竞争中，不同人的收入水平也会有所不同。那些拥有更高技能、更多知识和经验的人往往能够获得更高的收入，而技能较低或缺乏竞争优势的人则可能面临收入较低的风险。市场供求关系的变化也会影响不同行业的收入水平，一些热门行业或岗位的收入往往高于其他行业或岗位。

第二，教育资源分配不均。教育资源分配不均，尤其是优质教育资源的稀缺和分布不均，导致不同地区、不同家庭背景的人接受教育的机会和质量存在显著差异。这种差异进一步加剧了收入分配的不均。那些能够接受优质教育的人往往能够获得更好的就业机会和更高的收入，而教育资源匮乏的人则可能面临就业困难和收入低下的困境。

第三，社会保障体系不完善。然而，在一些地区或国家，社会保障体系可能不够完善或存在漏洞，导致部分社会成员无法获得充分的保障。这些人在面临疾病、失业等风险时，往往难以维持基本生活，从而加剧了收入分配的不均。一些社会保障制度的设计也可能存在不合理之处，如养老金制度、医疗保险制度等，可能进一步拉大收入差距。

第四，政策因素。一些政策可能无意中加剧了收入分配的不均。例如，税收政策、财政补贴政策等，如果制定不当或执行不力，可能导致资源向某些人或群

体过度集中，从而拉大收入差距。一些地区或国家可能存在政策歧视或偏见，导致某些群体在就业、教育等方面受到不公平待遇，进而加剧了收入分配的不均。

第五，全球化与技术进步。然而，这两个因素也可能导致收入分配的不均。全球化使得资本、技术、信息等生产要素在全球范围内流动，加剧了国家之间、地区之间的经济差异。技术进步则可能导致某些行业或岗位的消失，同时创造出新的行业或岗位。然而，新行业或岗位往往对技能、知识等要求较高，导致部分人无法适应新的就业市场，从而面临收入下降的风险。

（二）收入分配不均的影响

第一，社会不稳定因素增加。收入分配不均会导致社会成员之间的贫富差距扩大，进而引发社会不满和矛盾。当一些人无法通过正当途径获得合理收入时，可能会采取非法手段或极端行为来寻求平衡，从而增加社会的不稳定因素。收入分配不均还可能导致社会阶层固化，使贫困家庭难以摆脱贫困状态，进一步加剧社会的不公平感和不满情绪。

第二，经济增长动力减弱。当收入差距过大时，低收入群体可能无法承担基本的消费支出，导致消费需求不足。同时，高收入群体可能更倾向于将资金用于储蓄或投资海外，而不是用于国内消费或投资。这会导致国内市场需求不足，进而制约经济的增长。收入分配不均还可能影响人力资源的配置效率，使一些有才华、有潜力的人才无法得到充分的利用，从而浪费社会资源。

第三，教育与医疗资源分配不均。当部分社会成员无法承担高昂的教育和医疗费用时，他们可能无法获得充分的教育和医疗保障。这会导致这些人在未来的就业和生活中面临更多的困难和挑战，进而加剧社会的不公平感和不满情绪。同时，教育与医疗资源分配的不均也会制约社会的整体发展水平和竞争力。

第四，社会价值观扭曲。当一些人通过不正当手段获得高额收入时，可能会引发其他人的嫉妒心理。这种心理可能导致一些人忽视道德和法律约束，追求短期利益而忽视长期价值。同时，收入分配不均还可能导致一些人产生消极情绪和挫败感，进而影响社会的整体氛围和凝聚力。

(三) 解决收入分配不均的方案

第一，完善市场机制与加强监管。建立健全的市场规则体系，保障市场竞争的公平性和有效性。同时，加大市场监管力度，打击不正当竞争和垄断行为，维护市场秩序和消费者权益。还可以通过税收政策、财政补贴等手段来调节市场收入分配，促进收入分配的公平性和合理性。

第二，加大教育资源投入与均衡分配。加大对教育的投入力度，提高教育质量和水平。同时，优化教育资源配置，确保不同地区、不同家庭背景的人都能获得公平的教育机会和优质的教育资源。还可以通过奖学金、助学金等手段来资助贫困学生完成学业，减轻他们的经济负担。

第三，完善社会保障体系与提高保障水平。建立健全的社会保障体系，包括养老保险、医疗保险、失业保险等制度，确保社会成员在面临风险时能够得到充分的保障。同时，提高社会保障水平，加大对低收入群体的补贴和救助力度，缩小收入差距并保障基本生活需求。

第四，优化政策设计与加大执行力度。制订科学合理的政策方案，确保政策能够真正惠及广大人民群众并促进收入分配的公平性和合理性。同时，加大政策执行力度，确保政策能够得到有效落实并取得实效。还需要建立健全的政策评估机制，及时发现和纠正政策执行中存在的问题和不足。

第五，推动全球化与技术进步的包容性发展。积极参与全球化进程并加强国际合作与交流，推动贸易和投资自由化、便利化。同时，加大技术创新和研发力度，提高自主创新能力并推动产业升级转型。还需要注重培养人才的创新能力和实践能力，为经济发展提供有力的人才支撑和智力支持。

思考与练习

1. 在垄断竞争市场中，企业通常会通过产品差异化来区分自己。这种差异化是否总是有益的？有没有可能因为过度差异化导致市场的不稳定？

2. 寡头垄断市场中的少数几个大型企业通常会相互竞争，同时也会合作。

这种竞争与合作之间的平衡如何影响市场的稳定性和消费者福祉？

3. 博弈理论被广泛用于分析企业和个体之间的策略互动。在一个垄断竞争市场中，企业如何使用博弈理论来制定价格策略，以获得最大的利润？

4. 信息不对称是博弈理论中的一个关键概念。在垄断竞争市场中，信息不对称可能导致市场不均衡和不公平的结果。如何改善信息不对称现状，以促进更公平的市场？

5. 在一个寡头垄断市场中，政府是否应该采取措施来监管市场，以确保竞争的公平性？如果是，那么应该采取什么样的监管措施？

6. 在垄断竞争市场中，广告和品牌建设是常见的策略。这些策略如何影响消费者的购买决策和市场的长期稳定性？是否存在过度广告的可能性？

第六章　国民收入核算与决定

第一节　国内生产总值概述

国内生产总值（Gross Domestic Product，GDP）是指在某一既定时期一个国家（或地区）内所生产的所有最终产品和服务的市场价值总额。GDP 是国民经济核算的核心指标，是衡量一个国家或地区总体经济状况的重要指标。①

一、GDP 的内涵

GDP 的内涵可以从以下三个方面进行理解。

（一）GDP 统计的是最终产品，而不是中间产品

最终产品（Final Products）是指可供人们直接消费或者使用的产品和服务，这部分产品已经到达生产的最后阶段，不能再作为原料或半成品投入其他产品和劳务的生产过程中去。与最终产品相对应的概念是中间产品（Intermediate Products）。

所谓中间产品是指作为生产投入品，不能直接使用和消费的产品和服务。GDP 只包括最终产品的价值。原因是中间产品的价值已经包括在最终产品的价格中了，中间产品不能计入，否则会造成重复计算。

需要说明的是，有些产品究竟属于中间产品还是属于最终产品，要根据它们的具体用途而定。根据不重复出售这个原则，一般把用作个人消费、投资、政府购买和出口的产品称为最终产品。

---

① 2024 年 7 月 15 日，国家统计局发布2024 年中国经济"半年报"指出：上半年中国国内生产总值（GDP）61.7 万亿元，同比增长 5.0%，运行总体平稳、稳中有进，新动能加快成长，高质量发展取得新进展。

(二) GDP 是市场价值

GDP 衡量了参与市场经济活动的各种最终产品的价值，这些价值都是用货币加以衡量的。产品的市场价值就是用这些最终产品的单位价格乘以产出量得出的。正因为衡量的是市场价值，所以家务劳动、自给自足性生产、非法交易等非市场活动不计入 GDP。

(三) GDP 是生产的最终产品和服务价值

第一，衡量经济规模和增长速度的重要性。国内生产总值直观地反映一个国家或地区的经济总量，是衡量经济规模的重要指标。通过比较不同时期的 GDP 数值，可以了解经济的增长速度，即经济发展的快慢。这对于政府制定经济政策、企业进行投资决策以及国际的经济比较都具有重要意义。GDP 的增长速度可以反映一个国家或地区的经济活力和潜力，为政府和企业提供决策依据。

第二，反映产业结构和经济发展阶段的作用。不同产业部门对 GDP 的贡献不同，通过分析 GDP 的产业构成，可以了解一个国家或地区的产业结构。例如，农业、工业和服务业在 GDP 中的比重可以反映该国家或地区的经济结构。同时，GDP 的增长模式也可以反映经济发展所处的阶段，例如，以工业为主导的经济增长和以服务业为主导的经济增长代表了不同的发展阶段。这些信息对于政府制定产业政策、调整经济结构以及推动经济转型升级具有重要的参考价值。

第三，评估经济福利和生活水平的意义。虽然 GDP 不能完全等同于经济福利和生活水平，但在一定程度上，较高的 GDP 通常意味着更多的物质财富和更好的生活条件。例如，较高的 GDP 可以支持更好的教育、医疗、基础设施等公共服务，以提高居民的生活质量。GDP 还可以作为衡量一个国家或地区居民消费能力和购买力的指标，从而间接反映居民的生活水平。因此，GDP 在评估经济福利和生活水平方面具有重要的参考价值。

第四，为政策制定提供依据的重要性。政府可以根据 GDP 的变化情况来制定宏观经济政策，例如，通过调整财政政策和货币政策来促进经济增长、稳定物价、增加就业等。同时，GDP 也可以作为评估政策效果的重要指标。例如，政府可以通过比较政策实施前后的 GDP 变化来评估政策的效果，从而调整和优化政策。GDP 还可以为政府释放经济发展的预警信号，帮助政府及时发现和解决经济问题，保持经济的稳定运行和可持续发展。

二、国内生产总值与国民生产总值（GNP）的比较

（一）国内生产总值与国民生产总值的相同点

第一，GDP 与 GNP 作用相同。两者均用以反映一国或地区当期创造的国民财富的价值总量，是衡量一国或地区经济规模的最重要的总量指标。通过计算 GDP 增长率或 GNP 增长率，可以衡量一国或地区经济增长速度的快慢；通过计算人均 GDP 或人均 GNP，可以衡量一国或地区经济发达的程度，或反映国民收入水平及生活水平的高低。

第二，GDP 与 GNP 价值构成相同。两者在价值构成上均表现为"增加值"。具体而言，无论是 GDP 还是 GNP，在计算过程中都剔除了生产过程中的中间投入，仅计算了新增加的价值部分。这种以"增加值"为核心的价值构成方式，使得 GDP 与 GNP 能够更为准确地反映出一国或地区在一定时期内经济活动的成果与效益。

（二）国内生产总值与国民生产总值的不同点

第一，二者计算口径不同。GDP 计算采用的是"国土原则"，即只要是在本国或该地区范围内生产或创造的价值，无论是外国人或是本国人创造的价值，均计入本国或该地区的 GDP。而 GNP 计算采用的是"国民原则"，即只要是本国或该地区居民，无论你在本国或该地区内，还是在外国或外地区所生产或创造的价值，均计入本国或该地区的 GNP。

第二，GDP 与 GNP 侧重点不同。在衡量国家经济活动时，其侧重点具有显著差异。具体而言，GDP 强调的是一国或地区在一定时期内通过生产活动所创造的增加值总和，它体现的是"生产"的概念，关注地域内的生产成果。相比之下，GNP 则更加注重国民所获得的原始收入，无论这些收入来源于国内还是国

外，它反映的是国民经济活动的最终收益。

三、国内生产总值在经济分析中的应用

国内生产总值在经济分析中具有广泛的应用价值，以下是一些具体的应用场景。

第一，经济增长分析。通过比较不同时期的 GDP 数据，可以分析经济增长的速度和趋势。经济学家通常使用 GDP 增长率来衡量经济增长的快慢，并通过分析增长率的波动情况来判断经济的周期性变化。还可以通过分析 GDP 的构成和产业结构，了解经济增长的动力来源和结构调整的方向。

第二，经济结构调整分析。通过比较不同产业部门的 GDP 占比和增长速度，可以了解产业结构的优化升级和新兴产业的发展情况。这对于政府制定产业政策、引导资源配置以及推动经济转型升级具有重要意义。

第三，收入分配分析。GDP 数据还可以用于分析收入分配的情况。通过计算不同收入群体的收入占比和增长速度，可以了解收入分配的格局和变化趋势。这对于政府制定税收政策、社会保障政策以及促进社会公平正义具有重要意义。

第四，国际比较与竞争力分析。GDP 数据是国际比较的重要基础。通过比较不同国家的 GDP 总量和人均 GDP 水平，可以了解各国之间的经济实力和发展差距。同时，还可以通过分析各国的产业结构、技术水平以及创新能力等信息，评估各国的国际竞争力和发展潜力。这对于政府制定对外经济政策、加强国际合作与竞争具有重要意义。

第二节　国内生产总值的核算

一、国内生产总值的计算方法

国内生产总值的计算通常采用三种方法：生产法、收入法和支出法。这三种方法从不同角度入手，但最终得出的 GDP 数值在理论上应保持一致。

（一）生产法

生产法是从生产的角度计算 GDP，即通过汇总各行业增加值来得到 GDP。增加值是指一个行业在生产过程中新创造的价值，等于该行业总产值减去中间投入。各行业增加值的总和即为 GDP。这种方法要求详细统计各行业的生产活动，包括农业、工业、建筑业、服务业等，并扣除重复计算的部分，如中间产品的价值。生产法的计算公式为：国内生产总值＝总产出－中间投入。

总产出是指一个产业部门在一定时期内生产的所有货物和服务的价值总和。中间投入是指在生产过程中消耗的非固定资产货物和服务的价值。

1. 生产法的计算步骤

（1）明确产业部门的划分。为了更好地理解和分析国民经济的结构，人们需要将整个国民经济划分为不同的产业部门。这些产业部门通常包括农业、工业、建筑业、服务业等主要领域。通过这种划分，人们可以更清晰地了解各个产业在经济中的地位和作用，从而为政策制定和经济管理提供依据。

（2）详细计算每个产业部门的总产出。为了全面了解国民经济的运行情况，人们需要对每个产业部门的总产出进行精确计算。总产出的计算方法并不是一成不变的，而是需要根据不同产业的特点和实际情况采用不同的计算方法。例如，在工业部门，总产出可以通过计算各种产品的产量并乘以相应产品的市场价格来得到；而在服务业部门，总产出的计算则可以通过统计服务收入的方式来实现。通过这些方法，人们可以获得每个产业部门的总产出数据，为进一步的经济分析提供基础。

（3）精确计算中间投入。为了准确评估各个产业部门的经济效益，人们需要计算每个产业部门在生产过程中消耗的非固定资产货物和服务的价值，这部分价值被称为中间投入。计算中间投入需要详细调查和统计各个企业在这方面的数据，包括原材料的采购、能源的消耗、服务费用的支出等。通过这些数据的收集和分析，人们可以得出每个产业部门在生产过程中实际消耗的中间投入价值，从而为后续的经济分析提供重要依据。

（4）准确计算国内生产总值。GDP 是衡量一个国家或地区在一定时期内生产活动总量的重要经济指标。为了得到准确的 GDP 数据，人们需要先计算各个产业部门的总产出，然后从中减去各自的中间投入，得到各个产业部门的增加值。增加值反映每个产业部门在生产过程中创造的新价值。最后，将所有产业部门的增加值相加，就可以得到整个国家或地区的国内生产总值。这个过程需要严谨的数据收集和计算，以确保 GDP 数据的准确性和可靠性。

2. 生产法的优点与局限性

生产法作为一种衡量 GDP 的方法，其显著优点在于能够精确地反映出各个产业部门在生产活动中的贡献，从而帮助人们更好地了解经济结构和产业发展的真实状况。通过这种方法，人们可以清晰地看到哪些产业在经济增长中起到了关键作用，哪些产业可能需要进一步的支持和发展。生产法在计算过程中所需的数据相对容易获取，计算步骤也较为简单明了，这使得它在实际操作中具有较高的可行性和便捷性。

然而，尽管生产法有其独特的优势，它也存在一些不容忽视的局限性。第一，生产法主要关注的是生产环节中的价值创造，而未能充分考虑到最终消费和投资等其他经济环节对 GDP 的影响。这意味着，仅依靠生产法得出的 GDP 数据可能无法全面反映整个经济体系的运行状况。第二，生产法在处理一些非市场性的生产活动时，如家庭劳动、自给自足的农业生产等，往往难以进行准确的量化和计算。这些活动虽然在国民经济中占有一定比重，但由于缺乏市场价格作为参考，它们在生产法的框架下难以被准确评估。第三，生产法的计算结果可能会受到价格波动的影响。由于总产出和中间投入的计算都涉及价格因素，因此在通货膨胀或通货紧缩的情况下，计算结果可能会出现偏差，从而影响到 GDP 数据的准确性和可靠性。

（二）收入法

收入法是从收入分配的角度计算 GDP，即根据生产要素（如劳动、资本、土地）在生产过程中所得的收入来推算 GDP。这些收入包括工资、租金、利息、利润等。将各生产要素的收入加总，并加上间接税和减去补贴，即可得到 GDP。收入法反映经济活动中各生产要素的贡献，有助于分析收入分配结构。其计算公式为：国内生产总值=劳动者报酬+生产税净额+固定资产折旧+营业盈余。

劳动者报酬是指劳动者因从事生产活动而获得的工资、奖金、津贴等收入。生产税净额是指生产单位因从事生产活动而向政府缴纳的生产税减去政府对生产单位的补贴后的余额。固定资产折旧是指固定资产在使用过程中由于磨损和老化而逐渐减少的价值。营业盈余是指企业在生产经营过程中获得的利润。

1. 收入法的计算步骤

（1）确定生产要素。收入法的计算需要确定参与生产活动的各个生产要素，主要包括劳动者、政府、企业等。

（2）计算劳动者报酬。劳动者报酬的计算可以通过调查企业的工资支出、社会保险费支出等方面的数据来得到。

（3）计算生产税净额。生产税包括增值税、消费税、营业税等；政府补贴包括价格补贴、亏损补贴等。

（4）计算固定资产折旧。固定资产折旧的计算可以采用直线折旧法、加速折旧法等方法。直线折旧法是指将固定资产的原值平均分摊到其使用寿命内，每年计提相同的折旧额；加速折旧法是指在固定资产使用寿命的前期计提较多的折旧额，后期计提较少的折旧额。

（5）计算营业盈余。营业盈余的计算可以通过企业的利润表来得到，即营业利润加上投资收益、补贴收入等减去营业外支出后的余额。

（6）计算国内生产总值。将劳动者报酬、生产税净额、固定资产折旧和营业盈余相加，即可得到国内生产总值。

2. 收入法的优点与局限性

收入法的优点在于能够反映各个生产要素在生产过程中的收入分配情况，有助于了解经济活动中的利益分配格局。收入法的计算数据相对稳定，不受价格波动的影响。

然而，收入法也存在一定的局限性。第一，收入法的计算过程比较复杂，需要获取大量的企业财务数据和政府统计数据。第二，收入法对于一些非法经济活动和地下经济活动，难以进行准确的计算。第三，收入法的计算结果可能会受到税收政策和会计制度的影响，因为生产税净额和营业盈余的计算都涉及税收和会计处理。

3. 按收入法计算国内生产总值的项目

（1）工资。工资包括工作薪酬、津贴、福利费、社会保险、养老金及个人所得税等。

（2）利息。利息是指居民将资金提供给企业等所得到的利息收入，如银行存款的利息、企业债券的利息等，但政府的公债利息被当作转移支付而不计入。

（3）租金收入。租金收入包括出租土地、房屋或物品使用权所得到的租金以及转让专利权和版权的收入。

（4）利润。利润由公司利润和非公司利润构成。公司利润指公司税前利润，包括企业所得税、股东红利、当年计提的盈余公积金及未分配的利润构成。非公司利润主要指非公司企业主收入，如医生、农民、小店铺主等个体从业者的收入。

（5）折旧。折旧是资本的损耗，不是生产要素的收入，但为维持原有资本存量是必须支出的，故应计入 GDP。

（6）间接税。企业支付的税金包括直接税和间接税。直接税（如企业所得税）不能转嫁，已包含在工资、利润中，故不重复计入 GDP。间接税是指税收负担不由纳税者本人承担的税种。这种税收名义上是对企业征收，但企业可以把它计入生产成本，最终转嫁到消费者身上，故也应视为成本。如对进出口商品征收的关税应由进出口商支付，但他可以把税收计入成本，通过提高价格把税收转嫁给消费者。尽管这些税收不是生产要素获得的收入，但却是消费该商品所必须支付的，因此应作为成本。

（7）误差调整。误差调整包括减去政府对企业的补贴、加上政府企业的盈余、加上企业的转移支付（如企业对非营利组织的慈善捐赠）以及加上（或减去）企业存货价值的调整，最后再对统计误差进行调整。

综上所述，按收入法核算的国民生产总值公式为：GDP＝工资+利息+租金+利润+折旧+间接税+误差调整。从理论上讲，用收入法计算出的 GDP 与用支出法计算出的 GDP 在量上是相等的。

(三) 支出法

支出法是从最终使用的角度计算 GDP，即根据经济活动中对商品和服务的最终需求来推算 GDP。这些最终需求包括消费、投资、政府支出和净出口。将这四个部分加总即可得到 GDP。支出法直接反映经济活动的最终成果，有助于分析经济增长的动力来源。

1. 支出法的计算步骤

（1）确定支出项目。支出法的计算需要确定消费支出、投资支出、政府购买支出和净出口等支出项目。

（2）计算消费支出。消费支出的计算可以通过调查居民和企业的消费行为来得到。居民消费支出包括食品、服装、住房、交通、娱乐等方面的支出；企业消费支出包括办公用品、设备维修、员工福利等方面的支出。

（3）计算投资支出。投资支出的计算可以通过调查企业的投资行为来得到。企业投资支出包括固定资产投资、存货投资等方面的支出。固定资产投资是指企业用于购买厂房、设备、土地等固定资产的支出；存货投资是指企业用于购买原材料、半成品、成品等存货的支出。

（4）计算政府购买支出。政府购买支出的计算可以通过政府的财政预算和支出报表来得到。政府购买支出包括政府用于购买商品和服务的支出，如办公用品、设备采购、公共服务等方面的支出。

（5）计算净出口。净出口的计算可以通过海关的进出口统计数据来得到。净出口等于出口减去进口，出口是指本国生产的产品和服务出口到国外的价值；进口是指本国从国外进口的产品和服务的价值。

（6）计算国内生产总值。将消费支出、投资支出、政府购买支出和净出口相加，即可得到国内生产总值。

2. 支出法的优点与局限性

支出法的优点在于能够反映整个社会对最终产品和服务的需求情况，有助于了解经济活动的最终目的和效果。支出法的计算数据相对容易获取，计算过程也比较简单。

然而，支出法也存在一定的局限性。第一，支出法只考虑了最终产品和服务的支出，而没有考虑到中间产品的生产和流通环节的影响。第二，支出法对于一些非市场性的支出，如政府转移支付、捐赠等，难以进行准确的计算。第三，支出法的计算结果可能会受到国际贸易政策和汇率波动的影响，因为净出口的计算涉及进出口贸易和汇率因素。

3. 支出法的构成

支出法又称最终产品法、产品支出法，它是从产品使用的角度出发，将一个国家（或地区）在一定时期内用于购买最终产品和服务所支出的货币加总起来计算国内生产总值的方法。在一国国民经济的实际运行中，社会经济对最终产品和服务的支出可以分为消费、投资、政府购买和净出口四部分。

（1）消费。消费通常用字母 C 表示，指本国居民对最终产品和服务的购买，包括耐用消费品（如彩电、冰箱、汽车等使用寿命较长的消费品）、非耐用消费品（如食品、衣服、汽油等使用寿命比较短的消费品）和服务（如医疗、理发、旅游等）。需要强调的是，以上都是指居民的个人消费，并且不包括购买新住房。

（2）投资。投资通常用字母 I 表示，指增加或更换资本资产的支出，即购买固定资产（厂房、设备）和存货的支出，包括家庭购买的新住房支出。资本资产之所以被视为最终产品而非中间产品是因为中间产品在生产其他的产品时全部被消耗掉，而资本物品在生产其他产品的过程中每年只是部分地被消耗掉。家庭购买的新住房属于投资而不属于消费，也是因为住宅的使用时间长，要慢慢地被消耗掉。企业存货是指企业存货的增加量，这种存货投资作为企业所有者的支出来计算，因此，存货生产就和最终产品一样增加了 GDP。但是，出售存货是正支出（购买）和负支出（存货负投资）的结合，因此不影响 GDP。

资本物品由于损耗造成的价值减少称为折旧。折旧不仅包括生产中资本物品的有形磨损，还包括资本老化带来的无形磨损。

（3）政府购买。政府购买通常用字母 G 表示，指各级政府购买产品和服务的支出，例如科教文卫费、行政管理费、国防费、公共安全、外交、公益事业支出等。这些政府购买的支出都要作为最终产品计入 GDP。

（4）净出口。净出口（NX）是出口与进口之差，通常用字母 X 代表出口，字母 M 代表进口，则 X-M 就代表净出口 NX。在计算消费支出、投资支出和政府购买时没有包括出口产品和服务，所以在计算 GDP 时应该加上；同样，在计算消费支出、投资支出和政府购买时已经包括了进口产品和服务的支出，所以在计算 GDP 时应该减去，即只有净出口额才被计入 GDP 中，且它可能为正值，也可能为负值。

综上所述，按支出法计算的国内生产总值为：国内生产总值＝消费+投资+政府购买+净出口，即 GDP＝C+I+G+(X-M)。

（四）部门法

部门法是按生产产品和提供服务的所有部门的产值来计算国内生产总值的方法。这种计算方法反映国内生产总值的来源，所以又称生产法。使用部门法计算 GDP 时要避免重复计算。各生产部门要把所使用的中间产品的产值扣除，只计算新增加的价值。一个企业产品的增值是该企业销售收入与中间产品价值之间的差额。

1. 部门法的计算步骤

（1）确定经济部门。部门法的计算需要将国民经济划分为不同的经济部门，如农业部门、工业部门、建筑业部门、服务业部门等。

（2）计算各部门增加值。对于每个经济部门，分别计算其增加值。增加值的计算方法可以采用生产法、收入法或支出法中的一种或多种方法。

（3）计算国内生产总值。将各个经济部门的增加值相加，即可得到国内生产总值。

2. 部门法的优点与局限性

部门法的优点在于能够综合考虑各个经济部门的生产活动对国内生产总值的贡献，有助于了解经济结构和部门发展状况。部门法的计算数据可以通过生产法、收入法和支出法等多种方法得到，数据来源比较广泛。

然而，部门法也存在一些局限性。第一，部门法的计算过程比较复杂，需要对各个经济部门进行详细的划分和计算。第二，部门法的计算结果可能会受到部门划分的准确性和数据来源的可靠性的影响。部门法的计算结果可能会与生产法、收入法和支出法的计算结果存在一定的差异，需要进行协调和统一。

二、国内生产总值的核算原则

第一，市场价值原则。国内生产总值核算的是最终产品和服务的市场价值。这意味着只有在市场上进行交易的产品和服务才被计入国内生产总值。市场价值是通过产品和服务的价格来衡量的，价格反映产品和服务的稀缺性和消费者的需求。

第二，最终产品原则。国内生产总值只计算最终产品的价值，而不计算中间产品的价值。最终产品是指直接供消费者使用或投资的产品和服务，而中间产品是指用于生产其他产品和服务的产品和服务。最终产品原则的目的是避免重复计算，因为中间产品的价值已经包含在最终产品的价值中。

第三，生产原则。国内生产总值是一定时期内生产的最终产品和服务的市场价值。这意味着国内生产总值只计算在该时期内生产的产品和服务，而不计算过去生产的产品和服务。生产原则的目的是确保国内生产总值反映经济活动的实际水平，而不是仅仅反映财富的积累。

第四，国土原则。国内生产总值是按照国土原则进行核算的，即只计算在本国境内生产的最终产品和服务的市场价值。这意味着本国企业在国外生产的产品和服务不计入国内生产总值，而外国企业在本国生产的产品和服务则计入国内生产总值。国土原则的目的是确保国内生产总值反映本国经济活动的实际水平，而不是全球经济活动的水平。

第五，时间原则。国内生产总值是按照一定时期进行核算的，通常是一年或一个季度。这意味着国内生产总值反映该时期内经济活动的总量，而不是某一时刻的经济活动水平。时间原则的目的是确保国内生产总值具有可比性，不同时期的国内生产总值可以进行比较，以反映经济的增长或衰退。

三、国内生产总值核算面临的挑战与建议

（一）国内生产总值核算面临的挑战

第一，统计误差。GDP的核算涉及大量的数据收集和处理工作，难免会存在

统计误差。统计误差可能来自数据来源的不准确、统计方法的不完善、统计人员的主观因素等。例如，一些小微企业和个体工商户可能没有被纳入统计范围，或者一些数据可能被高估或低估。

第二，价格波动。GDP 是以市场价格计算的，价格波动会对 GDP 的核算产生影响。在通货膨胀或通货紧缩时期，价格的变化会使 GDP 的实际增长情况难以准确反映。不同地区、不同行业的价格水平差异也会影响 GDP 的可比性。

第三，非市场活动难以准确计量。GDP 主要衡量的是市场活动的价值，但一些非市场活动，如家庭劳动、志愿服务、地下经济等，难以准确计量。这些非市场活动虽然没有通过市场交易，但对经济和社会发展也具有重要意义。

第四，环境和可持续发展问题。传统的 GDP 核算没有考虑经济活动对环境的影响和资源的消耗。随着人们对环境和可持续发展问题的关注日益增加，如何将环境因素纳入 GDP 核算体系，成为一个重要的挑战。

（二）改进国内生产总值核算的建议

第一，提高统计数据质量。加强统计基础工作，完善统计调查方法和指标体系，提高统计人员的业务素质和职业道德水平，减少统计误差。同时，利用现代信息技术，提高数据收集、处理和分析的效率和准确性。

第二，建立价格指数调整机制。针对价格波动问题，可以建立价格指数调整机制，对不同时期的 GDP 进行价格调整，以反映实际经济增长情况。还可以加强对价格水平的监测和分析，及时掌握价格变化趋势，为 GDP 核算提供准确的价格信息。

第三，探索非市场活动的计量方法。对于非市场活动，可以通过抽样调查、问卷调查等方法，收集相关数据，探索建立非市场活动的计量方法。例如，可以对家庭劳动的时间和价值进行估算，将其纳入 GDP 核算体系。

第四，推进绿色 GDP 核算。将环境因素纳入 GDP 核算体系，推进绿色 GDP 核算。可以通过建立环境资源账户，对自然资源的消耗和环境的污染进行计量，并将其从传统的 GDP 中扣除，得到绿色 GDP。这样可以更全面地反映经济活动的可持续性和对环境的影响。

第三节　简单的国民收入决定理论

国民收入（National Income，NI）是指一个国家（地区）在一定时期内生产产品和服务的各种生产要素（劳动、企业家才能、资本与土地）得到的全部收入，即工资、利润、利息和地租的总和。国民收入决定理论是宏观经济学的核心内容之一，它旨在研究一个国家或地区在一定时期内国民收入的水平及其变动的原因。简单的国民收入决定理论是在一系列假设条件下，对国民收入的决定进行初步分析，为进一步深入研究宏观经济问题奠定基础。该理论对于理解经济增长、失业、通货膨胀等宏观经济现象具有重要意义，同时也为政府制定经济政策提供理论依据。

一、简单国民收入决定理论的核心概念和基本假设

（一）核心概念

第一，国民收入。国民收入是指一个国家或地区在一定时期内（通常为一年）生产的最终产品和服务的市场价值总和。它反映一个国家或地区的经济总量和生产能力。

第二，消费。消费是指居民户在一定时期内对最终产品和服务的购买支出。消费是国民收入的重要组成部分，它的大小直接影响着国民收入的水平。

第三，投资。投资是指企业在一定时期内对资本品的购买支出。投资包括固定资产投资和存货投资，它是国民收入增长的重要动力。

第四，储蓄。储蓄是指居民户在一定时期内未用于消费的收入。储蓄可以转化为投资，从而促进国民收入的增长。

（二）基本假设

第一，经济中只有家庭和企业两个部门，不存在政府和对外贸易。

第二，价格水平不变。这意味着经济中的总供给曲线是水平的，总需求的变动只会引起国民收入的变动，而不会引起价格水平的变动。

第三，利率水平不变。在简单的国民收入决定理论中，假定利率水平是由货币市场的供求关系决定的，而在分析国民收入决定时，不考虑货币市场的因素，因此利率水平被视为不变。

第四，投资是外生变量。即投资不取决于国民收入和利率等经济变量，而是由外部因素决定的，如技术进步、企业家预期等。

二、简单国民收入决定理论的基本政策

第一，财政政策。财政政策是政府通过调整财政支出和税收来影响经济的政策手段。根据简单国民收入决定理论，政府可以通过增加政府支出或减少税收来刺激总需求，从而提高均衡国民收入水平。相反，政府可以通过减少政府支出或增加税收来抑制总需求，从而降低均衡国民收入水平。

第二，货币政策。货币政策是中央银行通过调整货币供应量和利率来影响经济的政策手段。在简单国民收入决定理论中，由于假设利率不变，货币政策对国民收入的影响较小。但是，如果人们放松利率不变的假设，货币政策可以通过影响利率来影响投资和消费，从而对国民收入产生影响。

第三，消费政策。消费政策是政府通过调整消费政策来影响消费支出和总需求的政策手段。政府可以通过提高消费者的收入、改善消费者的预期、提供消费信贷等方式来刺激消费支出，从而提高均衡国民收入水平。

三、简单国民收入决定理论的影响因素

第一，自发消费。自发消费是指不依赖于可支配收入的消费支出，它主要取决于消费者的偏好、习惯和预期等因素。自发消费的增加会直接导致总需求的增加，从而提高均衡国民收入水平。

第二，边际消费倾向。边际消费倾向是指每增加一单位可支配收入所引起的消费增加量。边际消费倾向越大，消费对可支配收入的变化就越敏感，总需求的增加也就越快，从而均衡国民收入水平也就越高。

第三，自发投资。自发投资是指不依赖于利率和其他经济变量的投资支出，它主要取决于企业的预期、技术进步和市场需求等因素。自发投资的增加会直接导致总需求的增加，从而提高均衡国民收入水平。

第四，政府支出。政府支出是指政府在购买商品和服务、转移支付等方面的支出。政府支出的增加会直接导致总需求的增加，从而提高均衡国民收入水平。

第五，税收。税收是政府从国民收入中征收的一部分收入。税收的增加会减少可支配收入，从而降低消费支出和总需求，进而降低均衡国民收入水平。

思考与练习

1. 国内生产总值（GDP）与国民生产总值（GNP）的区别是什么？
2. GDP 的三种计算方法（生产法、收入法和支出法）有何异同？
3. 简述乘数效应的原理及其在经济政策中的应用。
4. 如何理解并解释消费函数和投资函数在国民收入决定中的作用？
5. 财政政策和货币政策如何影响国民收入的决定？

第七章 宏观经济政策分析

第一节 宏观经济政策目标

宏观经济政策（Macro-economic Policy）是指国家或政府有意识有计划地运用一定的政策工具，调节控制宏观经济的运行，以达到一定的政策目标，主要包括财政政策和货币政策。宏观经济政策目标主要包括充分就业、物价稳定、经济增长和国际收支平衡。但是这些目标相互之间存在一定冲突，往往不能兼得。宏观经济学的最主要问题是如何保证经济在物价稳定的前提下沿着充分就业轨迹增长。

一、促进充分就业

充分就业是指包含劳动在内的一切生产要素都以愿意接受的价格参与生产活动的状态。

（一）充分就业的含义

第一，充分就业的概念强调在经济运行的过程中，除了那些由于个人选择或市场摩擦而产生的失业现象外，所有愿意接受当前市场工资水平的劳动力都能够找到合适的工作岗位。换句话说，充分就业的目标是消除非自愿失业，确保那些渴望工作却因为各种原因未能找到合适岗位的人群能够得到妥善的解决和安置。这意味着，政府和社会应当采取一系列措施，比如提供职业培训、增加公共就业服务、优化就业环境等，以帮助这部分人群重新融入劳动市场，找到适合自己的工作岗位。

第二，充分就业还意味着各种生产要素，尤其是劳动力资源，能够在愿意接受的价格水平上得到充分利用，从而实现资源的最优配置和高效利用。在这种状态下，所有的可用资源都能够得到充分利用，不存在资源闲置或浪费的情况，从而推动经济的持续健康发展。这不仅包括劳动力资源的充分利用，还包括资本、技术等其他生产要素的高效配置。只有当所有生产要素都得到合理利用时，经济才能实现最大化的产出，社会福利才能得到最大限度的提升。因此，政府和相关部门需要制定合理的经济政策，促进生产要素的流动和优化配置，以实现充分就业的目标。

（二）充分就业的重要性

第一，社会稳定的重要性。高失业率不仅会对个人生活造成严重影响，还会对整个社会的稳定产生负面影响。失业者可能会面临经济困境，导致心理压力增大，进而增加社会犯罪率。此外，长期失业还可能加剧社会矛盾，引发社会不满情绪，甚至导致社会动荡。相反，充分就业能够显著提高居民的收入水平，增强社会的稳定性。当大多数人都有稳定的工作和收入时，社会整体的和谐程度会提高，社会矛盾也会相应减少。

第二，经济效率的提升。充分利用劳动力资源是提高经济效率的关键因素之一。充分就业意味着劳动力市场上的每一个人都能找到合适的工作岗位，从而最大限度地发挥其潜力。当劳动力市场处于充分就业状态时，企业能够更容易地找到合适的员工，这不仅有助于提高企业的生产效率，还能促进整个经济的高效运转。此外，充分就业还能激发劳动力的创新潜力，推动技术进步和产业升级，从而进一步促进经济增长。

第三，消费需求的增加。就业者拥有稳定的收入来源，这将直接增强他们的消费能力。随着消费需求的增加，市场需求也会相应扩大，从而推动经济增长。消费是经济增长的重要驱动力之一，充分就业能够确保更多的人有能力进行消费，从而形成良性循环。当人们有稳定的收入时，他们不仅会增加日常消费，还会增加对教育、医疗、娱乐等领域的投入，进一步推动相关产业的发展。

（三）充分就业的实现途径

第一，财政政策。政府可以通过一系列扩张性的财政政策来刺激经济增长，从而创造更多的就业机会。这些政策包括增加公共支出和减少税收。例如，政府可以加大对基础设施建设的投资力度，这不仅能提升国家的基础设施水平，还能带动相关产业的发展，进而增加就业岗位。通过这样的措施，可以有效地促进经济的繁荣和就业市场的活跃。

第二，货币政策。中央银行可以通过实施扩张性的货币政策来刺激投资和消费，进而促进经济增长，增加就业机会。具体措施包括降低利率和增加货币供应量。降低利率可以降低借贷成本，鼓励企业和个人进行更多的投资和消费，从而推动经济增长。同时，增加货币供应量可以提高市场的流动性，进一步刺激经济活动，为更多人提供就业机会。

第三，产业政策。政府可以通过制定和实施产业政策来鼓励新兴产业和服务业的发展，从而创造更多的就业机会。这些政策可以包括提供税收优惠、财政补贴和研发支持等措施，以吸引企业和投资者进入这些领域。此外，政府还可以加强对劳动力的培训和教育，提高劳动力的素质和技能水平，增强其就业竞争力。通过这些措施，不仅可以促进新兴产业和服务业的发展，还能为社会提供更多高质量的就业机会，从而推动经济的持续增长。

二、维持物价稳定

物价稳定是指物价总水平的稳定。一般用价格指数来衡量一般价格水平的变化。价格稳定不是指每种商品价格的固定不变，也不是指价格总水平的固定不变，而是指价格指数的相对稳定。价格指数又分为消费物价指数（CPI），批发物价指数（PPI）和国民生产总值折算指数三种。物价稳定并不是通货膨胀率为零，而是允许保持一个低而稳定的通货膨胀率，所谓低，就是通货膨胀率在1%~3%，所谓稳定，是指在相当一段时期内能使通货膨胀率维持在大致相等的水平上。这种通货膨胀率能为社会所接受，对经济也不会产生不利的影响。

（一）物价稳定的重要性

第一，经济稳定。物价稳定可以保持经济的稳定运行，避免通货膨胀或通货紧缩对经济造成的不良影响。通货膨胀会导致货币贬值、物价上涨，降低居民的实际收入水平；通货紧缩会导致物价下跌、企业利润下降，增加失业风险。

第二，投资决策。物价稳定可以为企业和投资者提供稳定的预期，有利于他们做出合理的投资决策。如果物价波动较大，企业和投资者难以预测未来的成本和收益，会影响他们的投资积极性。

第三，社会公平。物价稳定可以保证不同收入群体的生活水平相对稳定，避免通货膨胀对低收入群体造成更大的冲击。

（二）物价稳定的实现途径

第一，货币政策。中央银行可以通过调整货币供应量、利率等手段来控制通货膨胀。当通货膨胀压力较大时，中央银行可以采取紧缩性货币政策，提高利率、减少货币供应量，抑制通货膨胀；当通货紧缩压力较大时，中央银行可以采取扩张性货币政策，降低利率、增加货币供应量，刺激经济增长，防止通货紧缩。

第二，财政政策。政府可以通过调整税收和支出政策来影响物价水平。例如，增加税收、减少支出等紧缩性财政政策可以抑制通货膨胀；减少税收、增加支出等扩张性财政政策可以刺激经济增长，防止通货紧缩。

第三，供给政策。政府可以通过提高生产效率、增加供给等方式来稳定物价水平。例如，加强科技创新、提高劳动生产率、降低生产成本等，可以增加商品和服务的供给，缓解通货膨胀压力。

三、实现经济增长

经济增长是指在一个特定时期内经济社会所生产的人均产量和人均收入的持续增长。

（一）经济增长的重要性

第一，提高生活水平。经济增长可以增加国家的财富和居民的收入水平，提高人民的生活质量。随着经济的增长，人们可以享受到更好的教育、医疗、住房等公共服务。

第二，增强国家实力。经济增长可以提高国家的综合实力，增强国家在国际上的竞争力。一个经济强大的国家可以在国际事务中发挥更大的作用，维护国家的利益和安全。

第三，解决社会问题。经济增长可以为解决社会问题提供物质基础。例如，通过经济增长可以增加就业机会、减少贫困、改善环境等。

（二）经济增长的实现途径

第一，投资。增加投资可以扩大生产规模、提高生产效率，促进经济增长。政府可以通过加大对基础设施建设、科技创新等领域的投资来带动经济增长。同时，鼓励私人投资也可以促进经济增长。

第二，消费。消费是经济增长的重要动力之一。政府可以通过提高居民收入水平、改善消费环境等方式来刺激消费，促进经济增长。

第三，出口。出口可以增加国家的外汇收入，促进经济增长。政府可以通过制定贸易政策、提高产品质量等方式来扩大出口。

第四，科技创新。科技创新可以提高生产效率、创造新的产品和提高服务，促进经济增长。政府可以加大对科技创新的投入，鼓励企业进行技术创新。

四、国际收支平衡

国际收支平衡的目标要求做到汇率稳定，外汇储备有所增加，进出口平衡。国际收支平衡不是消极地使一国在国际收支账户上经常收支和资本收支相抵，也不是消极地防止汇率变动、外汇储备变动，而是使一国外汇储备有所增加。适度增加外汇储备被看作是改善国际收支的基本标志。同时一国国际收支状况不仅反映这个国家的对外经济交往情况，还反映出该国经济的稳定程度。

（一）国际收支平衡的重要性

第一，经济稳定。国际收支不平衡会对经济稳定造成不良影响。如果一个国家的国际收支出现较大的逆差，可能会导致货币贬值、外汇储备减少、经济衰退等问题；如果一个国家的国际收支出现较大的顺差，可能会导致货币升值、通货膨胀、贸易摩擦等问题。

第二，资源配置。国际收支平衡可以促进资源的合理配置。通过国际贸易和国际投资，一个国家可以利用国际市场的资源和技术，提高资源的利用效率。

第三，国际合作。国际收支平衡有助于促进国际合作。一个国家的国际收支平衡状况会影响其在国际经济中的地位和影响力，也会影响其与其他国家的经济合作关系。

（二）国际收支平衡的实现途径

第一，贸易政策。政府可以通过调整贸易政策来改善国际收支状况。例如，采取出口鼓励政策、进口限制政策等可以减少贸易逆差；采取贸易自由化政策、扩大进口等可以减少贸易顺差。

第二，汇率政策。汇率的变动会影响一个国家的国际收支状况。政府可以通过调整汇率政策来调节国际收支。例如，当一个国家的国际收支出现逆差时，可以通过本币贬值来增加出口、减少进口，改善国际收支状况；当一个国家的国际收支出现顺差时，可以通过本币升值来减少出口、增加进口，改善国际收支状况。

第三，资本流动政策。政府可以通过调整资本流动政策来调节国际收支。例如，采取限制资本外流、鼓励资本流入等政策可以改善国际收支状况；采取放松资本管制、促进资本自由流动等政策可以提高资源的配置效率。

五、宏观经济政策目标之间的相互关系和潜在冲突

（一）相互关系

第一，充分就业与经济增长。经济增长可以创造更多的就业机会，促进充分就业；充分就业可以提高居民的收入水平，增加消费需求，推动经济增长。

第二，物价稳定与经济增长。在一定范围内，物价稳定可以为经济增长提供稳定的环境；经济增长可以提高生产效率，增加供给，缓解通货膨胀压力。

第三，国际收支平衡与经济增长。经济增长可以提高国家的综合实力，增强国际竞争力，有利于改善国际收支状况；国际收支平衡可以为经济增长提供稳定

的外部环境。

(二) 潜在冲突

第一，充分就业与物价稳定。为了实现充分就业，政府可能会采取扩张性的财政政策和货币政策，这可能会导致通货膨胀压力增大，影响物价稳定。

第二，物价稳定与经济增长。为了控制通货膨胀，政府可能会采取紧缩性的财政政策和货币政策，这可能会抑制经济增长。

第三，国际收支平衡与经济增长。为了改善国际收支状况，政府可能会采取限制进口、鼓励出口等政策，这可能会影响国内经济增长。

第二节 财政政策工具

一、财政政策的含义

财政政策是经济政策的重要组成部分，经济政策涉及的范围十分广泛。财政政策，通常指政府根据宏观经济规律的要求，为达到一定目标而制定的指导财政工作的基本措施、方针和准则。"财政政策作为重要的宏观调控政策，体现党和国家战略意图，具有鲜明导向性。"[1] 财政政策属于上层建筑，它是根据人们对财政经济规律的认识，在一定的理论指导下制定的。

第一，促进经济稳定增长。通过调整财政支出和税收政策，政府可以刺激或抑制总需求，从而影响经济增长速度。在经济衰退时期，政府可以采取扩张性财政政策，增加政府支出、减少税收，以刺激消费和投资，促进经济复苏；在经济过热时期，政府可以采取紧缩性财政政策，减少政府支出、增加税收，以抑制通货膨胀，稳定经济增长。

第二，实现充分就业。财政政策可以通过增加公共投资、提供就业培训等方

---

[1] 李洪孝,易澳妮,郭彦廷.全面提升积极的财政政策效能的建议[J].中国财政,2022,864(19):76.

式，创造更多的就业机会，降低失业率。同时，政府还可以通过税收优惠等政策，鼓励企业扩大生产规模，增加就业岗位。

第三，稳定物价水平。财政政策可以通过调整税收和政府支出，影响总需求和总供给，从而稳定物价水平。在通货膨胀时期，政府可以采取紧缩性财政政策，减少政府支出、增加税收，以抑制总需求，降低物价水平；在通货紧缩时期，政府可以采取扩张性财政政策，增加政府支出、减少税收，以刺激总需求，提高物价水平。

第四，实现国际收支平衡。国际收支平衡是指一个国家在一定时期内，国际收支的差额处于相对合理的范围内。财政政策可以通过调整关税、出口退税等贸易政策，影响进出口贸易，从而实现国际收支平衡。同时，政府还可以通过调整国内税收和政府支出，影响国内经济活动，间接影响国际收支平衡。

二、财政政策的工具及其效应

财政政策工具主要包括税收、购买性支出、转移性支出、国债和预算。

（一）税收

税收是国家（政府）公共财政最主要的收入形式和来源。税收的本质是国家为满足社会公共需要，凭借公共权力，按照法律所规定的标准和程序，参与国民收入分配，强制取得财政收入所形成的一种特殊分配关系。它体现了一定社会制度下国家与纳税人在征收、纳税的利益分配上的一种特定分配关系。

税收作为一种调节手段，一方面可以有力地调节社会总需求和总供给；另一方面通过所得税和财产税，调节个人收入和财富，实现公平分配。税收调节总供求的关系，主要通过自动稳定政策和相机抉择政策发挥作用。当经济繁荣时，国民收入增加，以国民收入为源泉的税收收入也会随之自动增加，相应减少个人可支配的收入，在一定程度上缓解轻需求过旺的压力。此时，如总需求仍然大于总供给，政府则采取"相机抉择"（指决策者根据经济形势灵活地进行政策调整，并且政策调控通常是逆周期的）的税收政策，或扩大税基，或提高税率，或减少税收优惠等。相反，当经济萧条时，税收收入会自动减少，相应地增加个人可支配的收入，在一定程度上缓解有效需求不足的矛盾，有利于经济恢复，此时，如果经济仍然不景气，可进一步采取缩小税基、降低税率或增加税收优惠等政策。

税收调节收入分配，主要通过累进所得税和财产税来实现。经济学家认为，收入再分配最直接的办法是推行高额累进税和高比例财产税，即对那些高收入者和拥有较多财产的家庭征收更多的税。这样，一方面减少了高收入者和富有者的收入与财富，另一方面还可以为低收入者或其家庭提供补助。

（二）购买性支出

购买性支出是政府利用国家资金购买商品和劳务的支出，这种支出对国民收入的形式和增加具有重要影响。增加购买支出，将直接增加个人收入，而个人收入增加的一部分将用于消费，使消费总量增加，消费的增加又引起国民收入的增加；反之亦然。

购买支出是进行需求管理的有效办法。当社会总需求明显超过总供给，通货膨胀压力加大时，政府削减购买支出，可直接减少需求；当社会总供给高于总需求，资源不能充分利用时，政府扩大购买支出，进行大规模采购，可直接增加需求。

政府的购买支出，从最终用途上看，可分为政府消费和政府投资两大部分。政府消费是为了保证政府履行管理职能花费的开支，如用于国防、外交、治安、行政管理以及文化、科学、教育、卫生等社会事业的财政支出。政府投资是由政府利用来源于税收或国债的资金，对市场机制难以有效进行资源配置的基础设施建设和事关国计民生的一些投资项目进行的投资。

（三）转移性支出

转移性支出，又称转移支付，这种做法是政府不直接到市场上进行购买，而是把财政资金转移到社会保障和财政补贴等方面，由接受转移资金的企业和个人去市场上购买商品和劳务，社会保障支付是将高收入阶层的一部分收入转移给低收入阶层。

财政补贴也是一种转移支付。它分为两大类：①生产性补贴；②消费性补贴。这两种补贴的政策效应各不相同。消费性补贴主要是对人民日常生活用品的价格补贴，直接增加消费者可支配的收入，鼓励消费者增加消费需求；生产性补贴主要是对生产者的特定生产投资活动的补贴，如生产资料价格补贴、投资补贴、利息补贴等，等同于为生产者减税，直接增加生产者的收入，从而提高生产者的投资和供给能力。

（四）国债

国债作为国家利用信用方式筹集财政收入的一种形式，对经济的影响主要体现为两种效应——流动性效应和利息率效应。

国债的流动性效应，是指通过调整国债期限结构和发行对象来改变国债的流动性程度，进而影响整个社会资金流动总量。一般来说，长期国债流动性低，短期国债流动性高。国债由金融机构认购，会通过扩大信贷规模而增加货币供应量；由非金融机构认购，只会引起资金使用权的转移，不会引起货币供应量的增加。因此，在经济萧条时，政府发行短期国债或针对金融机构发行国债，可扩大资金流通量，刺激投资和消费需求；在经济繁荣时，发行长期国债或针对社会公众发行国债，可减少资金流通量，减轻通货膨胀的压力。

国债的利息率效应，是指通过调整国债的利率水平和供求状况来影响金融市场利率变化，从而对经济产生扩张或抑制作用。国债的利率水平是资金市场的基准利率。在经济繁荣时，政府或直接调高国债利率，或抛售国债，使国债价格下跌，从而使利率水平上升，产生紧缩性效应。

（五）预算

预算是经法定程序审核批准的国家年度集中性财政收支计划。它规定国家财政收入的来源和数量、财政支出的各项用途和数量，反映着整个国家政策、政府活动的范围和方向。预算包含的内容不仅仅是预测，它还涉及有计划地巧妙处理所有变量，这些变量决定着公司未来努力达到某一有利地位的绩效。

预算作为一种政策工具，主要指中央预算。预算工具是通过年度财政收支计划的制订和调整来实现调节功能的，预算的调节功能主要体现在财政收支差额上。从总规模上讲，既定的财政收支规模可以决定民间部门可支配的收入规模，可以决定政府的生产性投资规模和消费总额，可以影响经济运行中的货币流通量，从而对整个社会的总需求和总供给产生重大影响。

预算有三种形态，即赤字预算、盈余预算和平衡预算，它们各具不同的调节功能。①赤字预算是一种扩张性财政政策；②盈余预算是一种紧缩性财政政策；③平衡预算通常是一种中性财政政策。在有效需求不足时，赤字预算可以对总需求的增长起到巨大的刺激作用；在总需求膨胀时，盈余预算可以对总需求的膨胀起到抑制作用；在总需求与总供给相适应时，平衡预算可以维持这种状态。预算政策对实现充分就业、稳定物价、促进经济增长等政策目标有重要作用。

三、积极财政政策的效应研究

（一）财政政策的经济增长效应研究

积极财政政策对我国区域经济增长存在正向的促进作用，对财政政策的经济增长效应的研究大致可以分为两类：①在理论框架的基础上，定性地分析财政收入与财政支出对经济增长的作用，提出适用我国未来发展方向的政策建议。②在定性研究的基础上对财政收支的经济增长效应进行定量分析，多数以国内生产总值为被解释变量，以财政政策指标为解释变量，通过计量模型考察财政政策变量是否对经济增长产生影响以及影响的方向和大小，以此为财政政策有效性的依据。

（二）财政政策的非线性效应研究

传统凯恩斯经济理论对财政支出和税收的作用进行了分析，认为社会有效需求不足导致失业，主张政府干预，采用扩张性财政政策以增加需求从而促进经济增长，主要手段是实行财政赤字，增加政府支出和减少税收。

除了具有凯恩斯效应外，还有非凯恩斯效应。即在一定条件下，扩张性（紧缩性）财政政策对经济变量不产生影响或者产生紧缩性（扩张性）影响。只有当政府政策完全随机、不可被预测时，政策才有效。因此，积极财政政策的实施并未实现拉动经济增长的目的，即产生非凯恩斯效应。

财政政策的非线性效应是指财政政策除了具有凯恩斯效应外，在有的时期内表现出非凯恩斯效应，即在一定条件下，扩张性（紧缩性）财政政策对经济变量不产生影响或者产生紧缩性（扩张性）影响。相关的经济研究人员或经济分析机构对财政政策非线性效应阶段的划分主要有两种方法，一是利用基本结构性预算余额、国债或公共消费等指标外生定义财政政策非线性效应的不同阶段；二是当财政政策变化较大且持续期较长时，政府消费、税收以及转移支付对私人消费的影响表现出非凯恩斯效应。在适度的债务水平下，财政政策具有传统的凯恩斯效应，当债务达到极端值时，财政赤字会产生紧缩效应。

中国的财政政策确实存在非线性效应，并认为该效应可能与预期和劳动力市场有关。在财政紧缩和扩张时期，政府消费、税收和转移支付均会对私人消费产生非凯恩斯效应，且财政紧缩时期出现非凯恩斯效应的可能性更大。目前对财政政策产生非线性效应的原因研究主要集中于两个方面：①需求方面，包括经济财富效应、经济主体对未来的预期、私人消费替代政府消费等。②供给方面，依赖于财政政策变化对经济产生供给冲击。

（三）积极财政政策的国债挤出效应

1. 国债挤出效应的含义

挤出效应是指一国政府在实行扩张性的财政政策，国债发行规模大幅增长，在社会资金总量一定的情况下，国债发行的增多会使得民间可贷资金供应量的减少，从而对民间投资产生挤出，削弱甚至抵消财政政策的有效性。

国债挤出效应的作用机制主要有两种：①通过资金供给渠道。②通过资金需求渠道。资金供给渠道主要是指国债急剧扩张导致政府与民间资本产生竞争，争夺有限的资金，资金使用权迅速向政府转移，资产组合结构发生变化，国债对民间投资产生强烈挤出。通过资金需求渠道主要是指国债发行规模扩张导致金融市场的利率水平升高，其他债券价格下跌，企业的借贷成本增加、投资收益率减小，在资本边际收益率不变的情况下，民间投资意愿降低，社会总融资规模缩减，最终导致资本市场整体均衡水平降低。

随着积极财政政策的不断实施,社会总需求不断增加的情况下,如果社会总供给不能相应地增加,市场供求就会失衡,通货紧缩就会演化成通货膨胀。国债发行在聚集了庞大的资金之后,非但没有达到刺激经济增长的目的,反而产生对资金使用的浪费。对民间投资可借贷资金的占用,使得国债产生特殊的挤出效应,根据目前我国商业银行的总资产额度及外汇储备数量,近期内即使出现了民间投资热潮,也会由于可贷资金的短缺抑制民间投资的活力,因此防范由于国债投资效率太低而出现的供给型挤出效应,是我国政府在实行积极财政政策时特别应当注意的问题,而且是一个需要长期注意的问题。

2. 积极财政政策中国债挤出效应的优化建议

(1) 加大对民间投资的支持力度。民间投资是衡量经济长期稳定增长中不可或缺的因素,也是近年来政府和社会高度关注的一个方面。

加大对民间投资的支持力度,激发民间投资的活力,尤其在社会经济活动相对低迷,或者民间投资对利率比较不敏感的时期,在实行以增发国债为主的积极财政政策的同时,更应该加大对民间投资的鼓励和支持力度,实行税收优惠政策等扶持性政策,利用货币政策对特定领域的民企进行资金引导,降低国债增发引起的挤出效应,

加大对国有企业的现代企业改革力度,积极进行混合所有制改革,引入多元化投资,完善国有经济的监督制度,提高国有企业的投资效率,持续破除民间资本进入竞争性领域的隐形障碍,在鼓励国有企业进行市场化竞争的同时,避免再使用国有企业投资和民间投资的歧视性政策,要赋予民营企业和国有企业平等的地位,在基础设施建设投资领域中积极引入民间资本,扩大民间资本在政府合作项目的投资比例,鼓励民间资本进入国家重点产业领域,培育民间资本在核心产业的竞争力,加大对民营企业的融资支持,充分调动民间资本的投资积极性。

深化投资领域的"放管服"改革,简化投资项目审批流程,缩短项目审批时间,切实解决民间投资在获取资源方面遇到的问题,尤其是土地、劳动力等方面,推广政府与社会资本合作模式在基础设施建设项目的应用,鼓励民间资本参与政府与社会资本合作项目,完善向民间资本推荐项目的长效机制,引导银行在有效防范风险的前提下,增加对民营企业的贷款规模,稳步开展不动产投资信托

基金在一些场景的试点工作，扩大有效投资，拓宽民间投资渠道，对冲民间资本面临公共风险，稳定民营企业的投资预期，确保既有政策行之有效。

（2）提高国债资金使用效率。提高国债资金使用的经济效率，就要加大国债投入在生产性支出的比重，尤其是对于基础设施和基础产业的建设投资，只有这样才能发挥出国债在财政政策中的杠杆作用，实现调整经济结构、优化资源配置的财政政策职能，为民间投资的长期稳定增长提供基础和条件。同时，为了更好地发挥国债资金对民间投资的引导作用，应当自始至终地贯彻我国对地区扶持政策，一如既往地着力于改善欠发达地区的投资和生产环境。对欠发达地区的投入体现了政策的公平性，但也应该注意侧重点，在保障西部地区资金投入规模的同时，兼顾东部地区的使用需求，公平和效率缺一不可，既要区别对待，又要确保重点，体现出财政政策的灵活性，提高国债资金使用的社会效益。同时，为了保障国债资金的使用效果，强化对国债资金的管理也是必不可少的，按照有偿使用的原则，透明化债务资金的发行和投向，实现对国有经济的保值和增值，否则就会产生资金使用的浪费，降低国债的使用效率。

（3）防范国债的规模风险。影响对民间投资的挤出效应的重要因素之一就是国债规模，而且随着时间的增长其影响会越来越大，国债规模的增长在一定程度上对社会总产出起到了拉动作用，但是只有适度的国债规模才能保障经济长期稳定增长的能力，过度依赖发行国债带动经济增长，会引发国债规模风险，增大对民间投资的挤出效应，甚至产生经济危机。防范国债规模风险在于控制国债规模在适度范围内，但是影响国债规模的因素比较复杂，除了对民间投资的挤出效应，经济增长率、财政规模、财政赤字率、居民收入和消费水平等也有很大的影响，各种影响因素之间互相存在一定的相关关系，很难展现出具体的清晰的规模量化过程。总体来说，首先国债规模应与国家经济发展水平相适应，衡量经济发展水平的一个重要指标就是国内生产总值，从历史数据来看，国债发行总值与政府举债规模存在正相关性，经济发展水平是制定国债发行规模限度的一个标尺。从社会生产力出发研究国债限度，以国内生产总值为重要指标，国债规模才会与社会经济发展水平相适应，才会实现国债规模的可持续性。从国债自身来说，政府的国债管理水平，国债期限结构、持有结构、利率结构，国债偿还方式和国债资金的使用效益也会影响到国债的规模。政府作为举债的主体，必须负起相应的责任，提升对国债的管理水平，强化自身的管理能力，国债负担率也会影响政府的信用状况，以及社会对政府的预期，只有政府管理国债的水平上升，才会提升国债资金的使用效率，使用效率上升，国债发行速度才会恢复到合理水平，国债发行规模也就得到控制。更进一步来说，只要政府使用国债资金产生"帕累托改进"的效果，那么国债的规模风险是可以忽略的，社会对政府形成良好预期，那么政府对国债的运作空间也就越大。

（4）完善宏观调控方式。我国国债自恢复发行至今，主要职能从单一地弥补财政预算赤字，发展成为宏观经济调控的重要组成部分，国债作为政策工具越来越受到重视。国债在宏观调控中发挥的作用不在于其能够聚集起庞大的资金，而在于能够对民间资本进行引导，带动市场经济的繁荣。

目前在我国积极财政政策大力实施的背景下，国债发行规模上升，扩大社会内需，配合以国内大循环为主体的发展格局，成为宏观经济平稳向好的"源头活水"。

为了淡化国债的挤出效应，最大化地发挥积极财政政策的作用，应该配合相应的货币政策，避免积极财政政策实施导致的利率过高，因此完善宏观调控方式，鼓励民间投资能够更好发展，做到财政政策和货币政策的松紧配合变得十分重要。

就我国当下的经济发展阶段和目前面临的状况而言，积极财政政策走向在一段时间内不会发生改变，那么为了配合积极财政政策，货币政策则以稳健为主，避免出现经济过热的情况，为了使积极财政政策和稳健货币政策更好配合，应更多运用非常规的货币政策工具，例如中期借贷便利、定向借贷便利、常备借贷便利等结构性货币政策工具，配合国债的发行和使用，发挥对民间投资的短期引导作用，减少民间投资的资金使用成本，同时应注意及时调整货币政策的走向，防止出现政策过紧而导致流动性过低，影响国债等利率债的发行，保持流动性合理充裕。

（5）全面地评价财政政策的效果。国债作为积极财政政策实施有力工具，其产生的经济效应也是作为评价其财政政策效果的重要标准，国债的经济增长效应反映积极财政政策的正面作用，而国债的挤出效应则表现了积极财政政策产生的负面作用，尤其是对于民间投资的排斥。

全面地评价财政政策要求比较这两种相反的效应，而不应该只看到某一方面的作用，如果是经济增长效应大于挤出效应，表明当前的积极财政政策可以继续实行；如果是挤出效应大于经济增长效应，那么就要考虑对当前的积极财政政策进行适当的调整。政府应该关注政策对于经济长期发展的实际作用，财政政策应该服务于宏观经济战略，同样国债的发行和使用也应该不止于眼前的经济效益，要有对公平性和可持续性的追求，这是在具体政策实践中必须高度重视的。

第三节 货币政策工具

货币政策是指中国人民银行为实现其特定的经济目标而采用的各种控制和调节货币供应量和信用量的方针、政策和措施的总称。货币政策的实质是国家根据不同时期的经济发展情况而采取紧、松等不同的政策，达到稳定物价、充分就业、促进经济增长和平衡国际收支等目的。

一、货币的地位与种类

（一）货币的地位

第一，商品交换的媒介。货币的首要地位体现在它作为商品交换的媒介，在没有货币的时代，人们只能通过物物交换来满足自己的需求，但这种方式效率低下且受到诸多限制。货币的出现使得商品交换更加便捷、高效，打破物物交换的时空限制，促进经济的发展和贸易的繁荣。

第二，价值储存的手段。货币还具有价值储存的功能，人们可以将自己的财富以货币的形式储存起来，以备未来之需。与实物资产相比，货币具有更高的流动性和便携性，使得人们能够更加灵活地管理自己的财富。

第三，计价单位的工具。货币作为计价单位，为各种商品和服务提供统一的价值衡量标准。这使得人们能够更加准确地比较不同商品和服务的价格，从而做出更加合理的消费和投资决策。同时，计价单位的功能也为经济统计和分析提供便利。

（二）货币的类型

第一，实物货币。实物货币是最早出现的货币形式，如贝壳、谷物、牲畜等。实物货币具有一定的内在价值，但其价值的稳定性和可分割性较差。随着经济的发展，实物货币逐渐被金属货币所取代。

第二，金属货币。金属货币以金、银、铜等贵金属为主要材料，具有较高的价值稳定性和可分割性。金属货币的出现促进了商品交换的进一步发展，但也存在着携带不便、易磨损等问题。

第三，纸币。纸币是由国家发行并强制流通的货币符号，它没有内在价值，但具有较高的便利性和流通性。纸币的出现降低了货币的生产成本和流通成本，提高了经济效率。然而，纸币的发行需要国家的信用支持，一旦国家信用出现问题，纸币的价值也会受到影响。

第四，电子货币。随着信息技术的发展，电子货币应运而生。电子货币是指以电子数据形式存储在银行或其他金融机构的账户中，并通过电子设备进行支付的货币形式。电子货币具有高效、便捷、安全等优点，已经成为现代经济中不可或缺的支付工具。

第五，虚拟货币。虚拟货币是一种基于互联网技术的新型货币形式，如比特币等。虚拟货币具有去中心化、匿名性等特点，但也存在着价值波动大、监管困难等问题。目前，虚拟货币的法律地位和监管政策在各国尚未统一，其发展前景仍存在较大的不确定性。

（三）货币种类演变的历程

第一，实物货币阶段。在人类经济发展的早期，实物货币如贝壳、谷物、牲畜等被广泛使用。这些实物货币具有一定的使用价值，能够满足人们在交换中的需求。然而，实物货币存在着价值不稳定、不易分割、难以储存和运输等问题，限制了经济的进一步发展。

第二，金属货币阶段。随着生产力的提高，金属货币逐渐取代了实物货币。金属货币如金、银、铜等具有较高的价值稳定性、可分割性和易储存性，促进商品交换和经济发展。金属货币的出现使得经济活动更加规范和有序，也为商业贸易的扩大提供了条件。

第三，纸币阶段。纸币由国家发行并强制流通，具有轻便、易携带、成本低等优点。纸币的使用极大地提高了货币的流通效率，降低了交易成本，促进了经济的快速发展。同时，纸币的发行也使得国家能够通过货币政策对经济进行宏观调控。

第四，电子货币阶段。随着信息技术的飞速发展，电子货币应运而生。电子货币具有高效、便捷、安全等特点，进一步提高了货币的流通效率，降低了交易成本。电子货币的出现也推动了电子商务的蓬勃发展，改变了人们的消费方式和生活方式。

第五，数字货币阶段。近年来，数字货币作为一种新兴的货币形式引起了广泛关注。数字货币基于区块链等技术，具有去中心化、匿名性、安全性高等特点。数字货币的出现为经济发展带来了新的机遇和挑战，可能会对传统金融体系产生重大影响。

（四）货币种类演变对经济的积极影响

第一，提高经济效率。货币种类的演变不断提高货币的流通效率，降低交易成本。从实物货币到金属货币，再到纸币、电子货币和数字货币，货币的形态越来越轻便、易携带，支付和结算方式也越来越便捷、高效。这使得经济活动更加顺畅，资源配置更加合理，提高经济效率。

第二，促进商业贸易发展。金属货币的出现使得商业贸易的范围得以扩大，纸币的使用进一步促进商业贸易的繁荣。电子货币和数字货币的出现则推动了电子商务的快速发展，打破了时空限制，使得商业贸易更加全球化、便捷化。

第三，推动金融创新。每一次货币形态的变革都伴随着金融机构、金融产品和金融服务的创新。例如，纸币的出现促使了银行的产生和发展，电子货币的出现推动电子支付、移动支付等新型支付方式的创新，数字货币的出现则可能引发金融体系的重大变革。

第四，增强国家宏观调控能力。国家可以通过控制货币供应量、调整利率等货币政策手段来调节经济运行，实现经济稳定增长、物价稳定、充分就业等目标。纸币的发行和电子货币的管理为国家宏观调控提供更加有力的工具。

二、货币政策工具的内容

货币政策工具是中央银行[①]为达到货币政策目标而采取的手段，主要包括法定存款准备金率、再贴现率和公开市场业务，俗称央行的"三大法宝"。

（一）法定存款准备金率

法定存款准备金率是指中央银行规定的商业银行必须持有的最低数量的准备金，由于货币乘数的大小取决于法定存款准备金率，因此，中央银行可以将其作为调节货币供应量的工具。当经济发展过热，中央银行认为需要减少货币供应量时，可以通过提高存款准备金率来实现。存款准备金率提高意味着商业银行必须向中央银行交存更多的准备金，商业银行用于发放贷款和投资的货币将会减少，货币供应量也随之减少；当经济出现衰退时，中央银行通过降低存款准备金率来增加货币供应量，进而刺激经济发展。存款准备金率降低意味着商业银行向中央银行交存的准备金变少了，商业银行用于发放贷款和投资的货币将会增加，货币供应量也随之增加。

被成熟市场经济视为"巨斧"的存款准备金率在我国频繁使用主要是由于以下四个方面的原因。

（1）流动性过剩。持续增长的外汇储备的背后，是由于当前贸易顺差不断扩大。由于贸易顺差持续存在，外汇流入不断增加，央行购汇并为此放出大量基础货币进行对冲，越发加剧了银行体系的流动性问题。

[①] 中央银行是现代金融体系的核心，中央银行的职能可以概括为三大部分：发行的银行、银行的银行和政府的银行。作为发行的银行，中央银行负责货币的发行和流通，确保货币政策的有效实施；作为银行的银行，它为其他金融机构提供流动性支持和结算服务；作为政府的银行，中央银行代理国库，为政府提供金融咨询和服务。

(2) 贸易顺差矛盾突出。高额的外汇储备一方面意味着我国具有充裕的国际支付能力；另一方面，与日俱增的中国外汇储备也为一些国家提供压制中国贸易的口实，可能会造成更多的贸易摩擦。

(3) 固定资产投资过热。我国投资过热的状况尽管不会导致严重通货膨胀的发生，但是这种投资增长不是经济结构调整带来的经济效益提高的结果。当前投资的增长所引起的生产能力提高并不能保证未来有效需求的相应提高，这将是非常危险的信号。并且投资过热还会导致资本对劳动的替代。

(4) 信贷规模激增。信贷规模高增长有来自宏观经济体的原因，也有来自商业银行体系的原因。此轮经济周期景气依旧，主要来自微观经济主体对于投资和消费的信贷需求巨大。同时股市投资需求也加大了这种信贷需求，企业或个人通过抵押贷款融出资金进入股市的规模不可小视。而当前商业银行资产整体流动性依然充足，由于信贷投放的基础较大，商业银行信贷投放的速度过快，在贷款需求增大的背景下，信贷高增速难以逆转。

(二) 再贴现率

再贴现率，是指企业将商业票据出售给银行时银行所收取的利率。在交易过程中，企业常以"应收账款"的形式为买方提供短期资金融通，即买方收取货物后暂不付款。实质上，这是卖方给予买方的一笔相当于货款的短期借款，借款期限通常为三个月、六个月等。买方会开具一张商业票据给卖方，票据上注明货款金额、付款日等信息，在卖方的会计分录中记为"应收票据"。若卖方在付款日之前急需资金，可将票据出售给银行，由银行在付款日向买方兑付，此行为称为"贴现"。银行购买该商业票据后，会将票面金额打一定折扣后支付给卖方（因票据未到期），银行实际付款与票面金额之差即为利息，此时银行相当于向卖方提供贷款，该贷款利息即为"贴现率"。所以，贴现率本质上是企业向银行贷款的利率。

若商业银行急需资金，可向中央银行借款，因为中央银行是"最后的贷款人"。再贴现是商业银行将企业卖给它的商业票据再次出售给中央银行。中央银行向商业银行提供贷款同样需收取利息，其利率即为"再贴现率"。因此，再贴现率是中央银行向商业银行贷款的利率。依据该利率，银行及其他金融机构可通过票据贴现的方式向中央银行借取准备金。

中央银行通过调整再贴现率来影响资金成本，进而调控流通中的货币供应量。当经济发展过热时，中央银行若认为需减少货币供应量，可通过提高再贴现率来实现。再贴现率提高意味着商业银行向中央银行借款的成本上升，商业银行会减少向中央银行借款。同时，商业银行再贷款给企业所收取的利率也会相应提高，从而缩小银行信贷规模，货币供应量随之减少。再贴现率降低意味着商业银行向中央银行借款的成本下降，这会促使商业银行增加向中央银行的借款数量。同时，商业银行也会降低再贷款给企业所收取的利率，从而扩大银行信贷规模，货币供应量随之增加。

（三）公开市场业务

公开市场业务是指中央银行在金融市场上以公开买卖有价证券（主要是外汇、政府证券、央行票据等）的方式放出或回收货币，进而调节货币供给量的行为。央行通过买卖有价证券，影响银行体系的准备金和货币市场的供求状况，从而影响货币供给量和利率水平。

中央银行通过向投资者出售有价证券使部分货币回笼，减少市场中的货币流通量；当经济出现衰退时，中央银行通过买入有价证券将货币投放到市场，增加货币供应量，进而刺激经济发展。中央银行买入有价证券会引起证券价格上升或利率下降，反之，中央银行出售有价证券会导致证券价格下降或利率上升。

公开市场业务是央行最主要的货币政策工具，因为运用这种政策手段能够比较准确而又及时地控制银行体系的准备金和货币供给量。相对于存款准备金率以及再贴现率，公开市场业务具有以下三个优点。

第一，主动性。中央银行可以充分控制操作规模，有较大的主动权，避免了贴现机制的"被动等待"。

第二，灵活性。中央银行多买少卖或多卖少买都是可以的，对货币供给量既可以进行"微调"，也可以进行各种不同幅度的调整，具有较大的弹性，避免了存款准备金率调整的震动效应。

第三，时效性。当中央银行发出购买或出售有价证券的意向时，只要公开市场处于开市状态，交易可以立即执行。公开市场业务还可以经常、连续地操作，必要时还可以逆向操作，即由买入转为卖出，使该项政策工具不会对整个金融市场造成太大的波动。目前，世界各国的货币政策主要都是通过公开市场业务来执行。

三、货币政策依托的金融制度

货币政策的运用是以一国的金融制度为框架的。要了解金融政策，必须了解包括银行、货币及金融市场在内的金融制度。金融制度是指一个国家通过法律、规章制度和货币政策等形式所确定的金融体系结构，以及组成这一体系的各个要素之间的职责分工、相互关系及其各自的行为规则。

（一）金融制度的构成

第一，金融制度是金融交易赖以进行的一种社会形式，它表现为一系列人们在金融交易过程中所应遵循的规则、秩序和规范。

第二，金融制度是一种"公共物品"，不具有排他性，可据此在一定程度上协调各方利益关系。

第三，金融制度本身不是独立存在的，必须有实际的承载体，比如金融机构、金融资产、中央银行和金融法规等。

第四，金融制度通过某些规则、惯例和组织安排，为金融交易提供激励和约束机制，界定选择空间，降低交易费用，并为金融交易关系提供必不可少的保障机制，使个体间的金融行为预期成为可能。

第五，金融制度的外延是金融体制，它包括金融交易关系的性质特征、金融组织状态、金融决策结构、信息传递方式、金融资源配置方式和金融调节方式等。换言之，金融制度是金融体制的框架，从根本上决定了金融体制和运行机制的性质特征和效率状况。

(二) 金融制度的政策功能

1. 配置功能

金融制度的首要功能在于促进社会资源配置、生产要素组合并提高其利用效率的经济功能。具体地说，它包括以下三个方面。

(1) 金融制度中的组织机构和金融资产能够将分散的货币资金集中起来，变闲散资金为生产资金，变储蓄资金为投资资金，从而有效地调节社会资金余缺和经济运行中的不平衡性，提高资金使用效率。

(2) 金融制度通过其各种融资方式和机制，可以实现短期资金长期化和长期资金短期化、变现化，这均能从根本上解决资金筹集者与出资者之间的长期固定性要求和短期流动性要求的矛盾，实现货币资本的优化配置。

(3) 金融制度所提供的竞争性市场组织可以通过其灵敏、复杂的价格机制和广泛的信息来源对投资机会、项目收益和企业效益等进行鉴别和筛选，从而将金融资源配置到生产性和高效益的部门中去。

2. 节约功能

金融制度的第二种功能是降低金融交易费用，金融制度提供的规则和惯例可以降低人们在金融交易中的利益冲突和讨价还价所造成的成本。

(1) 金融制度所提供的组织安排和金融工具可以节约人们在搜寻交易对象、收集信息以及检验金融商品数量和质量方面所花费的成本。

(2) 金融制度所提供的规则可以降低金融交易中的无序所造成的费用。

(3) 金融制度所提供的管理和调节机制可以降低宏观金融运行和金融风险所造成的损失或费用。随着金融市场的拓展，金融商品的不断创新，"虚拟经济"加大了市场的不确定性，增加了金融运行的费用，金融制度的功用之一便在于尽可能地降低市场的这种不确定性，约束个人和经济部门的投机行为。

3. 约束功能

金融制度所提供的旨在对金融交易活动中的机会主义行为倾向加以抑制的机制和组织。机会主义行为属于"分配性努力"而非"生产性努力"，如金融领域的投机行为，金融活动中的隐瞒行为，其行为结果不是增加而是分割金融资源。

积极的方式是通过一定的规则和组织方式来改变导致机会主义行为的环境条件。如在金融体系中引入竞争机制，减少政府的干预以及提高个人收益（成本）与社会收益（成本）的一致程度等，就不失为金融制度设计时应考虑的应对机会主义行为的有效方法。

4. 激励功能

金融制度的激励功能指金融制度所提供的规则或机能使金融活动主体达到一种状态。在这种状态下，它具有从事金融活动的内在动力。激励功能源于人们追求利益最大化的行为倾向和资源稀缺性，由此决定了金融制度激励功能的强弱主要与金融活动主体的努力与报酬的接近程度有关。如果特定金融制度具有较强的激励功能，即能够充分保护债权债务关系，并使金融活动主体的努力程度与报酬收益相对称，那么金融活动主体就会积极参与金融活动和创新，从而推动储蓄和投资的增长与金融资源的有效配置。反之无效率。

5. 稳定功能

金融制度同其他经济制度一样注重和谐与稳定问题。也就是说，金融制度的功能之一，在于设计与创造和谐稳定的秩序。如金融制度所提供的旨在协调人们利益冲突、约束人们金融行为的某些规范和惯例能够使金融活动主体对未来金融活动形成稳定的预期，至于金融制度中的中央银行制度则更是以维护金融秩序和金融运行的均衡状态为基本职责。

（三）金融制度的基本构架——银行体系

金融制度中最重要的是银行体系。一般来说，各国的银行体系包括中央银行、商业银行、政策性银行、专业银行和其他储蓄机构。

1. 中央银行

现代意义上的中央银行是人类文明理性的创造物。它是政府所属或者政府组建的一个机构，以代表国家控制全国金融体系。从历史的角度看，中央银行的形成有两种途径：①由商业银行演变而为中央银行；②由政府组建的中央银行。中央银行是代表国家管理金融的，从性质上讲完全不同于商业银行。中央银行不以营利为目的，并不经营商业银行的存贷款业务。

中央银行是作为政府的一个机构或者严重受控于政府，各国的中央银行履行着以下一些基本职能：

（1）代表国家发行货币，是一国唯一有货币发行权的机构。

（2）为国家财政服务，如作为政府的金融代理人，代理国库收支，对政府融通资金（包括贷款给政府及直接或间接地购买政府债券），作为政府财政支出的最后支持者等。

（3）保存商业银行的准备金。

（4）办理对各商业银行的融通资金业务，作为商业银行的最后融资者。

（5）主持全国各商业银行的清算业务。

（6）检查和监督各金融机构的业务活动。

（7）集中保管黄金和外汇，实施外汇管理制度。

（8）执行金融政策，运用金融工具调节经济。

归纳起来，中央银行作为国家的银行，行使管理全国金融的作用，作为银行的银行，指导与监督其他金融机构的活动。因此，央行是整个金融体系的核心。

2. 商业银行

商业银行是以营利为经营目的的银行，它的性质和一般的企业一样。商业银行不仅提供短期商业或周转资金，而且也融通长期资金，甚至直接投资，包销证券，参与企业决策与扩张，并在技术革新、地区选择、合并增资等方面提供财务方便和咨询。

现代商业银行从事吸收存款、发放贷款，代表客户进行结算等与金融业务相关的业务，以获取利润为经营目标。就各国的商业银行的不同组织类型来看，主要有以下四种类型。

（1）单元制。即每个商业银行都是独立的单位，业务完全由总行经营，不设分行。这样，全国就有相当数量的独立经营的银行。美国的商业银行多是这种类型。

（2）分支行制。即只有为数不多的独立的商业银行，每个银行都在国内外设立了许多分行或支行。目前英国的商业银行多采用这种形式。

（3）集团银行制，即由某一集团成立控股公司，再由该公司控制或收购两家以上的银行。美国以这种形式回避了对开设分行的限制。

（4）连锁银行制，即两家或两家以上银行在形式上是独立的，但实际上由同一集团所有并操纵。美国中西部地区银行多采取这种形式。就各国而言，商业银行主要是第二种形式。其他三种形式为美国独有。

3. 政策性银行、专业性银行及其他金融机构

在金融体系中除了中央银行和商业银行外，还有政策性银行、专业银行和其他金融机构。

（1）政策性银行。政策性银行如我国的"国家开发银行"和"国家进出口银行"。这类银行不完全以营利为目的，而是执行国家对一些行业和项目的资金支持任务。其他国家也都有以协助某一部门发展和融资的专业银行，如促进工业发展的工业银行，促进农业发展的农业银行，促进国际贸易和投资的进出口银行，协助房地产业的土地银行等。

（2）专业银行。专业银行是集中经营指定范围内的业务，并提供专门性的金融业务。主要包括：

第一，开发银行。为投资提供长期融资，这种银行不以营利为目的，多为国家或政府所办，有国际性的（如世界银行）、地区性（如亚洲开发银行）的与本国性的三种。

第二，投资银行。其业务与开发银行相似，但为私人经营的营利性企业，主要为工商企业代办发行与包销证券，安排中长期贷款，经营外币买卖与存贷，提供投资及财务咨询服务等，存款只吸收定期存款，贷款侧重于中长期贷款，并直接投资于工商企业和参与管理。

第三，储蓄银行。在美国称为互助储蓄银行，在英国称为信托储蓄银行。其业务主要是吸收中小储户的存款，贷款多限于不动产抵押贷款，投资对象则集中于政府公债。

（3）其他金融机构。其他金融机构，又称非银行金融机构，是指商业银行和专业银行以外的金融机构。主要包括：

第一，储蓄贷款协会，或建房贷款会社。作用在于集合会员的股份，用抵押贷款方式帮会员建房或购房。

第二，信用合作社。由其社员以股份形式集资，除对社员进行个人贷款外，还投资于不动产和政府公债。

第三，人寿保险公司。投保人投保的资金实际是一种长期储蓄，投保人在投保期死亡，家属可得赔偿，期满后本人可取回本金与利息。其资金大多投资于政府债券、企业证券、不动产抵押放款和保单贷款。

第四，退休及信托投资基金。退休基金多为政府及私人企业为其雇员所设，资金来自其成员交纳，成员可享受退休金，资金投资于公债、债券、不动产抵押、股票等。信托基金多由学校、教会、慈善机构、医院等团体及个人委托银行或其他金融机构管理，投资对象与退休基金类似。

第五，投资公司，汇合中小投资者的资金，分散投资于不同证券，以减少风险。其又分为股额不固定投资公司和股额固定投资公司。前者投资人可随时按公司资产净值向公司购入或卖出股份；后者只能在证券交易所转让，不能在公司及投资人之间直接交易。

第六，邮政储蓄局，利用分散于各地的邮局吸收小额储蓄，并向个人和公司提供支付和转账业务。

第七，财务公司，接受定期存款，经营耐用品租赁或分期付款销售业务。也有兼营外汇、联合贷款、包销证券、不动产抵押、财务与投资咨询等。非银行金融机构的功能与商业银行和其他专业银行一样，是为社会融资，把社会储蓄用于生产性投资。

中央银行、商业银行和其他专业银行与非银行金融机构共同组成了一国的银行或金融体系，是金融制度的基本组成部分。其中，中央银行处于整个金融体系的领导地位。货币金融政策正是通过这个金融体系来对经济发生作用的。

（四）现代金融基础——金融市场

金融市场，又称公开市场，是各种信用工具交易的场所，也是金融制度的一个组成部分。在金融政策工具的运用中，金融市场具有十分重要的作用。

金融市场分为货币市场与资本市场。

第一，货币市场。货币市场，又称短期证券市场，是短期信用工具与货币相交换的市场。其交易对象主要是短期政府债券，如国库券、商业票据（由公司签发的本票）、银行存单（由商业银行发行的可转让本票）等。货币市场的作用包括：①企业或政府可以迅速、廉价地为弥补短期赤字而筹集资金，或者把短期盈余用于投资。②银行与金融机构互相联结为一体，这样，每个银行的存款实际上成为全国信贷市场资金来源的一部分。③企业、政府和家庭通过这种市场调节周期性和季节性的资金赤字或盈余变化。

第二，资本市场。资本市场，又称长期市场，也是从事长期信用工具买卖的市场。其交易对象有：长期公债、政府和外国债券、股票，住宅抵押贷款单等。这种市场可以提供长期资金。

在金融市场上流动的金融工具或证券一般具有四个方面的特征：偿还期限、流动性或变现能力（随时可以变为现金）、本金安全、收益率。企业、各种金融机构、政府、个人都参与金融市场活动，或者为投资筹集资金，或者进行投资以获利。金融市场的活动把金融机构与其他经济体联系在一起，从而中央银行就可以通过金融市场来达到调节经济的目的。

四、货币政策的重要手段

货币政策就是中央银行改变货币供给量以影响国民收入和利率的政策。其中，所有导致货币量增加的政策，被称为扩张性货币政策，反之，则被称为紧缩性货币政策。

货币金融政策涉及货币量，或者说金融体系的信贷活动。中央银行所用的调节货币量或控制信贷活动的政策手段也就是金融政策的工具。这种政策工具如下。

（一）直接信用管制

这是中央银行对商业银行的信贷活动进行直接干预，通常有以下三种做法。

1. 直接行动

这是中央银行对商业银行信贷活动进行直接干预和控制。其具体做法包括以下四个方面。

（1）直接限制贷款额度，即在必要时规定商业银行的最高贷款额。

（2）直接干涉商业银行对活期存款的吸收，即对支票存款和活期存款的增加额另行规定准备金比率以限制信贷活动。

（3）对某些信贷活动不正当的商业银行进行惩罚，即当中央银行认为某商业银行违背了信贷政策时，可以拒绝提供贷款，拒绝融通资金的要求，或者给予贷款，但收取高于一般利率的惩罚性利率。

（4）规定各银行放款及投资方针。其分为两类：①资产项目的限制，如规定商业银行对不动产的投资限制。②贷款额度的限制，如对商业银行发放的中期贷款规定最高额度，对投资银行的股票投资、住宅融资规定最高额度的限制等。

2. 流动比率

流动比率是指中央银行为了限制商业银行创造信用货币的能力，除规定法定准备金外，还规定商业银行对其资产要维持某种程度的流动性。也就是以超额准备、银行互相拆借、国库券、可转让定期存单、银行承兑汇票、经短期期票交易商或银行保证的商业本票、公债或其他经中央银行核准的证券等形式持有一定比例的流动性资产。这种能较快变现的流动性资产与负债相比要占一定的比率，以保障存款人安全，并限制长期性贷款和投资。

3. 信用分配

信用分配是指中央银行根据经济状况对商业银行的资金用途进行分配，限制其信贷活动。其做法包括限制信用和分配信用。限制信用是中央银行拒绝商业银行的贷款申请，或给予贷款的同时规定其特殊用途。分配信用是按资金需求的缓急，将资金用于最急需的用途。一般在资金缺乏的国家有时采用这种方法。

（二）一般信用管制

一般信用管制是中央银行改变货币供给量的政策工具，主要包括以下三种做法。

1. 公开市场操作

公开市场业务是指中央银行在金融市场上公开买卖政府债券，以控制货币供给和利率的政策行为。其主要特征是主要依靠市场力量进行调节。当经济下滑时，中央银行可以通过买进政府债券，以增加商业银行存款，从而促使商业银行增加放款，并通过派生存款的作用，进一步增加市场上的货币流通量。同时，中央银行买进债券，也将导致债券价格上升，银行利率相对下降。市场货币流通量的增加也会改变货币供求关系，迫使利息下降，减轻投资者借款的负担，刺激投资意愿上升。在资金来源扩大、投资意愿上升的双重作用下，投资规模趋于扩大，社会总需求就会相应扩张。而当经济过度增长或通货膨胀时，中央银行则可以卖出政府债券，收回货币，从而达到抑制社会总需求的目的。

公开市场操作的优点表现在以下四个方面。

（1）中央银行能够随时根据金融市场的变化，通过经常性和连续性的公开市场操作，对货币供给量进行直接迅速地调节。法定存款准备金率的调整一般在短期内不可能连续地进行，而只要金融市场存在，中央银行就可以在市场上通过有价证券买卖的方式进行公开市场操作。

（2）在公开市场上，中央银行可以根据货币政策的要求，进行买卖有价证券，因而始终处于主动的地位。虽然法定存款准备金率的调整也可以使中央银行主动出击，但由于不是经常性的，中央银行的实际主动权有限。

（3）中央银行可以时刻根据经济形势的变化，连续地、灵活地买卖有价证券，来达到期望的基础货币的数量指标，即进行微调，使得货币供给量的变化不会对经济、金融发生强烈的冲击。

（4）具有很强的可逆转性。一旦发现所制定的政策有误，中央银行也可以相反的措施及时纠正。由于公开市场操作的连续性，不会给人们一种突然的感觉，从而避免金融市场的剧烈波动。

2. 再贴现率政策

（1）再贴现率是指商业银行向中央银行贷款时的利率。再贴现利率的作用体现在两个方面：①再贴现率是商业银行从中央银行贷款的成本，再贴现率降低，会促使商业银行增加向中央银行的贷款，从而增加基础货币的数量；反之，再贴现利率提高，会促使商业银行减少向中央银行的贷款，从而减少基础货币的数量。②再贴现率是中央银行货币政策的公告牌和晴雨表，它显示了货币政策的走势，因此商业银行的利率将随着再贴现率的升降而升降。

利率政策也是我国金融政策的重要组成部分，是金融政策实施的主要手段之一，是我国使用较多的政策工具。中国人民银行根据金融政策实施的需要，适时地运用利率工具，对利率水平和利率结构进行调整，进而影响社会资金供求状况，实现金融政策的既定目标。

（2）中国人民银行采用的利率工具。主要包括：①调整中央银行基准利率，包括：再贷款利率，指中国人民银行向金融机构发放再贷款所采用的利率；再贴现利率，指金融机构将所持有的已贴现票据向中国人民银行办理再贴现所采用的利率；超额存款准备金利率，指中央银行对金融机构交存的准备金中超过法定存款准备金水平的部分支付的利率。②调整金融机构法定存贷款利率。

（3）制定相关政策对各类利率结构和档次进行调整。今后随着金融机构改革和利率市场化的稳步推进，中国人民银行将不断扩大金融机构的利率定价自主权，完善利率管理，并通过中央银行的间接调控，引导利率进一步发挥优化金融资源配置和调控宏观经济运行的作用。

3. 银行存款准备金制度

银行存款准备金制度是中央银行要求商业银行等金融机构将其吸收存款的一定比例缴存中央银行，作为准备金以应对可能出现的风险和满足流动性需求的一种制度安排。银行存款准备金制度主要目的包括：首先，保证金融机构的支付和清算能力。当金融机构面临大量客户提款或资金结算需求时，准备金可以作为稳定的资金来源，确保支付的顺利进行。其次，调节货币供应量。中央银行通过调整存款准备金率，可以影响金融机构的可贷资金规模，进而对整个经济中的货币供应量进行调控。最后，防范金融风险。较高的准备金要求可以增强金融机构的抗风险能力，降低系统性风险发生的可能性。

（1）存款准备金率调控经济的原理。当经济滑坡时，中央银行可以降低存款准备金率，使商业银行上缴中央银行的准备金减少，从而扩大商业银行信用和增大货币供应量，使投资增加，促进经济复苏。当出现信用膨胀时，中央银行则可以提高存款准备金率，相应起到减少商业银行信贷供给、提高市场利率的作用，以抑制总需求，从而稳定市场的供求平衡。

（2）存款准备金制度的初始作用。存款准备金制度的初始作用是保证存款的支付和清算，之后才逐渐演变成为金融政策工具，中央银行通过调整存款准备金率，影响金融机构的信贷资金供应能力，从而间接调控货币供应量。中央银行在法定授权范围内，通过提高或降低存款准备金率来削弱或增强各银行的信贷能力，从而达到收缩或扩张信贷和货币供给的能力。

提高（或者降低）法定准备金率，实际上就是冻结（或解冻）商业银行的一部分超额准备金，从而在很大程度上限制（或加强）了商业银行体系创造派生存款的能力，进而减少（或增加）信贷和货币供给量。中央银行不仅在总量上通过法定准备金率可以控制货币供给，而且在结构上可利用存款准备金制度获得相当数量的资金，经过调剂分配，用于优先发展的部门或企业。

（3）存款准备金率的政策效果表现。具体包括以下内容。①法定准备金率通过货币乘数影响货币供给，因此即使准备金率调整的幅度很小，也会引起货币供应量的巨大波动。②即使存款准备金率维持不变，它也在很大程度上限制了商业银行体系创造派生存款的能力。③即使商业银行等存款机构由于种种原因持有超额准备金，法定存款准备金的调整也会发生效果。④具有法律的强制力，强化了中央银行的资金实力和监督金融机构的能力。

（4）我国实行的是差别存款准备金率制度。差别存款准备金率制度的主要内容是，金融机构适用的存款准备金率与其资本充足率、资产质量状况等指标挂钩。金融机构资本充足率越低、不良贷款比率越高，适用的存款准备金率就越高。实行差别存款准备金率制度可以制约资本充足率不足且资产质量不高的金融机构的贷款扩张，也为提高金融政策有效性奠定了基础。

（三）间接信用规制

间接信用规制指既非经济手段，又非行政手段，也没有法律约束的信用规制措施，包括以下三种做法。

1. 公开宣传

中央银行利用各种途径向金融界说明货币金融政策的内容和意义，求得各方面的配合和支持，从而使整个金融体系的活动按中央银行预期的方向发展。其方式有中央银行定期公布资产负债表，发表年报，公布信贷活动、金融市场和金融机构情况，以及财政、贸易、物价、经济发展趋势统计分析；中央银行负责人也可以利用记者招待会、学术演讲或其他公共集会，说明金融政策的内容、动向及其制定的依据等。

金融政策工具包括的内容十分丰富，有些属于经济手段，有些属于法律手段（即对制度约束的改变），有些属于行政手段。中央银行对金融政策的工具既包括对经济和金融的调控，也包括对金融的行政管理工作。这两者也是相关的，都是运用金融政策的内容。当然，各国所运用的金融政策工具及方式，以及采用政策工具的重点并不完全相同，但其基本原则是相同的。

2. 道义上的劝说

道义上的劝说，或称"窗口指导"，即中央银行向各主要银行分析经济形势，表明自己的立场，希望在不采取任何手段的情况下使各银行按中央银行的意图行事。这种方式无强制性约束力，能否发生作用取决于中央银行的权威性及与其他银行的合作程度，也取决于要说服的银行数量、说服的时机、内容、方式等因素。因为中央银行控制着各银行的业务与借贷，所以，这种道义上的劝说往往还是有效的。

3. 金融检查

中央银行代表政府从事金融管理，其中金融检查就是这种管理方式之一。金融检查有利于维护银行体系安全，也有利于加强金融控制。检查的主要内容包括：贷款偿还能力，付息、减息情况，呆账比例；业务体制是否科学合理，以及现金保管、业务处理能力；执行金融法规情况等。

（四）选择性信用管制

选择性信用管制的特点在于信用管制的对象是特定的，从而对某一部门所能使用的信贷量有很大影响,被称为"质的管制"。选择性信用管制包括消费信贷管理、证券投机的信用管理。

1. 消费信贷管理

消费信贷是商业银行为消费者分期付款所提供的信贷。中央银行也可以用对消费信贷的管理来调节经济。其管理方法包括:规定一次性交纳的定金数量和分期付款的期限。这种工具既可以影响总需求,又可以影响信贷活动。例如,在经济萧条时期,降低定金数量,延长分期付款期限,就会刺激消费增加,并扩大商业银行的信贷活动。通货膨胀时期采取提高定金数量,缩短分期付款期限,则有相反的作用。

2. 证券投机的信用管理

为了防止过度证券投机,中央银行对各商业银行办理的以证券为担保的贷款,有权随时规定保证金比率。保证金比率是证券购买者在购买证券时必须支付的现款比率,其余才可以向商业银行贷款支付。这种保证金又称"垫头",所以,这种金融政策工具也被称为"垫头规定"。

保证金比率越高,证券购买者要支付的现金就越多,可以向商业银行的贷款就越少。所以,这项政策工具不仅影响证券市场,而且也影响商业银行的信贷活动和货币量。提高保证金比率会使商业银行贷款减少,信贷活动紧缩,货币量减少,加之这还会压抑证券市场的投机活动,所以在通货膨胀严重时可以用这种方法。相反,当经济萧条时则可以降低保证金比率。

五、货币政策的调控效果和实践

(一)国外货币政策实践及对我国的启示

1. 英国的货币政策实践及对我国的启示

英国的货币政策由英格兰银行执行,其货币政策的最终目标主要包括稳定就业、平衡国际收支、经济增长和降低通胀四个目标。总体来看,在不同阶段其货币政策最终目标的侧重点有所不同。

中国人民银行在货币政策决策和操作时可以借鉴英格兰银行的做法，适当地增加货币政策的透明度，引导社会各界形成对货币政策的合理预期，当市场主体的预期与货币政策调控目标一致时，货币政策的调控效率和政策效果将显著提升。具体而言，可以建立中国人民银行与市场关于货币政策沟通的双向互动机制，有针对性地扩充货币政策沟通工具的种类，形成多元化的货币政策沟通方式，丰富沟通内容、提高沟通效率。同时，坚决贯彻以人民为中心的执政理念，增强公众获取信息的公平性，并保持中国人民银行的货币政策操作与其对外沟通的相互印证协同，进一步增强我国货币政策操作的规则性和透明度，实现对市场预期的有效管理和引导。

英国货币政策的有效实施还得益于其充分发挥了分支机构的调研能力，对中国货币政策的制定起到了极为有效的参考作用。作为央行派出机构，中国人民银行的分支行和英格兰银行的分支机构类似，能够较为方便准确地对货币政策在当地的调控效果进行调查研究，但是从总体上来看，各分支行在调研深度上还存在一定的不足。因此，我国可以参考英格兰银行分支机构的调查报告体系，在原有的调查内容基础上增添一套适合我国实际情况的评分系统，对调查的内容进行分级、评分，提高调查的深度和有效性，有利于中国人民银行更好地掌握我国实际经济形势的变化趋势和政策的调控效果。同时，还应不断提高中国人民银行分支机构参与货币政策制定的积极性，通过提升分支机构对决策制定的参与度来增强货币政策制定的科学性、准确性、适度性和有效性。

注意加强对于货币政策目标的明确，从英格兰银行货币政策中间目标的演变过程可以发现，货币政策中间目标的选择必须要基于经济金融基本面，经济金融发展程度决定了货币政策传导机制的成熟度，从而直接制约了货币政策最终目标的达成。因此，对于货币政策中间目标的选择及我国货币政策框架转型的步伐，必须充分考虑我国当前金融市场的发展现状及货币传导机制的完善程度。当前，我国国际收支更趋平衡，公开市场操作、中期借贷便利（MLF）及常备借贷便利（SLF）等成为中国人民银行向市场投放基础货币的主要工具，中国人民银行对市场流动性的供给和调控能力也显著增强，这也为我国加快推进货币政策从数量型规则为主向价格型规则为主转变创造了条件。

2. 德国和日本的货币政策实践及对我国的启示

从 20 世纪德国和日本的货币政策实践可以发现，富有弹性的汇率是我国应对外部冲击，平衡内部均衡和外部均衡的保证，只能通过不断深化人民币汇率形成机制改革，更大程度地发挥市场供求对汇率的调节作用，使汇率形成机制的弹性不断增强，才能充分发挥我国货币政策的调控作用，保持我国货币政策的独立性和自主性。

中国人民银行应不断深化汇率形成机制改革，发挥浮动汇率的"自动稳定器"功能，为我国货币政策的有效调控创造条件，实现中国经济的内外均衡。同时，从 20 世纪 90 年代德日两国的经济增速来看，宏观货币政策调控对经济增长过热的状况起到了很大的改善作用，但是日本过热时期经济增速大幅膨胀，导致其过热后经济增速回落波幅也较大。因此，中国人民银行在货币政策的执行过程中还要密切关注经济的运行状况，把握住货币政策的力度和时机，避免经济增长过热的情况发生。

对于我国而言，中国人民银行货币政策要主动有为，并根据宏观经济运行状况的变化适时进行调整，保持货币政策的灵活性和主动性。未来中国人民银行应继续健全货币政策和宏观审慎政策的双支柱调控体系，更好地将物价稳定和金融稳定结合起来，实现更广泛意义的价格稳定，并不断强化利率和汇率在优化资源配置中的决定性作用，推进金融治理体系和治理能力的现代化。

3. 欧元区的货币政策实践及对我国的启示

欧元区的货币政策将价格稳定作为首要任务，将货币分析和经济分析的决策方式贯穿欧元区货币政策的始终，主要采用间接调控利率的货币政策手段，取得了较好的调控效果。从欧元区货币政策的实践中可以发现，对于我国货币政策的制定和转型具有一定的启示作用。

提高中国人民银行的独立性，同时建立管理和引导公众预期的操作体系，加强中国人民银行与市场的沟通；我国在执行货币政策的微调时，可以借鉴欧央行的做法，让利率的调整更为平滑；对于我国而言，中国人民银行应高度重视对经济金融形势的监测、分析和研究，制定较为合理的产出和通货膨胀预期、减少经济预测值同实际值之间的差额，通过对货币政策的预调和微调来应对解决经济金融运行中的新情况、新问题，以此保证经济平稳增长。同时，通过货币政策操作公告，引导金融机构前瞻性做好自身流动性安排，实现货币政策的有效传导。

（二）中国货币政策调控效果的提升策略

1. 优化货币政策发挥作用的条件

优化货币政策发挥作用的条件是推动货币政策转型、破除结构问题制约进而提升货币政策调控效果的基础。

中国人民银行应推动形成足够深度和广度的金融市场，提高金融市场参与者的类型复杂程度和市场流动性，让收益率曲线的短端可以通过完善的金融市场传导至中长端。同时，逐步强化金融市场基准利率的基准作用，使货币政策可以通过市场化的利率体系传导至宏观经济，实现对通胀和产出的有效调控。因此，构建公开透明的现代货币政策预期管理机制，管理和引导公众形成货币政策合意的市场预期，能够使货币政策发挥更好的调控作用。

（1）推动形成足够深度和广度的金融市场。经过市场化金融改革和货币政策调控模式转型，我国金融市场具备了一定的深度和广度，市场资源配置作用有效发挥，精准服务实体经济力度提升，为货币政策的转型及其政策效果提升奠定了市场基础。我国应稳步推进金融市场开放，统筹利用"两个市场、两种资源"；同时，审慎推进金融产品的创新，有效丰富金融市场层次和交易工具，提高金融市场流动性；加快推进绿色金融发展，推动形成足够深度和广度的金融市场，让收益率曲线的短端可以通过完善的金融市场传导至中长端。

第一，稳步推进金融市场开放。金融市场开放是我国对外开放格局的重要组成部分，扩大金融市场对外开放有利于统筹利用"两个市场、两种资源"，这既是金融业自身发展的需要，也是实现经济高质量发展的内在要求。金融市场开放取消了对外金融机构市场准入方面的相关条件限制，更多的外资和外资机构得以有序地进入我国金融市场，呈现百花齐放的新格局。中国应稳步推进金融市场开放，大幅放宽外资金融机构准入，有序扩充市场参与主体类型。以开放促改革促发展，推动形成足够深度和广度的金融市场。同时，金融开放可以引入竞争机制，提升金融业整体服务水平，为经济主体提供多元化的金融服务，促进跨境贸易、跨境融资及跨境结算,推动金融业高质量发展。

第二,审慎推进金融产品的创新。金融产品的创新必须来自实体经济的发展需求,通过金融产品的不断创新满足经济主体日趋复杂的金融需求,提高金融市场的流动性,推动形成足够深度的金融市场。同时,金融产品的创新应注意丰富小微企业的融资渠道及普惠金融发展,提高金融服务的覆盖面,为各类经济主体提供有针对性的、定制化的、便捷的金融服务,推动形成足够广度的金融市场。因此,必须审慎推进金融产品的创新,把握好创新的边界,牢牢守住不发生系统性金融风险的底线。具体而言,要保证金融产品创新所产生的风险是在金融机构所能承受的范围之内,并提前设置严格的限制,避免风险的跨市场、跨行业、跨地区快速传播。

第三,加快推进绿色金融发展。金融服务实体经济是对金融的本质要求,可持续发展已经成为人类共同的梦想和奋斗目标,绿色金融必将在其中发挥重要作用。绿色金融旨在以金融支持绿色低碳转型,随着顶层设计与制度安排逐步清晰,发展绿色金融是推动形成足够深度和广度的金融市场的重要一环,进而实现中国人民银行碳减排支持工具的有效调控。当前,中国的金融市场以间接融资为主,绿色信贷在绿色金融体系中居于核心地位,国内银行应积极探索绿色信贷业务,同时提出自身运营方面的碳中和路线图,加快推进绿色金融发展。在推进绿色金融的过程中,也要注意金融风险的防控,牢牢守住不发生系统性金融风险的底线。

(2)逐步强化市场化利率体系的基准作用。利率市场化作为我国经济发展过程中最核心的改革之一,旨在发挥市场在利率形成中的决定性作用,不断扩大金融机构的利率定价自主权,推动利率成为调节经济的主要手段。中国人民银行应在充分考虑当前经济社会发展水平和金融市场发展程度的前提下,坚定不移地推进利率市场化改革。

在金融双向开放的背景下,建议放宽对境外机构进入我国国债市场的限制,允许境外投资银行、保险公司及养老金管理机构进入银行间债券市场。同时,进一步扩大国债担保品应用,通过国债资产使用效率的提升推动国债二级市场流动性的提高。完善国债二级市场做市机制,对国债做市商建立随卖制度,这在保障做市商头寸的同时，也提高国债现货市场的流动性。

（3）不断深化人民币汇率形成机制改革。在推动人民币汇率形成机制改革的过程中，中国人民银行始终遵循着渐进性和可控性的原则。因此，可以发现汇率形成机制的弹性程度决定了我国自主实施正常货币政策的空间及货币政策的效果；只能通过不断深化人民币汇率形成机制改革，更大程度地发挥市场供求对汇率的调节作用，使汇率机制的弹性不断增强，进而扩大我国自主实施正常货币政策的空间，提升货币政策的有效性。建议从以下四个方面着手，不断深化人民币汇率形成机制改革。

第一，增强人民币汇率弹性。中国人民银行应不断完善有管理的浮动汇率制度，在坚持以市场供求为基础的前提下，通过扩大汇率浮动区间等手段来提高人民币汇率的灵活性，并通过建立外汇一级交易商制度来完善人民币汇率的直接调控体系，增加人民币汇率的弹性。同时，积极推进国际收支平衡，逐步实现资本项目可兑换，不断提升市场在汇率形成中的作用，为货币政策发挥作用创造有利条件，实现货币政策的有效调控。

第二，完善人民币汇率中间价报价机制。"收盘汇率"可以更好地反映外汇市场的供求情况，"一篮子货币汇率变化"则可以在保证人民币汇率稳定的前提下为其提供较大的参考，通过上述二者结合而形成的新机制，能够有效地提高外汇市场的透明性和公开性，完善了人民币汇率中间价报价机制。但在人民币汇率中间价报价机制引入"一篮子货币汇率变化"实是降低市场供求在报价机制中的权重，是一种变相干预。因此，必须坚定不移地发挥市场在汇率形成中的决定性作用，逐步降低货币篮子在报价机制中的权重，加大市场决定汇率的力度，让汇率由市场供需决定，以发挥汇率的价格信号作用。

第三，促进人民币离岸市场建设。中国香港是我国与世界各经济体进行经贸往来的重要窗口，促进人民币离岸市场建设既推动中国香港国际金融中心的发展，也为境外主体获取和运用人民币提供重要平台，在我国资本项目未完全开放的条件下，有效防范了人民币跨境使用的有关风险，推动跨境贸易和投资的发展。未来，中国人民银行应积极探索推进人民币与新兴市场货币在银行间外汇市场挂牌交易，以及人民币合格境外机构投资者建设，促进人民币离岸市场的发展

和完善

第四,完善现行做市商制度。随着汇率形成机制市场化改革的推进,外汇市场参与主体逐渐多元化,其拥有的权利也不断增多,这就需要进一步完善外汇市场管理体制,更多地发挥市场参与者的自律作用,构建适应外汇市场发展的自律机制。同时,人民币汇率形成机制改革既要保持外汇市场的稳健高效,也要维持好外汇市场的公平规范,防止出现无序竞争,实现自律机制"自律"与监管部门"他律"的良性互动,引导资金有序流动、优化资源配置。自2006年1月,中国人民银行在银行间外汇市场引入做市商制度以来,做市商通过自身的买卖行为为外汇市场提供流动性,使中国人民银行对外汇市场的调控从直接调控转变为间接调控。因此,完善现行做市商制度,建立做市商的市场准入和淘汰机制,提升做市商的专业化水平和风险处理能力,深化人民币汇率形成机制改革,提高中国人民银行货币政策的灵活性和操作空间,增强货币政策的调控效果。

(4) 构建公开透明的现代货币政策预期管理机制。做好预期管理不仅是引导公众预期趋于理性预期,避免公众产生悲伤恐慌预期,更在于保持公众预期的稳定,避免因公众的预期波动引发经济金融的恶化。当前,中国人民银行不断提高货币政策的前瞻性,并通过完善常态化的货币政策沟通机制,及时回应市场关切,促进市场形成稳定预期,保持微观市场主体经济行为和宏观政策目标的一致性;我国货币政策预期管理取得明显成效。但受制于我国货币政策的透明度和前瞻性及沟通战略的匮乏,中国人民银行在管理和引导公众预期方面还有较大进步空间。

第一,切实提高货币政策的透明度及前瞻性。切实提高货币政策的透明度及前瞻性,实现央行沟通的公开透明。中国人民银行应逐步收敛过多的货币政策最终目标,公布货币政策决策的过程及依据,切实提高货币政策的目标透明及决策透明,推动公众形成货币政策合意的市场预期。中国人民银行应在与市场的常态化沟通中突出前瞻性内容,同时通过多元化的货币政策沟通方式,让公众更好地接受、理解中国人民银行公布的前瞻性内容。

第二,灵活运用沟通的策略与技巧。灵活运用中央银行沟通的策略与技巧,建立多层次央行沟通方式与渠道体系。①中国人民银行应提升与市场沟通的策略和技巧。②虽然现阶段我国民众的文化水平有了明显提升，也可通过多种渠道公平地获取货币政策的相关信息，但中国人民银行沟通语言阅读的门槛较高，专业性较强，普通民众难以准确理解中国人民银行的沟通内容。因此，这就需要有效发挥新闻媒体及专家学者的渠道作用，通过专家学者的有效解读和新闻媒体的广泛传播，让普通民众及时有效地理解当前货币政策的最新动态和核心内容，从而保证普通民众预期与货币政策目标的一致性。不同的社会群体对货币政策的关注点不同，这就需要中国人民银行建立多层次的沟通方式，实现与市场的有效沟通。

第三，提高沟通水平和质量。中国人民银行的沟通水平和质量是构建公开透明的现代货币政策预期管理机制的重要一环。①在中国人民银行与公众的沟通中，应遵循审慎的原则，管理好沟通内容，保证向公众发布的内容是准确的、真实的、清晰的，且保持中央银行货币政策操作与对外沟通相互印证协同，做到"言行一致"。②中国人民银行的沟通既可以影响货币数量变量，也可通过利率和汇率等价格变量作用于宏观经济。因此，中国人民银行应不断提升其沟通水平，选择合适的方式及恰当的时机，提升沟通的效率和质量。中国人民银行应设立专门的中央银行沟通机构，收集市场关切问题及公众对央行沟通的反馈意见，以及时回应市场关切，并根据公众反馈意见对央行沟通效果进行评估，进而改进中国人民银行沟通的方式及渠道，提升沟通质量。

2. 推动以利率为主的价格规则转型

推动货币政策向以利率为主的价格规则转型能够让完善的金融市场、市场化的利率体系、充分弹性的汇率机制及有效的预期管理更好地发挥作用，同时也能推动结构问题的解决，有着更好的调控效果。

从发达经济体的货币政策实践来看，随着金融市场的快速发展和金融创新的加快，货币当局对于货币供应的控制及度量都变得越发困难，货币供应量与宏观经济变量之间的相关性也显著弱化。因此，为更好地发挥货币政策的调控作用，应推动货币政策工具从数量工具为主向价格工具为主转型，不断深化利率市场化改革，建立起中国人民银行有效引导和调控市场利率的政策操作框架。价格规则与预期管理紧密相连，引导公众对利率变动做出理性反应是推动货币政策向以利率为主的价格规则转型的重点所在。

第一，从数量工具为主向价格工具为主转型。随着金融创新的加快、"金融脱媒"的迅猛发展及货币创造渠道的不断丰富，货币供应量指标的可测性、可控性不断下降，同经济活动之间的联系也不断减弱；金融创新导致货币需求变得难以预测，对货币供应量的规则操作反而会引发利率的大幅波动。因此，中国人民银行在货币政策工具的选择上，应在统筹使用价格工具和数量工具的同时，逐步提升价格工具的使用频率和关注程度。

第二，完善利率调控与传导机制。完善的利率调控与传导机制，是推动货币政策转型的关键所在。一方面，不断深化利率市场化改革，建立起中国人民银行有效引导和调控市场利率的政策操作框架，使中国人民银行可以运用公开市场操作等货币政策工具保持市场基准利率围绕政策利率在一定范围内平稳运行，进而向其他品种和期限的利率传导，实现对宏观经济的有效调控。另一方面，逐步放开对存贷款利率的各项管制，提升金融机构利率定价能力，坚决打破存贷款利率隐形上下限，提高存贷款利率对市场利率变动的敏感度，实现市场利率和存贷款利率的有效并轨，提高利率传导效率。

第三，引导公众对利率变动做出理性反应。中国人民银行应重视提高引导公众对利率变动做出理性预期的相关市场沟通，通过多渠道、多方式、多主体向公众公告如何理解判断利率变动，必要时可通过中国人民银行行长的公开发言，来引导公众对利率变动做出理性反应。

在信息化时代，信息传输速度明显加快，利率变动信息很快就能进入公众视野，故中国人民银行应及时就利率变动向公众传递相关信息，避免沟通的时滞性，引导公众及时对利率变动做出理性反应。

3. 破除制约货币政策调控效果的结构问题

为了实现货币政策的转型，使货币政策充分发挥政策调控作用，还需破除结构问题制约。通过优化货币政策发挥作用的条件，推动货币政策向以利率为主的价格规则转型，能够显著提升货币政策的调控效果，但要使货币政策充分发挥政策调控作用，还需破除结构问题制约。

（1）重构国民经济微观基础。优化货币政策发挥作用的条件及推动货币政向以利率为主的价格规则转型是货币政策充分发挥政策调控作用的必要条件，但要使货币政策充分发挥政策调控作用还需重构国民经济微观基础，整顿好地方融资平台及房地产等经济扭曲部门，化解预算软约束，打破刚性兑付，提升微观主体的利率敏感度，畅通利率的调控和传导机制，促使资金流入以制造业为代表的实体经济。

第一，全面加快推进深水区的各项改革，通过完善房地产市场调控及整顿地方融资平台，破除经济扭曲部门的超额利润和政府隐性担保，抑制扭曲部门信贷需求的非理性扩张，充分发挥市场在资源配置中的决定性作用，打通利率传导机制"最后一千米"，保持市场利率平稳波动，提高投资效率。

第二，科学合理设置地方政府债务规模，积极推进国有企业开展股权多元化改革，妥善处置预算软约束问题，建立各级政府融资偿付良性互动融通机制，减少地方政府对当地金融机构的过度干预，进而去除由预算软约束而形成的金融机构刚性货币需求，充分发挥利率对资源配置的引导及经济运行的调节作用。

第三，增强地方政府服务职能，减少管理职能，多元化官员选拔和晋升指标，压实地方政府官员风险处置责任，推动经济发展从投资型增长向消费型增长转变，弱化政府行为对经济周期的影响，培育好中国货币政策实施的现实土壤，实现货币政策的有效调控。

（2）发挥结构性货币政策工具调控作用。相比总量型货币政策工具，结构性货币政策工具在支持经济结构调整和转型升级方面发挥着重要作用，建立了对金融机构的正向激励机制，改善了小微企业、民营企业及制造业等的融资环境。同时，结构性货币政策工具通过向金融机构提供低成本的资金，满足了小微企业、民营企业及制造业等的融资需求，有效提升了货币政策的精准性。结构性货币政策工具释放了大量专项流动性给金融机构，进而定向调节金融机构的流动性，发挥了对利率的引导作用，疏通了货币政策传导渠道，降低小微企业、民营企业及制造业等的融资成本。结构性货币政策工具的成功实践，撬动了金融资源的社会效益和经济效益，使货币政策发挥更好的调控作用，但对于结构性货币政策工具的运用也存在一些不足，为此提出以下两点政策建议。

第一，不同的结构性货币政策工具具备不同的功能，中国人民银行应加大结构性货币政策工具的运用力度，保持结构性货币政策实施规模合理增长，降低社会融资成本，实现对国民经济重点领域和薄弱环节的有力支持。

第二，结构性货币政策工具更多的是引导金融机构对小微企业、民营企业及制造业等进行贷款，但并不能决定金融机构的贷款行为，例如"定向降准"虽然增加了金融机构对小微企业、民营企业及制造业等的可贷资金，但在超额利润和政府隐性担保下，金融机构仍倾向于对房地产及地方融资平台进行贷款，挤占了小微企业、民营企业及制造业等的信贷资源。因此，中央人民银行应加强结构性货币政策实施的相关考核机制建设，以便更好地引导、把控金融机构的实际资金流向情况，提高结构性货币政策工具的"直达性"，促进金融与实体经济的良性循环。

（3）完善宏观审慎政策框架。金融危机以来，各国开始反思和完善金融宏观调控框架，认识到商品价格稳定不等于金融稳定，为此提出三点建议。

第一，不断完善宏观审慎评估体系，有效防范系统性金融风险。当前，金融机构表外业务持续扩张，原有的信贷政策难以发挥作用，建立对资本充足率及利率定价等的评估考核体系是利率市场化下的大势所趋，将防范金融风险与疏通货币政策传导通道相结合，实现广义货币政策的职能。因此，中国人民银行应不断完善宏观审慎评估体系，通过顶层设计从全局进行综合化的风险监管和管控，维护优化金融机构间的竞争秩序和竞争环境，引导金融机构加强自我约束和自律管理，凸显监管体系的前瞻性，提高金融服务实体经济的效率。同时，宏观审慎评估体系要关注宏观经济发展中的结构性问题，通过差别对待，实现差异化监管，凸显宏观审慎评估体系对经济调控的针对性，守住不发生系统性金融风险的底线。

第二，继续强化宏观审慎政策的逆周期性，完善外汇流动性宏观审慎政策。从逆周期的视角采取措施，防范系统性金融风险，维持金融稳定，是宏观审慎政策的核心所在。因此，中国人民银行应继续强化宏观审慎政策的逆周期性，平抑经济周期波动，并将逆周期调控作为主要的监管手段之一，逆风向调控金融机构的信贷投放行为，防范金融机构的信贷非理性投放，引导信贷资源流向中小微企业和制造业，进一步提升金融服务实体经济的能力。同时，在宏观审慎政策的使用上,必须科学稳健地把握宏观政策逆周期调节力度,通过政策的灵活适度,激发微观主体活力,确保经济运行在合理区间。推动完善外汇流动性宏观审慎政策,加强对人民币跨境资本流动的宏观审慎管理,进一步完善宏观审慎政策框架。

第三,加强货币政策与宏观审慎政策的协调配合,健全双支柱调控框架。中国人民银行应健全货币政策和宏观审慎政策双支柱调控框架,弥补原有调控框架存在的弱点和不足,平衡好经济周期和金融周期调控,有效防范系统性金融风险。同时,厘清宏观审慎政策与货币政策的边界,宏观审慎政策主要关注金融体系和金融周期,侧重于金融稳定,货币政策则主要关注宏观经济和经济周期,负责物价稳定。但两者也不是完全独立,政策之间也会相互影响,故要加强货币政策与宏观审慎政策的协调配合,实现政策之间的相互补充和强化,切实维护宏观经济稳定和国家金融安全,提升货币政策调控效果。

六、财政政策与货币政策的联系

为了实现国民经济宏观调控目标,需要各种经济政策的相互配合,特别是需要财政政策与货币政策的密切配合。

(一)财政政策与货币政策的相通性

第一,政策总体目标的一致性。财政政策与货币政策对经济的调控,都是通过对社会资金的分配实现的。社会资金的统一性和社会资金各部门之间的相互流动性,决定了财政政策与货币政策总体目标的一致性,其实质都是正确处理经济增长与稳定物价的关系。如果两大政策目标不统一和不协调,必然造成政策效应的相悖,从而造成宏观经济运行的失控。

第二,两种政策调控都是货币调控。在现代宏观经济管理中,货币政策属于货币调控是毋庸置疑的。即使是财政政策,本质上也是属于货币调控。因为无论是财政收入的集中,还是财政支出的运用,都是借助于货币的流通进行的,都是货币的集中和货币的转移,是货币流通带来的效应,只不过财政政策是以政府财政的方式来进行而已。

(二) 财政政策与货币政策的不同性

第一，政策主体不同。财政政策的主体是国家，货币政策的主体是中央银行，由于中央银行相对独立于政府，因而货币政策受政治的影响一般很小。但是财政政策不同，它受政府政治决策和社会政治环境的影响较大，政府在执行政治职能时所采取的态度，必然要直接影响它的财政活动，以至于要借助于财政政策实现它的政治目的。

第二，政策调控对象不同。财政政策属于分配性调控，一般只涉及社会再生产的分配环节，它是通过对社会纯收入的分配来实现总供给与总需求的平衡。货币政策调控涉及的领域广泛，几乎涉及社会再生产的各个环节，它是通过对货币总量关系的调节来实现总供求平衡的，因而是对经济活动的全面性调控。

第三，政策调控中的货币流向不同。财政政策与货币政策调控，都是通过货币的运动来进行的。在财政政策调控中，货币运动以纵向为主。政府通过税收形式将部分货币资金自下而上地集中起来。然后再通过各种形式支出，自上而下地使资金流向某些经济部门。在货币政策调控中，货币在供求关系作用下，在各经济主体之间做横向流动，通过这种横向流动改变了货币在各个经济环节中的分布状况。因此，财政政策能够有效地决定货币的流动方向。

第四，政策调控机理与时效不同。财政政策主要是运用财政收入和分配机制对国民经济进行调控，由于政府财政收支直接依靠政权的力量进行，具有一定的强制性和无偿性，从而决定了财政政策是利用行政和法律的手段，直接从利益分配环节入手对经济实施调控，调控的时效短，对经济的影响直接而迅速。货币政策对宏观经济调控，主要是依靠货币供给机制来完成。货币供给是借贷资金运动，具有一定的偿还性和交易性，因而货币政策是以非指令性的间接调控方式，通过一系列的市场活动对宏观经济发生影响作用，其调控的时效长，调节效果显示较慢。

(三) 财政政策和货币政策的协调

宏观调控是财政政策与货币政策的综合运用。为了充分发挥两种政策组合调控的作用,应根据它们之间的关系,对宏观调控的一些重要方面进行适当的分工与配合。

1. 财政政策调控结构,货币政策调控总量

宏观经济正常稳定地运行,须以总供求的平衡为条件。总供求的平衡包括总量平衡和结构平衡两个方面。财政政策则应以结构调控为主,货币政策应以总量调控为主。

对于财政政策,无论是它的收入机制,还是其分配机制,在调控货币流向上都有很大的自由度,财政政策可以通过自身的收支活动,把一部分货币资金引导到新兴产业和薄弱产业中去,从而达到优化经济的供求结构和产业的技术结构等目的。

货币政策直接决定着货币供给总量,货币供给总量又决定着社会对商品的总需求,而社会商品的供给总量则基本上决定了对货币的需求,说到底,总供求的平衡实际上是货币的均衡。只要能够有效控制货币的供给总量,实现货币的均衡,也就基本上实现了总供求的平衡。

2. 财政政策侧重经济增长,货币政策侧重物价稳定

尽管财政政策与货币政策调控的总体目标都是物价的稳定和经济的增长,但是,它们在实施过程中的不同特点决定了它们的调控重点应有所不同。财政政策应更多地侧重于经济增长,这种侧重是主要依靠它对经济结构的调节作用,通过使经济结构不断优化、技术结构不断改进来推动经济的增长。货币政策应侧重于对物价稳定的调节,给经济增长创造一个良好的环境。

3. 财政政策着重调节经济利益公平分配,货币政策着重提高经济运行效率

虽然财政政策和货币政策调控的都是货币资金,但它们调控的资金性质却不同,因而调控的重点也就不同。财政政策调控的主要是无偿性资金,通过对货币资金的无偿集中和使用,调节经济利益在社会各阶层的分配。这种利益公平分配作用是货币政策调控所不具备的。因此,财政政策应更多地注意社会产品的合理分配和利益的公平。货币政策主要调控的是具有偿还性的借贷资金,这就决定了

货币政策调控更注意提高资金的使用效益，资金使用效益的提高必然使整个经济的运行更富有效率。通过财政政策与货币政策的分工配合，才能在保持通货基本稳定的同时，合理调整经济结构，促进经济增长，提高社会经济的运行效率。

(四) 财政政策与货币政策的结合效应

"财政政策与货币政策有效配合是健全目标优化、分工合理、高效协同的宏观经济治理体系的基础条件。"[①] 财政政策与货币政策有多种结合，这种结合的政策效应，可能是事先可预计的，也可能是根据财政政策和货币政策何者更强有力而定，因而是不确定的。

政府和中央银行可以根据具体情况和不同目标，选择不同的政策组合。

第一种组合，当经济萧条但又不太严重时，可用扩张性财政政策刺激总需求，用紧缩性货币政策控制通货膨胀。

第二种组合，当经济发生严重通货膨胀时，可用紧缩性货币政策提高利率，降低总需求水平，紧缩财政，以防止利率过分提高。

第三种组合，当经济中出现通货膨胀又不太严重时，可用紧缩性财政政策压缩总需求，用扩张性货币政策降低利率，以免财政过度紧缩而引起衰退。

第四种组合，当经济严重萧条时，可用扩张性财政政策增加总需求，用扩张性货币政策降低利率以克服"挤出"效应。

在考虑如何混合使用两种政策时，不仅要看当时的经济形势，还要考虑政治上的需要。这是因为，虽然扩张性财政政策和货币政策都可增加总需求，但不同政策的后果可以对不同的人群产生不同的影响，也会使 GDP 的组成比例发生变化。

思考与练习

1. 宏观经济政策的主要目标是什么？这些目标之间是否存在冲突？
2. 财政政策的主要工具及其经济效应是什么？

[①] 金春雨，徐悦悦.宏观经济治理体系下财政与货币政策协调——基于财政政策强度和结构双重视角分析[J].当代财经,2023,460(3):28.

3. 货币政策如何通过调整货币供应量和利率来影响经济？
4. 讨论自动稳定器和"相机抉择"政策在宏观经济调控中的作用。
5. 如何协调财政政策与货币政策以实现宏观经济稳定？

第八章　经济增长与经济周期

第一节　经济增长

经济周期，也称商业周期、景气循环，它是指经济运行中周期性出现的经济扩张与经济紧缩交替更迭、循环往复的一种现象，是国民总产出、总收入和总就业的波动，是国民收入或总体经济活动扩张与紧缩的交替或周期性波动变化。

一、经济增长的含义

经济增长指一个国家或地区生产的物质产品和服务的持续增加，它意味着经济规模和生产能力的扩大，可以反映一个国家或地区经济实力的增长。经济增长包含以下三层含义。

第一，经济增长集中表现在经济实力的增长上，而这种经济实力的增长就是商品和劳务总量的增加，即国内生产总值的增加。如果考虑到人口的增加和价格的变动，也可以说是人均实际国内生产总值的增加。

第二，技术进步是实现经济增长的必要条件。即只有依靠技术进步，经济增长才是可能的。在影响经济增长的各种因素中，技术进步是第一位的。从历史经验来看，经济增长中有一半以上要归功于技术进步，生产率的提高80%来自科技进步。

第三，经济增长的充分条件是制度与意识的相应调整。即只有社会制度与意识形态适合于经济增长需要，技术进步才能发挥作用，经济增长才是可能的。[1]我国改革后经济增长的高速度，说明了制度是经济增长的前提，资源和技术进步是经济增长的源泉。

---

[1] 美国经济学家道格拉斯·诺斯强调"增长的路径依赖"，即一个国家只有选择了一条正确的增长之路就是市场经济。

现在我国主要是用国内生产总值、国民生产总值来测量经济增长。为度量经济增长除了测算增长总量和总量增长率，还应计算人均占有量，如按人口平均的国内生产总值或国民生产总值及其增长率。拉动国民经济增长有三大要素，分别是投资、出口和消费。如果一个国家的国内生产总值增长为负数，即当年国内生产总值比往年减少，就叫作经济衰退。通常情况下，只有当国内生产总值连续两个季度持续减少，才被称为经济衰退。

二、经济增长的相关理论

经济增长理论旨在解释国家或地区的经济为何及如何实现长期的增长，这些理论主要集中在资本积累、劳动生产率和技术进步等方面。以下是经济增长的两个主要理论。

（一）新古典增长理论

新古典增长理论[①]认为经济增长主要由资本、劳动力和技术进步推动，长期增长取决于技术进步的速度。索洛模型中的关键假设是资本的边际报酬递减，即随着资本存量的增加，每单位新增资本带来的产出增量会逐渐减少。因此，经济增长最终会趋于稳态，只有技术进步才能推动持续的经济增长。

新古典增长理论的重要性在于，它为理解长期经济增长提供一个简洁而有力的框架。它揭示技术进步在推动经济持续增长中的核心地位，同时也指出了资本积累在长期内的有限作用。这一理论的政策含义在于，单纯依赖资本积累无法维持长期增长，政府需要通过支持科技创新和教育来促进技术进步，从而推动经济持续发展。

（二）内生增长理论

与新古典增长理论不同，内生增长理论[②]试图将技术进步内生化，即解释技

---

① 新古典增长理论是由索洛（Robert Solow）和斯旺（Trevor Swan）在20世纪50年代独立发展起来的，该理论被称为索洛–斯旺模型（Solow-Swan Model）。
② 内生增长理论由罗默（Paul Romer）和卢卡斯（Robert Lucas）等人在20世纪80年代提出，他们的模型强调了知识、研发和人力资本在经济增长中的作用。

术进步如何通过经济体系内部的机制产生。内生增长理论的核心观点是，经济增长不仅依赖于外部因素如技术进步，还依赖于内部因素如创新、教育和研发投入。通过对教育和研发的投资，国家可以提高劳动力的生产率，推动技术进步，从而实现持续的经济增长。与索洛模型不同，内生增长模型没有资本报酬递减的假设，因此它可以解释长期持续的经济增长。

内生增长理论的重要性在于，它将政策重点从资本积累转向知识和技术创新。这一理论为政策制定者提供了新的工具，通过增加教育、促进创新和提升人力资本来推动长期经济增长。

三、经济增长的源泉

技术进步、资本和劳动这三项被视为经济增长的源泉。

（一）技术进步与经济增长

第一，技术进步的内涵。技术进步涵盖了多个层面，包括生产技术的创新、管理方法的改进、信息技术的应用等。生产技术的创新可以提高生产效率，例如新的制造工艺能够在相同的投入下生产出更多、质量更高的产品。管理方法的改进，如精益生产、敏捷管理等，可以优化企业的运营流程，降低成本，提高资源利用率。信息技术的应用，如大数据、人工智能、物联网等，能够为企业提供更准确的市场信息，优化决策过程，提升生产和服务的智能化水平。

第二，技术进步对经济增长的推动作用。①提高生产效率。技术进步能够使单位投入获得更多的产出。例如，自动化生产设备的引入可以减少人工操作，提高生产速度和精度，降低废品率，从而增加企业的产量和利润。同时，技术进步还可以促进产业升级，推动传统产业向高端化、智能化、绿色化发展，提高整个经济的生产效率。②创造新的产品和增加服务。技术创新常常带来全新的产品和服务，开拓新的市场需求。例如，智能手机的出现不仅改变了人们的通信方式，还推动了移动互联网、电子商务、数字娱乐等多个产业的发展。新的产品和服务的出现为经济增长提供了新的动力，同时也创造了更多的就业机会。③提升竞争力。在全球化的市场竞争中，技术进步是企业和国家提升竞争力的关键。拥有先进技术的企业能够生产出更高质量、更具创新性的产品，占据更大的市场份额。从国家层面上看，技术进步可以提高产业的附加值，推动出口结构升级，增强国家的经济实力和国际竞争力。

(二) 资本与经济增长

第一，资本的分类及作用。物质资本包括厂房、设备、基础设施等，是生产过程中的物质投入。物质资本的积累可以扩大生产规模，提高生产能力。人力资本是指劳动者的知识、技能和健康状况等，它是通过教育、培训、医疗保健等方面的投资形成的。人力资本的提升可以提高劳动者的生产效率，促进技术创新和经济增长。

第二，资本对经济增长的影响。①物质资本积累与经济增长。物质资本的积累，是经济增长的重要基础。在经济发展的初期阶段，物质资本的投入往往能够带来显著的经济增长。通过建设基础设施、引进先进的生产设备等方式，可以提高生产效率，促进经济的快速发展。然而，单纯依靠物质资本的积累也存在一定的局限性，如可能导致资源浪费、环境污染等问题，而且在长期内，物质资本的边际收益会逐渐递减。②人力资本投资与经济增长。人力资本投资对经济增长具有长期而深远的影响。教育和培训可以提高劳动者的知识和技能水平，增强他们的创新能力和适应能力。健康投资可以提高劳动者的身体素质，减少疾病对工作的影响，提高劳动生产率。人力资本的积累不仅可以直接促进经济增长，还可以通过技术创新、知识传播等渠道间接推动经济增长。

(三) 劳动与经济增长

第一，劳动的重要性。劳动是经济活动中最基本的要素之一，劳动者的数量和质量直接影响着经济的增长。劳动力数量的增加可以扩大生产规模，提高总产出。而劳动力质量的提高，即劳动者素质和技能的提升，可以提高劳动生产率，促进经济增长。

第二，劳动对经济增长的贡献。①劳动力数量与经济增长。在一定程度上，劳动力数量的增加可以促进经济增长。特别是在一些劳动密集型产业中，劳动力的充足供应可以降低生产成本，提高企业的竞争力。然而，随着经济的发展和技术的进步，劳动力数量对经济增长的贡献会逐渐减弱，而劳动力质量的重要性则日益凸显。②劳动力质量与经济增长。通过教育、培训和技能提升等方式，可以提高劳动者的专业技能、创新能力和综合素质。高素质的劳动力能够更好地适应技术进步和产业升级的要求，为经济增长提供有力的支撑。同时，劳动力质量的提高还可以促进技术创新和知识传播，推动经济的长期发展。

四、经济增长与经济发展

经济发展具有更广泛的内涵。它不仅包括经济增长，还涵盖经济结构的优化、社会福利的提升、科技创新能力的增强、生态环境的可持续等多个方面。经济发展强调经济、社会和环境的协调共进，追求的是全面、可持续的进步。

（一）经济增长与经济发展的关系

第一，经济增长是经济发展的基础。只有当经济实现一定程度的增长，才有可能为教育、医疗、基础设施建设等社会事业提供更多的资源，进而推动经济发展。例如，一个国家只有在经济增长的前提下，才能有足够的资金投入到科技创新领域，提高国家的竞争力。

第二，经济发展对经济增长具有促进作用。经济发展所带来的经济结构优化、科技创新和社会进步等，又会反过来促进经济增长。合理的经济结构可以提高资源配置效率，科技创新能够提升生产效率和创造新的需求，而社会进步则可以为经济增长提供稳定的社会环境和高素质的劳动力。

然而，如果单纯追求经济增长而忽视经济发展的其他方面，可能会导致一系列问题。比如，过度依赖资源投入的经济增长可能会引发资源短缺和环境恶化问题，贫富差距过大的经济增长可能会影响社会稳定，进而制约经济的可持续发展。

（二）实现经济增长与经济发展良性互动的路径

第一，推动科技创新。加大对科研的投入，鼓励企业进行技术创新，提高生产效率和产品质量。同时，科技创新还可以创造新的产业和市场，为经济增长开辟新的空间。例如，互联网技术的发展推动电子商务、数字经济等新兴产业的崛起，既促进了经济增长，又带来了经济结构的优化和社会生活方式的变革。

第二，优化经济结构。调整产业结构，推动产业升级，提高经济的抗风险能力和可持续发展能力。发展新兴产业和服务业，降低对传统产业的依赖。同时，促进区域经济协调发展，缩小地区差距，实现资源的优化配置。

第三，注重社会公平。在经济增长的过程中，要注重社会公平，缩小贫富差距。通过完善税收制度、加强社会保障体系建设等措施，提高低收入群体的收入水平，扩大中等收入群体规模。社会公平不仅有利于社会稳定，也可以提高居民的消费能力，促进经济的持续增长。

第四，加强环境保护。加强环境保护，推动绿色发展，实现经济增长与环境保护的良性互动。发展清洁能源、推广节能环保技术、加强生态建设等，都是实现可持续发展的重要举措。

五、经济增长的促进建议

第一，推动技术创新。在当今快速发展的时代，加大对科研投入的力度至关重要。政府应制定积极的政策，引导企业和社会各界增加对科研的资金投入，为技术创新提供坚实的物质基础。同时，鼓励企业进行技术创新和研发，通过设立创新奖励机制、提供税收优惠等方式，激发企业的创新热情。

第二，建立健全知识产权保护制度是保护创新成果的重要保障。完善的知识产权保护体系能够让创新主体安心投入研发，不用担心成果被轻易窃取。这不仅能激发国内创新主体的积极性，也能吸引国际创新资源向国内汇聚。此外，加强国际技术合作与交流也是提升技术创新能力的重要途径。积极引进先进技术和管理经验，可以为国内创新提供有益的借鉴和启示。同时，通过与国际创新主体的合作，共同开展研发项目，实现优势互补，提高我国的自主创新能力。

第三，优化资源配置。加强资源管理，建立科学的资源评估和监测体系，提高资源利用效率。通过推广先进的资源节约技术和管理方法，降低资源浪费，实现资源的高效利用。推动产业结构调整，加快发展资源节约型和环境友好型产业。鼓励企业采用绿色生产技术，减少对环境的负面影响。加大对可再生能源的开发和利用，积极发展太阳能、风能、水能等清洁能源，减少对传统能源的依赖，降低能源供应风险，为经济的可持续发展提供稳定的能源保障。

第四，促进公平分配。完善税收制度，加强对高收入群体的税收调节，防止收入差距过大。通过合理设置税率结构和税收征管机制，确保高收入群体承担相应的社会责任。加大对教育、医疗、社会保障等公共服务的投入，提高低收入群体的生活水平。教育是提升人力资源素质的关键，加大教育投入可以为经济发展提供高素质的劳动力。医疗保障和社会保障则能为人们提供稳定的生活预期，增强消费信心。推动城乡一体化发展，缩小城乡差距。加大对农村地区的基础设施建设和公共服务投入，促进农村经济发展，实现城乡共同繁荣。

第五，加强国际合作。在经济全球化的背景下，加强国际合作对于经济增长具有重要意义。积极参与全球经济治理，推动贸易自由化和投资便利化。通过参与多边贸易体制和区域经济合作，为我国企业拓展国际市场创造良好的外部环境。加强与其他国家的经济合作，开展贸易、投资、技术合作等多领域的合作项目。拓展国际市场，实现资源的优化配置和互利共赢。通过国际合作，引进国外先进技术和管理经验，提升我国产业的国际竞争力，同时也为其他国家提供了广阔的市场和发展机遇。

第二节　经济周期

经济周期是指经济活动沿着经济发展的总体趋势所经历的有规律的扩张和收缩过程。它通常表现为国民生产总值、工业生产、就业、物价水平等宏观经济指标的周期性波动。

一、经济周期的理论

第一，真实经济周期理论。基于新古典经济学框架，认为经济周期由真实经济冲击引起，如技术进步或供给变化。它挑战了凯恩斯主义需求管理政策的有效性，强调应关注促进长期增长的政策，同时突出技术进步对经济波动的推动作用。

第二，凯恩斯主义经济周期理论。与真实经济周期理论不同，该理论认为经济周期主要由需求变化引发。经济波动源于有效需求的不足或过剩，政府可通过财政政策和货币政策平抑波动。其为政府干预经济提供理论依据，推动了现代宏观经济政策发展。

第三，货币主义经济周期理论。认为货币供应量变化是经济周期的主要驱动力。货币供应量增长过快会引发通货膨胀，过慢则使经济陷入衰退。强调中央银行控制货币供应量以平稳经济波动，不支持政府大规模财政政策需求管理，主张通过货币政策实现经济稳定。它改变了人们对通货膨胀和货币政策的理解，为现代中央银行独立性提供理论支持。

第四，后凯恩斯主义经济周期理论。该理论继承并发展了凯恩斯的经济思想，特别强调了不确定性、金融市场的不稳定性以及收入分配对经济周期的影响。该理论认为金融市场波动性和投机行为是主要来源，收入分配不平等会加剧波动。政策含义是政府应加强金融市场监管，通过收入再分配政策减少不稳定性。为理解金融危机和经济不平等提供新视角。

第五，基钦周期理论。又称短波周期或存货周期，经济活动约每四年波动一次，由企业存货调整引起，周期长度为3~5年。对企业存货管理和宏观经济政策制定有重要影响，政策制定者可据此预测短期波动并调整政策。

第六，朱格拉周期理论。描述中等长度的经济波动，与企业固定投资活动相关，平均长度为7~11年。受企业盈利预期影响投资决策，与经济结构性变化关联。政策制定者可通过调整相关政策缓和波动，促进经济平稳增长。

第七，康德拉季耶夫周期理论。认为资本主义经济发展呈长期波动模式，周期为40~60年。受技术革新和资本积累驱动，受社会制度和经济政策制约。周期主导产业变化，对理解宏观经济趋势、投资决策和政策制定有重要意义。

二、经济周期的形成原因

（一）内在因素

第一，投资波动。企业的投资决策受到预期收益、利率、市场需求等因素的影响。当经济前景乐观时，企业增加投资，扩大生产规模，从而推动经济增长；当经济前景不佳时，企业减少投资，收缩生产规模，导致经济衰退。

第二，消费不足。当消费者的收入增长缓慢或预期不佳时，消费需求可能不足，导致经济衰退。消费结构的变化也可能影响经济周期。例如，当消费者对某些产品的需求下降时，相关产业可能会受到影响，从而引发经济周期的波动。

第三，技术创新。新技术的出现会创造新的市场需求，推动产业升级和经济增长。然而，技术创新的过程是不稳定的，它可能会导致经济周期的波动。例如，新技术的出现可能会引发投资热潮，推动经济进入扩张阶段；但当新技术的应用达到饱和时，经济可能会进入收缩阶段。

第四，心理因素。当人们对经济前景乐观时，他们会增加投资和消费，推动经济增长；当人们对经济前景悲观时，他们会减少投资和消费，导致经济衰退。心理因素的变化往往是经济周期波动的重要原因之一。

（二）外在因素

第一，货币政策。中央银行通过调整货币供应量和利率等货币政策工具来影响经济活动。宽松的货币政策可以刺激经济增长，降低利率可以鼓励企业投资和消费者消费；而紧缩的货币政策则可能导致经济衰退，提高利率可以抑制通货膨胀和投资过热。

第二，财政政策。政府通过财政支出和税收等财政政策工具来调节经济。扩张性的财政政策可以通过增加政府支出和减税等方式刺激经济增长；而紧缩性的财政政策则可以通过减少政府支出和增税等方式抑制经济过热。

第三，国际贸易。国际贸易的波动会影响一个国家的出口和进口，进而影响经济增长。当全球经济增长强劲时，国际贸易活跃，一个国家的出口增加，经济增长加快；当全球经济衰退时，国际贸易萎缩，一个国家的出口减少，经济增长放缓。

第四，自然灾害和战争等突发事件。自然灾害和战争等突发事件会对经济活动造成重大破坏，导致经济周期的波动。例如，地震、洪水等自然灾害可能会破坏基础设施，影响生产和供应链；战争可能会导致资源短缺、贸易中断和投资减少。

三、经济周期的特征

第一，重复性。经济周期不是一次性的事件，而是在一定时间间隔内反复出现。虽然每次经济周期的具体情况可能有所不同，但总体上呈现出相似的发展趋势。

第二，普遍性。经济周期影响着各个经济部门和领域，包括工业、农业、服务业等。无论是大企业还是小企业，无论是发达国家还是发展中国家，都难以避免经济周期的影响。

第三，非对称性。经济周期的扩张阶段和收缩阶段在时间长度和幅度上往往不对称。扩张阶段通常持续时间较长，经济增长速度较快；而收缩阶段则可能较为短暂，但经济下滑的幅度可能较大。

第四，国际性。在全球化的背景下，经济周期具有国际性。一个国家的经济周期可能受到其他国家经济状况的影响，同时也会对其他国家的经济产生影响。

四、经济周期的应对策略

（一）政府层面

第一，实施适当的财政政策和货币政策。政府可以通过调整财政支出和税收、货币供应量和利率等政策工具来稳定经济增长。在经济衰退时期，政府可以采取扩张性的财政政策和货币政策，增加政府支出、减税、降低利率等，刺激经济增长；在经济过热时期，政府可以采取紧缩性的财政政策和货币政策，减少政府支出、增税、提高利率等，抑制通货膨胀和投资过热。

第二，加强宏观经济调控。政府可以通过制定产业政策、贸易政策、就业政策等宏观经济政策来引导经济发展，促进经济结构调整和转型升级。政府还可以加强对金融市场的监管，防范金融风险，维护金融稳定。

第三，建立健全社会保障体系。政府应致力于构建和完善社会保障体系，以提升社会保障的水平，从而减轻经济周期性波动对民众生活的影响。社会保障体系的完善能够为失业人员、贫困人口等社会弱势群体提供必要的生活保障，降低经济周期性波动对社会稳定的潜在冲击。

（二）企业层面

第一，加强风险管理。企业可以通过加强风险管理，提高应对经济周期波动的能力。企业可以建立风险预警机制，及时发现和应对风险；可以优化资产负债结构，降低财务风险；可以加强成本管理，提高效率，降低成本。

第二，创新和转型升级。企业可以通过创新和转型升级，提高竞争力，适应经济周期的变化。企业可以加大研发投入，开发新产品和新服务；可以优化生产流程，提高生产效率；可以拓展市场渠道，开拓新的市场领域。

第三，多元化经营。企业可以通过多元化经营，降低经营风险，适应经济周期的变化。企业可以在不同的行业、不同的地区开展业务，分散经营风险；可以通过并购、合作等方式实现多元化发展。

（三）个人层面

第一，增强理财意识和能力。个人可以通过增强理财意识和能力，合理规划家庭资产，降低经济周期波动对个人财富的影响。个人可以学习理财知识，了解不同的投资产品和投资策略；可以根据自己的风险承受能力和投资目标，合理配置资产，分散投资风险。

第二，增强职业技能和竞争力。个人可以通过增强职业技能和竞争力，提高就业能力，适应经济周期的变化。个人可以参加培训、学习新技能、提高学历等方式提升自己的职业素质；可以积极拓展人际关系，提高职业发展机会。

第三，保持理性消费和储蓄习惯。个人可以通过保持理性消费和储蓄习惯，合理安排家庭收支，降低经济周期波动对个人生活的影响。个人可以根据自己的收入和支出情况，制订合理的消费计划和储蓄计划；可以避免过度消费和盲目投资，保持家庭财务的稳定。

五、经济增长与经济周期的相互作用

（一）经济增长对经济周期的影响

经济增长作为经济长期发展的驱动力，对经济周期的影响主要表现在以下三个方面。

第一，结构性变化与周期波动。经济增长往往伴随着经济结构的转变，例如从农业主导型经济向工业化和服务业主导型经济的转变。这种结构性变化会影响经济周期的特征。比如，工业化过程中，资本积累和技术进步可以带来较快的经济增长，但也可能导致周期性波动加剧，因为工业部门通常比农业部门更易受到市场需求变化的影响。随着经济增长，金融市场的扩展和资本市场的深化也可能导致更大的经济波动性，进而加剧经济周期波动。

第二，技术进步与周期波动。技术创新可以带来生产率的提高，从而推动经济增长。然而，技术进步并非线性发生的过程，而是以"技术冲击"的形式出现，这些冲击可以引发经济周期的波动。例如，新的生产技术的引入可能会导致短期内的失业增加，直到劳动市场重新适应新技术。技术进步还可能通过投资行为影响经济周期，技术革新往往伴随着大规模的资本投资，这些投资行为的周期性变化可能加剧经济波动。

第三，资本积累与周期波动。资本积累是推动经济增长的重要因素之一，然而，资本积累过程中的不平衡性或投资过热往往会引发经济周期的波动。比如，当经济处于扩张阶段时，企业可能会因过于乐观的预期而进行过度投资，这种投资过热往往会导致生产过剩，最终引发经济衰退。资本市场的波动性也可能通过影响企业融资成本和投资意愿，进一步加剧经济周期的波动。

（二）经济周期对经济增长的影响

经济周期不仅是短期经济波动的表现，它还对长期经济增长产生深远的影响，具体表现在以下四个方面。

第一，资源配置与经济增长。经济周期的波动可能导致资源配置的效率降低，从而影响长期经济增长。当经济处于衰退阶段时，企业可能会因市场需求不足而削减投资和研发支出，这会影响技术进步的速度，进而抑制经济的长期增长。经济衰退还可能导致失业率上升，长期失业会削弱劳动者的技能水平和生产能力，从而对经济增长产生负面影响。

第二，金融市场波动与经济增长。经济周期中的金融市场波动会对经济增长产生重要影响。在经济扩张阶段，金融市场通常表现出繁荣的景象，投资者信心增强，融资条件宽松，这有助于推动企业投资和经济增长。然而，在经济衰退阶段，金融市场的不稳定性往往会加剧，企业融资困难，投资意愿下降，甚至可能引发金融危机，从而对长期经济增长造成严重冲击。

第三，宏观经济政策的反作用。为了应对经济周期的波动，政府和中央银行通常会采取各种宏观经济政策，如财政政策和货币政策。然而，这些政策的实施如果不当，可能会对经济增长产生不利影响。例如，过度宽松的货币政策可能在短期内刺激经济增长，但同时也可能引发通货膨胀，甚至导致经济过热，从而为未来的经济衰退埋下伏笔。同样地，过度紧缩的财政政策虽然可以抑制通胀压力，但也可能导致经济增长放缓。

第四，不确定性与长期投资。周期波动带来的市场不确定性往往会削弱企业和投资者的信心，从而减少长期投资。这种不确定性不仅影响资本投资，还可能导致人力资本的流失，例如高技术人才的外流，从而对长期经济增长构成威胁。

（三）经济增长与经济周期的动态均衡

经济增长与经济周期之间的关系并非简单的单向作用，而是一种动态均衡。长期的经济增长趋势为经济周期提供背景，而经济周期的波动则在短期内影响着经济增长的速度和方向。在这种动态均衡中，经济增长和经济周期相互作用，共同决定了经济的整体发展路径。

第一，经济增长与周期波动的共生关系。经济扩张期为经济长期增长奠定了基础，但也可能为未来的周期性衰退埋下隐患；而经济衰退期虽然对短期增长不利，但也可能通过清理市场中的低效企业，为下一轮增长创造条件。这样一来，经济增长与经济周期形成一种共生关系，长期的经济增长趋势中包含了短期的周期波动，而周期波动则为经济增长提供调整和适应的机会。

第二，政策调控中的均衡维持。为了实现经济增长与经济周期的动态均衡，宏观经济政策的调控至关重要。政策制定者需要在推动经济增长与稳定经济周期之间取得平衡。例如，货币政策需要在刺激经济增长与防范通胀之间找到最佳的调控点；财政政策则需在促进长期投资与维持财政可持续性之间保持平衡。通过有效的政策，使经济增长与周期波动的相互作用可以得到适当的调控，从而促进经济的健康发展。

思考与练习

1. 经济增长与经济发展的区别是什么？两者之间的联系是什么？
2. 新古典增长理论和内生增长理论的主要观点是什么？
3. 经济周期的主要理论有哪些？它们如何解释经济波动？
4. 技术进步和资本积累在经济增长中的作用是什么？
5. 政府在经济增长和经济周期管理中扮演的角色是什么？

第九章 经济学的新发展

第一节 开放经济

开放经济是指一个国家或地区通过贸易、投资、金融等方式与外部世界进行经济交往和互动的经济模式。这种经济模式不仅局限于国内市场的自我循环，而且通过全球市场的资源配置，实现资源的最优利用和经济效益的最大化。开放经济通常依赖于国际贸易和国际投资，通过商品、服务、资本和技术的跨境流动来推动经济发展。

一、开放经济的理论

（一）传统开放经济理论

1. 比较优势理论

比较优势理论由英国古典经济学家大卫·李嘉图提出，该理论认为，即使一个国家在所有商品的生产上都没有绝对优势，但只要在不同商品的生产上具有相对优势，就可以通过专业化生产和国际贸易获得利益。根据这一理论，即使一个国家在所有产品的生产上都不具备绝对优势，它仍然可以通过专注于生产那些它能够以相对较低的机会成本生产的商品，并通过贸易交换获取其他商品，从而实现更高的经济效益。比较优势理论不仅为理解国际贸易的合理性提供基础，也为解释国家间贸易模式提供理论依据。

这一理论的重要性在于，它强调了机会成本的概念，并指出了各国在全球市场中发挥自身优势的可能性。具体而言，即使一个国家在所有生产领域都不具有优势，但它也可以通过集中资源生产某些相对较优的产品，并通过贸易获得其他国家的产品。比如，尽管中国在高科技产品生产中可能不如美国具备优势，但它可以利用其劳动力成本低廉的优势生产大量消费品，并通过出口这些产品来获取高科技产品，从而实现资源的最优配置。

2. 要素禀赋理论

要素禀赋理论[①]认为，国家间的贸易模式不仅取决于生产技术的差异，还取决于各国要素禀赋的差异。要素禀赋指的是一国所拥有的生产要素的数量和质量，如劳动力、资本和自然资源等。

根据要素禀赋理论，一个国家应该出口那些密集使用其充裕生产要素的产品，并进口那些密集使用其稀缺要素的产品。例如，一个拥有丰富资本的国家应该倾向于出口资本密集型产品，而进口劳动密集型产品。通过这种方式，各国可以充分利用其资源禀赋优势，参与国际分工和合作，从而最大化其经济利益。

要素禀赋理论在解释国际贸易格局和贸易利益分配方面具有重要意义。它不仅说明了为什么某些国家在特定产业上具有竞争优势，还为理解国际贸易对国内收入分配的影响提供框架。在全球化进程中，这一理论被广泛应用于分析各国的产业结构调整和贸易政策制定中。

(二) 新贸易理论拓展

1. 规模经济与不完全竞争理论

新贸易理论中的规模经济与不完全竞争理论认为，规模经济是国际贸易的重要驱动力之一。在存在规模经济的情况下，企业可以通过扩大生产规模降低平均成本，提高竞争力。同时，由于市场的不完全竞争，企业可以获得一定的垄断利润。例如，在汽车产业中，大型汽车制造商可以通过大规模生产从而降低成本，同时凭借品牌优势和技术壁垒在市场上占据一定份额。这种理论解释了为什么一些产业中存在少数大型企业主导市场的现象，以及为什么国际贸易中会出现产业内贸易的情况。

2. 产品生命周期理论

产品生命周期理论由美国经济学家雷蒙德·弗农提出，该理论认为产品的生

[①] 要素禀赋理论，又称赫克歇尔-俄林模型（Heckscher-Ohlin Model），由埃利·赫克歇尔（Eli Heckscher）和贝蒂尔·俄林（Bertil Ohlin）提出，是比较优势理论的进一步发展。

命周期包括创新、成熟和标准化三个阶段。在创新阶段，产品主要在发明国生产和消费；随着产品逐渐成熟，开始向其他国家出口；当产品进入标准化阶段，生产会转移到成本较低的国家。例如，手机产业最初由美国等发达国家创新推出，随着技术的成熟逐渐向全球扩散，如今许多手机的生产组装在发展中国家进行。这一理论解释了国际贸易格局随着产品生命周期的变化而变化的现象。

（三）动态比较优势理论

动态比较优势理论强调，国家的比较优势并非一成不变，而是可以通过技术进步、教育投资、产业政策等手段实现转变和提升。

这一理论的核心在于，国家可以通过主动的经济政策，如政府对科技研发的投入、对教育和培训的投资，以及通过贸易政策和产业政策的引导，逐步改变自身的比较优势，从而在国际竞争中取得更有利的地位。例如，韩国在20世纪60年代还是一个以农业为主的国家，但通过政府主导的产业政策，韩国逐步培育了电子、造船和汽车等制造业，使其在全球市场中占据了重要地位。

动态比较优势理论对发展中国家具有特别的指导意义。通过这一理论，发展中国家可以理解如何通过战略性政策干预，在全球价值链中实现跃升，并缩小与发达国家的差距。这一理论还强调了国家政策和市场力量的互动作用，为开放经济中的政策制定提供更全面的视角。

二、开放经济新特征

（一）贸易格局变化

近年来，新兴经济体在全球贸易中的地位不断提升。以中国、印度、巴西等为代表的新兴经济体凭借快速的经济增长、庞大的人口规模和不断提升的技术水平，逐渐成为全球贸易的重要参与者。例如，中国已成为世界最大的货物贸易国，在全球贸易中发挥着举足轻重的作用。新兴经济体的崛起改变了传统的贸易格局，使得全球贸易更加多元化。

随着全球经济的发展和产业结构的升级，服务贸易在全球贸易中的比重不断提高。服务贸易包括金融、保险、运输、旅游、通信等多个领域。例如，随着互联网的普及和信息技术的发展，跨境电子商务、数字服务贸易等新兴服务贸易模式迅速崛起。服务贸易的快速增长为各国经济发展带来了新的机遇和挑战，也对传统的贸易理论和政策提出新的要求。

（二）跨国投资趋势

全球范围内，对外直接投资呈现出持续增长和多元化的趋势。一方面，发达国家继续保持对外直接投资的重要地位，但新兴经济体的对外直接投资也在迅速增长。例如，中国企业近年来积极开展海外投资，涉及能源、制造业、基础设施等多个领域。另一方面，对外直接投资的领域也更加多元化，不仅包括传统的制造业和资源开发领域，还涉及高科技、金融服务、文化创意等新兴领域。

跨国公司在全球经济中扮演着重要角色，随着开放经济的发展，跨国公司的战略也在不断调整。跨国公司越来越注重全球资源整合和价值链优化，通过在不同国家设立生产基地、研发中心和销售网络，实现资源的最优配置和成本的最小化。同时，跨国公司也更加注重社会责任和可持续发展，积极应对环境、社会等方面的挑战。

（三）数字经济对开放经济的影响

数字经济的发展推动电子商务和跨境电商的快速崛起。电子商务打破传统贸易的时空限制，使得消费者可以更加便捷地购买全球商品。跨境电商则进一步促进国际贸易的发展，降低贸易成本，提高贸易效率。例如，中国的跨境电商平台如阿里巴巴的全球速卖通、京东的全球购等，为中国消费者提供丰富的海外商品选择，同时也为中国企业拓展海外市场提供了新的渠道。

数字经济时代，数据成为重要的生产要素，数据流动对开放经济的影响日益凸显。然而，目前全球范围内对于数据流动的规则尚未统一，各国在数据隐私保护、数据安全等方面存在不同的政策和法规。数字贸易规则的制定成为全球经济治理的重要议题之一。例如，欧盟的《通用数据保护条例》对数据隐私保护提出了严格要求，而美国则更加注重数据的自由流动。数字贸易规则的不确定性给企业的跨国经营带来了一定的风险和挑战。

三、开放经济的影响

（一）促进经济增长与发展

开放经济通过贸易和投资促进各国经济的增长。贸易可以使各国充分发挥自身的比较优势，提高资源配置效率，增加消费者的福利。投资则可以带来先进的技术、管理经验和资金，促进国内产业的升级和发展。例如，中国通过积极吸引外资和扩大出口，实现了经济的快速增长。同时，开放经济也促进了全球经济的一体化，加强了各国之间的经济联系和合作。

开放经济有利于技术的扩散和创新。通过国际贸易和投资，各国可以引进先进的技术和管理经验，提高自身的技术水平和创新能力。例如，发展中国家可以通过引进发达国家的先进技术，加快本国的产业升级和技术进步。同时，开放经济也促进了国际的技术合作和研发投入，推动全球技术创新的发展。

（二）影响就业与收入分配

开放经济对各国的就业结构产生了重要影响。一方面，贸易和投资的增长创造了新的就业机会，尤其是在出口导向型产业和服务业。例如，中国的制造业和跨境电商行业的发展带动了大量的就业。另一方面，开放经济也可能导致一些传统产业的就业岗位减少，因为这些产业可能面临来自国外的竞争压力。因此，各国需要通过产业升级和技能培训等措施，调整就业结构，提高劳动者的就业能力。

开放经济可能加剧收入分配不平等问题。一方面，贸易和投资的增长可能使高技能劳动者和资本所有者获得更多的收入，而低技能劳动者的收入可能相对下降。另一方面，开放经济可能导致一些地区和行业受益更多，而另一些地区和行业受益较少，从而加剧地区和行业之间的收入差距。例如，在全球化过程中，发达国家的一些传统制造业地区可能面临就业岗位减少和收入下降的问题，而新兴产业和金融服务业发达的地区则可能受益更多。各国需要通过税收政策、社会保障等措施，改善收入分配不平等问题。

(三) 影响产业结构调整

开放经济为各国的产业升级和转型提供机遇和挑战。一方面，贸易和投资的增长可以促进国内产业的升级和转型，提高产业的附加值和竞争力。例如，中国通过引进外资和技术，推动制造业的升级和转型，从传统的劳动密集型产业向高端制造业和服务业转型。另一方面，开放经济也可能使国内产业面临来自国外的激烈竞争，一些传统产业可能面临淘汰的风险。因此，各国需要制定合理的产业政策，引导产业升级和转型，提高产业的抗风险能力。

开放经济推动全球产业链的重构。随着贸易和投资的自由化，各国企业在全球范围内进行资源配置和生产布局，形成复杂的全球产业链。例如，苹果公司的产品在全球多个国家进行生产和组装，涉及芯片设计、零部件制造、组装等多个环节。全球产业链的重构使得各国之间的经济联系更加紧密，但也带来一些风险和挑战，如供应链中断、贸易摩擦等。各国需要加强国际合作，共同维护全球产业链的稳定和安全。

四、开放经济的监管与规范

第一，加强宏观经济政策协调。各国应加强宏观经济政策协调，共同应对全球性经济挑战。通过货币政策、财政政策等工具的协调使用，稳定国际金融市场，促进全球经济的稳定增长。同时，各国还应加强在贸易政策、投资政策等方面的协调，避免贸易保护主义和投资壁垒，推动贸易自由化和投资便利化。

第二，完善金融监管体系。加强对跨境资本流动的监管，建立健全跨境资本流动监测和预警机制，防范短期资本的大规模流入和流出。同时，加强对金融机构的监管，提高金融机构的风险管理能力和抗风险能力。此外，还应加强国际金融合作，共同应对全球性金融风险。

第三，强化贸易监管。加强对贸易活动的监管，打击倾销、补贴等不正当贸易行为。建立健全贸易争端解决机制，通过协商、仲裁等方式解决贸易争端。同时，加强知识产权保护，提高企业的创新积极性，维护公平竞争的市场环境。

第四，提高信息透明度。提高开放经济中的信息透明度，加强对市场主体的信息披露要求。企业应及时、准确地披露财务状况、经营情况等信息，金融机构应披露风险状况、资产质量等信息。政府部门应及时公布宏观经济数据、政策措施等信息，为市场主体提供准确的决策依据。

第二节 共享经济

一、共享经济的崛起

（一）共享经济的内涵

共享是指"使用而非拥有"，这是共享经济的内核。共享经济是一种全新的经济形态，它将传统经济中的私有制和市场经济转变为公有制和合作经济。"共享经济推动了线上与线下资源的整合，满足了人们对多方面资源及服务的需求，极大提高了资源利用率。"[1] 共享经济不仅可以提高资源的利用效率，还可以促进社会公平和可持续发展。随着互联网技术的不断发展和普及，共享经济逐渐成为一种主流的经济形态。共享经济的内涵主要包括以下三个方面。

第一，共享平台。共享平台是共享经济的基础，它为用户提供了一个方便、快捷、安全的交易和交流平台。共享平台可以通过多种方式实现资源的共享，例如通过网站、应用程序、社交媒体等渠道。

第二，共享资源。共享资源是共享经济的核心，它包括房屋、汽车、工具、技能、知识等各种资源。用户可以通过共享平台将自己的资源与他人分享，从而获得收益。

第三，共享价值。共享价值是共享经济的目的，它旨在通过共享资源来创造社会价值。共享平台可以为用户提供各种服务和体验，例如住宿、餐饮、旅游、娱乐等，从而提高人们的生活质量。

---

[1] 陈晓玲.以经济法为视角谈共享经济法律规制与问题[J].法制博览，2024，(21)：49.

（二）共享经济的发展因素与影响

共享经济的蓬勃发展得益于多个因素：经济上，它通过提高资源利用效率和降低生产成本，为企业和用户创造价值。社会上，共享经济满足了对便利性、灵活性和个性化的需求，促进了资源的共享和可持续生活方式。文化上，共享经济反映现代社会对体验和分享的重视，以及促进互信与合作的文化趋势。技术上，如互联网和人工智能，为共享经济提供了支持，提高服务的便捷性和智能化，同时降低了运营成本。环境上，共享经济通过减少资源浪费和提高效率，对环境友好，并推动了环保理念的传播，促使人们选择更可持续的生活方式。共享经济带来的影响如下。

第一，共享经济推动互联网技术的发展和应用。充分利用互联网等现代信息技术是共享经济的一个特点。互联网等技术既是共享经济的推动力，也是持续发展的基础。信息技术和网络社会的普及为人类生活带来了极大的便利，同时伴随着生活方式的创新，网络支付方式和基于云端的网络搜索、识别核实、移动定位等网络技术的流行，让跨时间、跨空间的交流变成了可能，也降低了人们进行共享的交易成本。物联网的分布式、协同式特点和横向规模结构，使数以百万计的人们聚集在巨大的协同共享体系中共同生产并分享其成果成为可能。发达的现代信息技术为共享经济的发展提供基础，反过来共享经济进一步推动互联网技术的发展和应用。

第二，共享经济让闲置资源得到充分利用。强化使用权、弱化所有权是共享经济的特点。共享经济的一个重要特征就是改变了人们对传统消费观念的认知，强调消费的过程而非拥有过程。以使用权替代所有权，如共享单车等，可以不需要拥有但能获得这辆车某一时段的使用权。从某种意义上讲，一方面，在某个时间段内对于物品的使用和体验，比一直占有部分时间闲置更有价值；另一方面，从消费者对于共享经济模式的接受程度来看，关注使用权的消费方式可以极大地节约成本。

第三，共享经济助力公平市场机制的建立。共享经济的另一个特点是轻资产形式、去中介化、分布式的商业模式运营。这种经济模式下每个个体既是产品服务的供应者也是使用者，它省去传统商业架构中的中介环节，通过使用者和被使用者之间的直接交流和对接，极大提升了信息对称度和沟通效率，也节约了时间和成本。去中心化、分布式的组织体系中交易双方都是平等的，能够最大限度地消除垄断和欺诈，形成公平、平等的交易市场。

第四，共享经济节约社会公共成本。供应者和消费者角色互换并出现产消者是共享经济带来的一个重要改变。在共享经济模式下，商品或服务的供应者和消费者角色转换频繁，界限模糊，这需要买卖双方都让位于产消者，即产权让位于资源共享，所有权让位于使用权，传统市场让位于互联网市场。这样可以极大地节约社会公共成本，提高资源的利用率。

第五，共享经济带来多元性革新。共享经济的一个功能是移动互联网时代对闲置物品或服务进行共享，其依托互联网、信息技术和相关平台将分散的商品或服务进行整合，让闲置资源在供需双方之间实现合理流转和优化配置，进而驱动商品的组织形态、利用方式、消费方式等方面的多元性革新。这不仅便利了人们的生活，改善产能过剩现状，还为经济提供新的增长点。然而，也对现行的法律制度、政府监管、社会信用等方面提出更为严峻的挑战。不断发展和完善现有的制度及措施，才能推动共享经济健康有序发展。

二、共享经济的新发展

共享经济有效提高了社会资源的利用率，在一定程度上缓解了资源紧张局面，但共享经济的快速发展带来的问题也越来越多。只有把握共享经济发展的特征，做出顺应共享经济发展规律的战略调整，才能促进共享经济的健康持续发展。

（一）以创新驱动共享经济高效发展

创新是共享经济高质量发展的基石，需不断探索创新商业模式、推动技术革新并突破制度障碍。企业应积极研发，提升技术水平，政府则提供政策与资金支持，引导良好的发展环境。

共享经济的繁荣还需业态与技术创新双轮驱动，拓宽应用领域，如共享办公、住宿，并利用大数据、人工智能、物联网提高资源配置效率。监管创新同样关键，政府应创新监管方式，如负面清单、分类监管，确保平台合规，保护消费者权益，促进健康可持续发展。

构建共享经济生态圈，需推动产业链协同，加强与传统产业融合，发挥平台优势，形成创新驱动格局。人才是核心，企业需加强引进和培养，政府提供良好的环境和条件。加强国际合作与交流，借鉴国际经验，通过"引进来"和"走出去"提升国际竞争力，全面推动共享经济高质量发展。

（二）以协调促进共享经济平衡发展

第一，生产端共享的重要性。共享经济的高质量发展需要实现生产端和消费端的平衡。当前，共享经济主要集中在消费端，如共享出行、共享住宿等。然而，未来更加关注生产端的共享，如共享工厂、共享仓储等。这样做的好处在于，它可以提高生产效率，降低生产成本，从而推动共享经济向更高品质的方向发展。

第二，认知盈余的价值转化。共享经济的高质量发展离不开社会资源的充分利用，特别是认知盈余。为了实现这一目标，搭建知识共享平台，鼓励人们分享自己的知识和技能。这样一来，认知盈余就能得到有效的价值转化，助力整个社会创新能力和竞争力的提升。

第三，农村共享经济的崛起。共享经济的高质量发展应当实现城乡共同发展。尽管当前共享经济在城市地区发展迅速，但在农村地区仍相对滞后。为了改变这一现状，政府应加大对农村共享经济的支持力度。例如，推广共享农机、共享民宿等，以促进农村经济发展，提高农民收入。

第四，政策与法规的完善。为了保障共享经济平衡发展，中国政府需要不断完善相关政策和法规。在鼓励创新的同时，也要规范市场秩序，确保共享经济的可持续发展。通过政策引导和市场调节，推动共享经济迈向高质量发展的新阶段。

第五，社会诚信体系的构建。共享经济的发展离不开社会诚信体系的支撑。人们应当加强诚信体系建设，提高人们对共享经济的信任度。这样一来，才能让共享经济更好地发挥出其潜力,为社会带来更多福祉。

(三) 绿色推动共享经济可持续发展

第一,推进绿色生产经营。共享经济的高质量发展,离不开绿色发展的支撑。在这个过程中,企业作为生产主体,应当承担起绿色发展的责任。企业应积极采用绿色生产技术,提高资源利用效率,降低环境污染。这不仅有助于提高企业的经济效益,也能为企业树立良好的社会形象,赢得消费者的信任和支持。政府在此过程中应发挥引导和激励作用,通过政策扶持、税收优惠等手段,鼓励企业进行绿色生产。政府还应大力推广绿色共享经济模式,如共享单车、共享充电宝等,以降低能源消耗和碳排放,推动绿色出行和低碳生活。

第二,形成绿色消费方式。共享经济的高质量发展,需要广大消费者的积极参与。消费者应树立绿色消费观念,选择环保、低碳的共享产品和服务。这不仅有利于个人健康,也有助于保护生态环境,实现可持续发展。政府和企业应加强绿色消费的宣传和引导,通过各种渠道教育消费者树立绿色消费观念。同时,政府和企业还应共同推动绿色产品的研发和生产,提供更多优质、环保的共享产品和服务,满足消费者日益增长的绿色需求。

第三,推行"绿色"监管方式。共享经济的高质量发展,离不开政府的有效监管。政府应加强对共享经济企业的环保监管,确保企业合规经营,推动绿色共享经济发展。政府还需创新监管方式,如实行碳排放权交易、建立环保信用体系等,以促进共享经济绿色发展。政府还应建立健全法律法规,规范共享经济市场秩序,防范环境风险。同时,政府应鼓励企业开展绿色技术创新和绿色生产,对符合绿色标准的企业给予支持和奖励。

(四) 强化人文关怀与提升社会信用度

1. 强化人文关怀

共享经济的高质量发展离不开人文关怀。在新时代背景下,企业应关注员工的福利和发展,提高员工的工作满意度,从而提升企业的凝聚力和竞争力。企业可以通过以下四个方面来实现人文关怀。

(1) 关注员工身心健康。企业应为员工提供健康的工作环境和心理关怀，关注员工的身心健康，使其在愉快的工作中实现个人价值。

(2) 培训与发展。企业应定期为员工提供专业培训，帮助员工提升技能，增加职业竞争力，为员工的职业生涯规划提供支持。

(3) 优化薪酬福利制度。企业应建立合理的薪酬激励机制，确保员工在共享经济中获得应有的回报，提高员工的工作积极性。

(4) 注重员工沟通与反馈。企业应建立健全的沟通机制，倾听员工的意见和建议，为员工解决工作中遇到的问题，营造和谐的企业文化。

2. 提升社会信用度

共享经济的高质量发展依赖于良好的社会信用环境。政府应采取以下五项措施来提升社会信用度。

(1) 建立健全社会信用体系。政府应加强对企业和个人的信用监管，形成一套完善的信用评价标准，为共享经济提供可靠的信用基础。

(2) 推动信用数据共享与应用。政府应促进各类信用数据的整合与共享，鼓励企业和个人在守信的基础上获得更多优惠和便利，提高整个社会的信用水平。

(3) 强化信用宣传教育。政府应加大信用知识的普及力度，增强公众的信用意识，树立诚信为本的价值观念。

(4) 严格执法，惩戒失信行为。政府应加大对失信行为的惩处力度，建立健全守信联合激励和失信联合惩戒机制。

(5) 鼓励社会力量参与信用建设。政府应引导和鼓励社会力量参与信用体系建设，形成政府、企业、社会共同推进信用发展的良好格局。

三、共享经济的监管与规范

（一）明确监管主体和职责

共享经济因其跨界融合的特性，往往涉及多个行业领域和政府部门，如交通、住宿、金融、信息等，这要求监管部门必须打破传统条块分割的监管模式，构建跨部门、跨领域的协同监管机制。

第一,明确各监管主体的职责边界,避免出现监管空白和重叠。例如,对于共享单车、共享汽车等交通领域的共享经济,交通运输部门应负责车辆运营安全、道路秩序维护;市场监管部门则需关注价格行为、消费者权益保护;而数据保护部门则需确保用户信息的安全与隐私。

第二,为实现有效监管,需建立高层级的协调机构或联席会议制度,负责统筹协调各相关部门的工作,形成监管合力。同时,利用现代信息技术手段,如大数据、云计算等,建立信息共享平台,实现监管数据的实时交换和共享,提高监管效率和精准度。

第三,明确地方政府与中央政府在共享经济监管中的责任划分,确保政策执行的一致性和灵活性相结合。

(二) 建立健全监管制度

共享经济作为一种新兴经济形态,其监管制度的建设需充分考虑其特点,既要保障市场的公平竞争和消费者的合法权益,又要激发市场活力和创新动力。具体而言,监管制度的建设应围绕以下四个方面展开。

第一,市场准入制度。针对共享经济平台,应设定合理的准入门槛,包括注册资本、技术能力、数据安全措施等,确保平台具备基本的服务能力和风险防控能力。同时,简化注册流程,鼓励创新企业进入市场。

第二,服务质量监管。建立服务质量评价体系,对共享经济服务提供者的服务质量进行定期评估,包括服务响应时间、用户满意度、投诉处理效率等,对不符合标准的企业或个人进行整改或淘汰。

第三,数据安全与隐私保护。鉴于共享经济高度依赖数据,应制定严格的数据安全法规,要求平台加强数据加密、访问控制、备份恢复等措施,防止数据泄露和滥用。同时,明确用户数据权属,保障用户隐私权,对违规收集、使用、出售用户信息的行为进行严厉打击。

第四,竞争与反垄断。关注共享经济领域的市场竞争态势,防止形成市场垄断,损害消费者利益。对于利用市场优势地位进行不公平竞争、排斥竞争对手的行为,应及时调查处理,维护市场公平竞争的秩序。

(三) 加强行业自律

在政府的监管之外，行业自律是共享经济健康发展的另一重要保障。鼓励共享经济企业成立或加入行业协会，通过行业内部规范和标准，引导企业诚信经营，提升行业整体服务水平。

第一，制定行业规范。行业协会应根据行业特点，制定详细的服务标准、操作规范、纠纷处理机制等，为会员企业提供指导，促进服务标准化、规范化。

第二，开展教育培训。定期组织从业人员培训，提升其服务技能、法律意识和社会责任感，增强行业整体素质。

第三，建立信用体系。依托行业协会，建立共享经济领域的信用评价体系，对企业和个人的信用状况进行记录和评价，对失信行为进行联合惩戒，营造诚信经营的良好氛围。

第四，促进交流合作。行业协会应成为企业间沟通交流的桥梁，组织行业论坛、研讨会等活动，分享成功经验，探讨行业发展趋势，共同应对挑战，推动行业持续健康发展。

四、共享经济的新趋势

共享经济将继续保持快速发展的态势，并不断向更多领域渗透和拓展。在消费领域，共享经济将更加注重个性化和品质化服务；在生产领域，共享经济将与智能制造、工业互联网等深度融合。同时，随着技术的进步和监管的完善，共享经济的发展将更加规范和有序。

(一) 技术驱动的新趋势

第一，人工智能与大数据应用。人工智能和大数据技术在共享经济中的应用越来越广泛。通过对用户数据的分析，平台可以更精准地匹配供需双方，提高资源分配的效率。例如，共享出行平台可以根据用户的出行习惯和实时交通状况，为用户提供最佳的出行方案。

第二，区块链技术保障信任。区块链技术的去中心化、不可篡改等特点，为共享经济提供了新的信任保障机制。在共享经济交易中，区块链可以确保交易的透明性和安全性，降低信任风险，促进交易的顺利进行。

（二）多元化拓展的新趋势

第一，领域不断扩大。共享经济的领域正在从传统的交通出行、住宿等领域向更多领域拓展。例如，医疗设备共享、教育资源共享、农业设备共享等新兴领域不断涌现。这些新领域的拓展，为共享经济带来了更广阔的发展空间。

第二，服务模式创新。除了领域的拓展，共享经济的服务模式也在不断创新。例如，出现了"共享+定制"的服务模式，根据用户的个性化需求提供定制化的共享服务。这种创新的服务模式更好地满足了用户的多样化需求。

（三）可持续发展理念融入的新趋势

第一，绿色共享。随着环保意识的不断提高，绿色共享成为共享经济的新趋势。例如，共享单车、共享电动车等绿色出行方式受到越来越多人的青睐。同时，共享能源、共享环保设备等也在逐渐兴起，为推动可持续发展做出贡献。

第二，社会责任强化。共享经济平台开始更加注重社会责任，积极参与社会公益事业。例如，一些共享出行平台推出公益活动，鼓励用户绿色出行，为环保事业贡献力量。同时，平台要努力保障劳动者权益，促进社会公平。

（四）监管不断完善的新趋势

第一，政策法规逐步健全。随着共享经济的快速发展，政府也在不断加强对共享经济的监管。政策法规逐步健全，明确了共享经济的法律地位和监管要求，为共享经济的健康发展提供保障。

第二，行业自律加强。共享经济行业也在加强自律，建立行业标准和规范，提高行业的整体素质。行业协会和平台企业积极合作，共同推动共享经济的可持续发展。

第三节 "互联网+"经济

"互联网+"经济是指以互联网为基础设施和创新要素，将互联网的创新成果深度融合于经济社会各领域之中，提升实体经济的创新力和生产力，形成更广泛的以互联网为基础设施和实现工具的经济发展新形态。"互联网+"不仅改变了传统的经济模式和商业生态，也为经济增长和社会进步带来了新的机遇和挑战。在这一背景下，深入研究"互联网+"经济的特点和发展规律，对于推动我国经济转型升级、实现高质量发展具有重要的现实意义。

一、"互联网+"经济的发展历程

第一，萌芽阶段（1990—2000 年）。在这一阶段，互联网技术刚刚开始普及，电子商务逐渐兴起。企业开始尝试利用互联网进行商品销售和服务提供，但规模较小，影响力有限。同时，互联网广告、在线支付等相关产业也开始出现，但发展较为缓慢。

第二，快速发展阶段（2001—2010 年）。随着互联网技术的不断进步和用户数量的快速增长，"互联网+"经济进入快速发展阶段。电子商务市场规模迅速扩大，淘宝、京东等电子商务平台成为人们购物的重要渠道。同时，互联网金融、在线旅游、在线教育等新兴领域也开始蓬勃发展。这一阶段，"互联网+"经济的创新模式不断涌现，对传统产业的冲击日益明显。

第三，深度融合阶段（2011 年至今）。在这一阶段，"互联网+"经济与传统产业的深度融合成为发展的主要趋势。传统制造业通过引入互联网技术，实现智能化生产和个性化定制；传统服务业借助互联网平台，拓展服务领域和提升服务质量。同时，大数据、云计算、人工智能等新兴技术的应用，进一步推动了"互联网+"经济的发展。共享经济、新零售等新模式的出现，为经济发展注入了新的活力。

二、"互联网+"经济的新特征

第一，创新性。"互联网+"经济不断推动技术创新、商业模式创新和管理创新。互联网技术的快速发展为创新提供强大的动力，新的商业模式和业态不断涌现。例如，共享经济模式通过整合闲置资源，实现资源的高效利用；电子商务模式打破传统的商业流通格局，降低交易成本。

第二，开放性。"互联网+"经济具有高度的开放性，互联网打破地域、行业和企业之间的界限，促进资源的自由流动和优化配置。任何企业和个人都可以通过互联网平台参与到经济活动中，分享经济发展的成果。同时，"互联网+"经济也促进国际的经济合作和交流，推动全球经济的一体化发展。

第三，高效性。互联网技术的应用使得信息传递更加迅速、准确，交易成本降低，生产和服务的效率得到极大提升。例如，电子商务平台可以实现供需双方的快速对接，减少中间环节，降低交易成本；互联网金融平台可以实现资金的快速流转，提高资金使用效率。

三、"互联网+"经济对传统经济的影响

第一，推动产业升级。传统制造业通过引入互联网技术，实现智能化生产和个性化定制，提高产品质量和生产效率；传统服务业也借助互联网平台，拓展了服务领域和服务方式，提升了服务质量和用户体验。同时，"互联网+"经济也催生了一些新兴产业，如电子商务、互联网金融、在线教育、在线医疗等，这些新兴产业的发展为经济增长注入了新的动力。

第二，创新商业模式。共享经济模式通过整合闲置资源，实现资源的高效利用；电子商务模式打破传统的商业流通格局，降低交易成本；在线教育、在线医疗等模式为人们提供了更加便捷、高效的服务。这些新的商业模式不仅改变了人们的消费方式和生活方式，也为企业的发展带来了新的机遇和挑战。

第三，优化资源配置。互联网平台可以实现供需双方的快速对接，减少信息不对称，使资源得到更加合理的配置。同时，互联网金融的发展也为中小企业融资提供新的渠道，促进资金的合理流动。"互联网+"经济还可以促进人才、技

术等资源的优化配置，提高经济发展的质量和效益。

第四，创造就业机会。随着电子商务、互联网金融、在线教育等领域的快速发展，对相关专业人才的需求不断增加。同时，"互联网+"经济也带动了物流、快递等行业的发展，创造了更多的就业岗位。"互联网+"经济还为创业者提供广阔的发展空间，激发了社会的创新活力。

四、"互联网+"经济的监管与规范

（一）"互联网+"经济发展中的关键事件

第一，阿里巴巴的成立。1999年，阿里巴巴在杭州成立，标志着中国电子商务的开端。阿里巴巴通过搭建电子商务平台，为中小企业提供广阔的市场空间，推动中国电子商务的快速发展。

第二，淘宝的崛起。2003年，淘宝网成立，迅速成为中国最大的C2C电子商务平台。淘宝的出现改变了人们的购物方式，促进了电子商务的普及和发展。

第三，移动互联网的兴起。2007年，苹果公司推出iPhone，标志着移动互联网时代的到来。随着智能手机的普及和移动互联网技术的发展，移动电子商务、移动支付等领域迅速崛起，为"互联网+"经济的发展带来新的机遇。

第四，国家政策的支持。2015年，国务院印发《关于积极推进"互联网+"行动的指导意见》，明确了"互联网+"经济的发展方向和重点领域。国家政策的支持为"互联网+"经济的发展提供有力保障。

（二）监管与规范策略

1. 提升教育水平与信息化水平匹配程度

互联网经济通过信息技术改善资本结构，促进生产关系发展。消费者应理性接受其对消费方式的影响，并调整商业模式。互联网经济还推动了新行业和就业机会的形成，要求劳动者提升信息网络技能。中国特色社会主义市场经济能够吸纳互联网经济带来的动力，互联网经济通过信息自主分配和大数据服务提升生产社会化水平，符合集约发展。经济发展依赖于劳动力与经济形态的相互适应，劳动力市场的匹配度对经济发展至关重要。为了实现互联网经济成果的共享，必须提高劳动者素质，加强网络技能培训，重视基础教育和全民培训，增加教育投资。这有助于劳动者提升职业层次，促进劳动行业升级，满足市场改革的需求。

2. 提升信息化建设的服务水平，保障信息化安全

（1）在广度上，要发展国内信息化水平的基础设施建设，增强信息技术服务能力。如5G网络开通升级能缩短信息使用者等待时间，加强国际信息技术交流合作，打造优质高效全方位信息服务体系。我国信息化发展自主创新能力虽有提升，但与国际领先水平仍有差距。需扩大网络信息技术覆盖范围，对接基础产业发展，将网络信息水平发展与国家现代化深度融合，简化使用程序，降低使用难度，提高网络信息利用率，实现跨越式发展，让全民共享"互联网+"经济发展成果。

（2）在深度上，要推进网络安全信息化工作。我国是网络大国，需将基数优势转化为网络强国优势。网络发展存在负面问题，如网络病毒、谣言和"数字鸿沟"。完成网络信息基础建设后，要打造均衡发展环境，政府做好网络信息安全保障工作。"互联网+"经济的发展离不开安全稳定通畅的信息环境，推进网络安全信息化工作能为其"拔草驱虫"，实现信息共享。

3. 注重资本有效监管，适度调整

（1）利用网络大数据技术有效监管。"互联网+"经济创造经济效益的同时形成庞大数据库。利用大数据技术可在资本监管中实现精确定位、有效管理，降低人力物力成本，减少人为干预。在信息技术发展背景下，信息流与资金流融合为数据流，需以企业财务行为、银行数据保存、交易数据加工对证据链进行规范化要求，形成网络资本监管数据矩阵。

（2）制定相关政策法规合理引导资本流向。加快税费制度深化改革。"互联网+"经济企业运营方式多样，对资本利用效率不同。对其进行规范化整理后，设计合适的税费制度，既保障经济生态良性运行，也为网络资本监管提供渠道。税费制度布局更在于合理引导资本流向，对需扶持的主体设置低税制，引至实体经济；对风险投资收益过高的主体设置引导税制，均衡资本流向，优化配置，促进实体经济繁荣。

（3）产权制度的保护实施在"互联网+"经济运行中具有重大意义。互联网交易渠道隐蔽，易成制假造假温床，网络交易平台知识产权保护意识薄弱。"互联网+"经济运行需强化产权意识，为基础性产业提供法律制度保障。其发展需经历从不规范到规范的过程，通过法律制度填补漏洞，实现良性运转。加强网络参与者个体合法权益保护，降低互联网资金风险系数，保障民众合法权益。

（4）适度调整针对"互联网+"经济宏观调控的政策手段。"互联网+"经济是新兴经济形态，具有自身特性。传统宏观调控手段不足以解决新问题，需了解其运行逻辑，对症下药，将其发展问题作为宏观调控重点因素之一。后期政策制定要配合市场监管政策指标，实施高效宏观调控政策，实现市场经济平稳运行。

4. 提升个体自由化程度

（1）优化互联网经济结构，丰富物质产品供应。突破"互联网+"经济中资本统治地位，提升劳动对资本的谈判能力，限制资本扩张。在劳动与资本关系中，资本有天然优势，需在提升劳动价值补偿方面行动。丰富物质产品供应时，不能忽略劳动社会价值。在"互联网+"经济与虚拟经济结合方面，发挥资本监管功能，抵制资本空转。在结构布局上，侧重于实体经济结合，鼓励技术创新转化，提供丰富产品供给结构，借助信息技术满足个性化需求，保证产品质量，惩治失信主体，净化市场环境。

（2）提高劳动者文化素养，合理安排闲暇时间。闲暇时间对劳动者很重要，其长短与分配反映社会保障水平。在"互联网+"经济中，劳动者易受消费文化诱导，需提高文化素养。通过改善知识结构，影响闲暇时间分配，缓解资本对剩余劳动的吞噬。提高文化素养有利于提升生产要素禀赋和话语权，提升劳动功效。可通过教育和就业再培训提升整体文化素养，实现闲暇时间合理分配。

（3）推动实体转化，降低技术依赖。在"互联网+"经济中，个体对互联网技术依赖强，应推动劳动成果向实体企业产出转化，深化精神文明建设，合理引导技术开拓文化市场。杜绝消极网络文化产品出现，繁荣积极产品市场，传承优秀传统文化，降低个体对互联网技术的过度依赖，提升自主性。

（4）提倡合理生活方式，弱化网络技术的物化程度。提升个体自由化程度，需提倡合理生活方式，弱化网络技术物化程度。从优秀传统文化中汲取智慧，拒斥对机械技术的过分依赖。控制互联网技术对生活的影响，弱化互联网黏性，促进良性社会交往，形成良好社会风气、秩序和生产，实现个体生活自由度的提升。

思考与练习

1. 比较优势理论和要素禀赋理论如何解释国际贸易的动因？
2. 共享经济的内涵、特征及其对经济社会的影响是什么？
3. "互联网+"经济如何改变传统产业和商业模式？
4. 开放经济下，国际贸易和投资对经济增长的影响机制是什么？
5. 面对全球化挑战，发展中国家如何制定有效的经济政策以促进经济增长？

参考文献

一、著作类

[1]陈乐一.经济周期研究[M].北京:中国经济出版社,2022.

[2]冯经纶.社会保障支出与中国经济增长[M].上海:上海财经大学出版社,2023.

[3]华锐.中国经济增长的动能研究[M].武汉:武汉大学出版社,2021.

[4]李成钢.互联网经济的理论创新和实践[M].北京:对外经济贸易大学出版社,2016.

[5]李莎莎,李晓林,梁盈.经济学基础[M].武汉:华中科技大学出版社,2021.

[6]李山赓,李润发.经济学基础[M].北京:北京理工大学出版社,2013.

[7]梁静,马威,李迪.经济学[M].成都:电子科技大学出版社,2020.

[8]梁小民.经济学逻辑[M].贵阳:贵州人民出版社,2023.

[9]刘碧云.经济学[M].南京:东南大学出版社,2002.

[10]柳武妹,严燕.消费者行为研究中的理论与应用[M].兰州:兰州大学出版社,2023.

[11]马晓飞.互联网经济学[M].北京:北京邮电大学出版社,2023.

[12]潘连柏,徐艳兰.经济学基础[M].上海:上海财经大学出版社,2013.

[13]戚冬丽.经济学基础[M].兰州:兰州大学出版社,2021.

[14]权衡,李凌,等.国民收入分配结构——形成机理与调整思路[M].上海:上海社会科学院出版社,2015.

[15]冉陆荣,李宝库.消费者行为学(第2版)[M].北京:北京理工大学出版社,2020.

[16]上海市互联网经济咨询中心.互联网经济[M].上海:上海远东出版社,2014.

[17]舒忠.互联网经济商业模式解析[M].长春:东北师范大学出版社,2019.

[18]王丹.经济学基础[M].北京:对外经济贸易大学出版社,2017.

[19]王素玲,杨佳嘉.经济学基础[M].重庆:重庆大学出版社,2015.

[20]吴光华.宏观经济学基础[M].武汉:华中科技大学出版社,2020.

[21]吴晓.经济学[M].北京:北京理工大学出版社,2016.

[22]伍山林.宏观政治经济学[M].长春:长春出版社,2020.

[23]姚洋.经济学的意义[M].北京:机械工业出版社,2023.

[24]姚洋.制度与经济增长[M].上海:上海文汇出版社,2022.

[25]俞炜华,赵媛.经济学的思维方式[M].西安:西安交通大学出版社,2021.

[26]臧真博,李聪慧,张龙飞,等.微观经济学[M].重庆:重庆大学出版社,2023.

[27]张庆,陈昊平,杨媛媛.经济学基础[M].北京:北京理工大学出版社,2021.

[28]张亚丽.经济学[M].广州:中山大学出版社,2020.

[29]张玉璞.中国市场经济理论漫谈[M].北京:经济日报出版社,2019.

[30]张云德.市场经济的属性[M].杭州:浙江大学出版社,2021.

[31]张震,朱钰,岳文军,等.经济学基础[M].成都:电子科技大学出版社,2013.

[32]周肖儿,翁凤翔,郭桂杭.消费者行为学[M].重庆:重庆大学出版社,2022.

[33]朱一平.经济周期和债务周期[M].北京:中国经济出版社,2021.

二、期刊类

[1]安同良,魏婕.中国经济学走向何处:复杂经济学视域下新经济发展对中国经济学的重构[J].中国工业经济,2023(12):5-23.

[2]蔡宏波,陈建伟.中国开放经济治理体系和治理能力现代化的经验与方案[J].北京社会科学,2021(10):75-86.

[3]陈晓玲.以经济法为视角谈共享经济法律规制与问题[J].法制博览,2024(21):49.

[4]戴园晨.开放经济学刍议[J].开放导报,1993(Z1):33-37.

[5]董卫杰.寡头垄断市场的显著特点分析[J].中国市场,2009(27):7.

[6]董志勇.市场结构及市场效率的实验经济学综述[J].技术经济与管理研究,2010(5):90-94.

[7]范娟娟.经济学视域下收入分配与经济增长的相关性分析——评《消费餍足性假设下的收入分配与经济增长研究》[J].国际贸易,2024(3):98.

[8]关乐宁.共享经济发展与扩大内需战略:机理、梗阻及路径[J].消费经济,2023,39(6):90-100.

[9]韩晓宏.关于我国生产要素价格形成机制的思考[J].经济视角,2018(4):9.

[10]洪银兴.中国经济学的学科特点和理论创新[J].南京大学学报(哲学·人文科学·社会科学),2023,60(2):75.

[11]胡炳志,王兵.市场结构有效性理论述评[J].经济评论,2002(4):107-111.

[12]胡希宁,陈锐.现代西方宏观经济学近二十年来的转变[J].东南大学学报(哲学社会科学版),2013,15(5):49-54+134-135.

[13]胡志刚.市场结构理论分析范式演进研究[J].中南财经政法大学学报,2011(2):68-74+143.

[14]黄少安.中国特色社会主义政治经济学基本方法论的传承与创新[J].经济学动态,2024(4):3-11.

[15]金春雨,徐悦悦.宏观经济治理体系下财政与货币政策协调——基于财政政策强度和结构双重视角分析[J].当代财经,2023,460(3):28.

[16]经济学研究热点课题组,李军林.2023年中国经济学研究热点分析[J].经济学动态,2024(4):112-127.

[17]荆文君,何毅,刘航.中国互联网经济与互联网经济学20年:1998—2018[J].山西财经大学学报,2020,42(5):46-60.

[18]李海燕.互联网经济、居民消费与流通结构优化[J].商业经济研究,2023(1):27-30.

[19]李洪孝,易澳妮,郭彦廷.全面提升积极的财政政策效能的建议[J].中国财政,2022,864(19):76.

[20]梁小青,梁天玥.论经济学研究的三层次内涵[J].荆楚学刊,2023,24(1):

29-34.

[21]廖海亚.市场经济下收入分配公平性的理论、逻辑与价值导向[J].安徽大学学报(哲学社会科学版),2021,45(1):137-144.

[22]刘灿.中国特色社会主义收入分配理论[J].政治经济学评论,2022,13(4):3-51.

[23]刘黎清.垄断竞争市场与企业的创新战略[J].科学管理研究,2002(4):13.

[24]刘伟.中国特色社会主义收入分配问题的政治经济学探索——改革开放以来的收入分配理论与实践进展[J].北京大学学报(哲学社会科学版),2018,55(2):27-39.

[25]刘霞辉.中国经验的经济增长与周期理论——评张连城教授的《中国经济增长路径与经济周期研究》[J].经济学动态,2014(3):154-156.

[26]刘晓薇.我国宏观经济政策效应的经济学分析[J].当代经济研究,2003(11):29-31.

[27]柳武妹,王雪枫,严燕.元认知体验:消费者行为研究的重要理论基石[J].外国经济与管理,2019,41(11):86-98.

[28]裴宏,李金凤.效用理论的百年流变、内在逻辑及其局限性[J].当代经济研究,2022(10):51-63.

[29]漆莉莉.国内生产总值预测模型与经济分析[J].当代财经,2005(10):126-128.

[30]唐剑,夏玉林.互联网经济对居民消费倾向的影响实证研究[J].商业经济研究,2021(9):51-54.

[31]温与寒.教育中的"边际效用递减"[J].黑龙江教育(教育与教学),2021(3):1.

[32]许庆,尹荣梁,章辉.规模经济、规模报酬与农业适度规模经营——基于我国粮食生产的实证研究[J].经济研究,2011,46(3):59-71+94.

[33]闫平,王宏伟.国内生产总值的生态经济学剖析[J].生态经济,2011(8):52-56+63.

[34]杨秋妍.对于完全竞争市场的分析与评价[J].中国市场,2020(16):49.

[35] 杨瑞龙.中国微观经济学理论逻辑体系的构建[J].经济学动态,2023(4):3.

[36] 姚战琪.开放经济对创新效率的影响[J].首都经济贸易大学学报,2021,23(5):17-26.

[37] 张幼文.开放经济理论在中国现代化进程中的发展[J].世界经济研究,1998(3):5-9.

[38] 赵峰,姬旭辉,冯志轩.国民收入核算的政治经济学方法及其在中国的应用[J].马克思主义研究,2012(8):64-73.

[39] 钟昌标,施君然.共享经济助推共同富裕的逻辑、机制与路径[J].云南师范大学学报(哲学社会科学版),2024,56(3):77-85.

[40] 朱成全,朱奕帆.宏观经济政策与非经济政策取向一致性:理论逻辑、现实困境与实践进路[J].宁夏社会科学,2024(1):82-90.

[41] 邹剑峰,曾莉莉.基于消费者行为理论的商贸流通业发展分析[J].商业经济研究,2019(6):26-29.

三、学位论文类

[1] 杜彦瑾.分配和谐的均衡理论、效应分析与制度安排[D].长沙:湖南大学,2009:40-58.

[2] 谭建萍.互联网经济中新型劳动关系认定与调整的经济学研究[D].长春:吉林大学,2019:62-82.

[3] 唐兵.建国以来中国消费者行为变迁研究[D].成都:西南财经大学,2010:66-286.

[4] 王国志.经济不确定性、经济周期与货币政策有效性研究[D].长春:吉林大学,2021:38-50.

[5] 王佳.21世纪初互联网经济Web2.0创新模式研究[D].福州:福建师范大学,2008:15-25.

[6] 王丽英.西方经济学中均衡价格思想探源[D].厦门:厦门大学,2008:13-56.

[7] 杨东丽.共享经济边界与共享经济发展困境研究[D].成都:西南财经大学,2019:20-49.

[8]余晓攀.开放经济、创新能力与高新技术产业集群竞争力[D].南京:南京审计大学,2022:27-36.

[9]张建威.我国居民收入差距代际传递研究[D].福州:福建师范大学,2023:28-58.

[10]张建臻.国民收入核算与经济转型的关系研究[D].济南:山东大学,2013:15-49.

[11]周峻夷.共享经济发展的新制度经济学解析[D].长春:吉林大学,2019:15-27.

[12]周欣.我国经济增长与波动的动态关联机制及宏观经济治理研究[D].长春:吉林大学,2023:55-65.